1

Dello stesso autore

presso www.natividigitaliedizioni.it: *Magellan Route*

presso amazon.com (digitale) e createspace.com (cartaceo)
Derive - Trilogia Latina I -romanzo
Washing Machines - Trilogia Latina II - romanzo
Watchdogs - Trilogia Latina III - romanzo
La Variabile Umana - romanzo
Lo strano caso dell'arciere - racconto lungo
Enola Gay – racconti neri e no – racconti

ANDREA MORI CHECCUCCI

LO SHERPA

Realizzazione 2010-2011

ISBN 1540317676

PARTE PRIMA

SULLE ORME DI BALDINI

1

Nella luce chiara del primo mattino, nell'aria diafana, sensazioni aleggiavano leggere, come foglie che, mosse da un venticello capriccioso, ancora non hanno deciso dove o come andranno a posarsi. L'inverno era alle porte, ma non si sarebbe detto: non era affatto freddo, anzi, il sole, pur basso sull'orizzonte, trasmetteva ancora un piacevole tepore.

C'era un senso di attesa in quel luogo, di tempo sospeso, come quello che precede l'ordine di attacco tra gli eserciti immobili schierati sul campo. Quel luogo era stato molto popoloso e per lungo tempo, ma ora era deserto. L'assenza di voci, del chiasso dei soldati e dei mercanti, l'inatteso silenzio di quella città addormentata, quegli abitanti, quei marinai e quei soldati che pure dovevano essere da qualche parte, ma si sottraevano alla vista, creavano una percezione di aspettativa: l'attesa che d'un tratto il vociare sarebbe tornato distintamente udibile, gli abitanti, i pellegrini, i marinai, visibili, in carne ed ossa; l'attesa che quella realtà sarebbe tornata ad essere reale e viva.

Ma questa attesa, restava sospesa, non riusciva a sciogliersi e, così, tutto dava modo all'immaginazione dello spettatore empatico di galoppare rapita nello spazio e nel tempo.

Del mare che, quasi calmo, frangeva debolmente più in basso sulle rive di Cesarea, quasi non si sentiva la risacca. Ma nell'aria si poteva cogliere il suo odore. Le fronde delle palme da datteri, che circondavano l'antica cinta muraria, parevano debolmente mosse da braccia a fare vento, senza rumore.

In quella calma senza tempo ci si poteva pure attendere che si affacciasse d'un tratto, piccola all'orizzonte, una galera romana, oppure una nave crociata, entrambe dirette a quel remoto porto orientale: e l'una e l'altra avrebbero veramente potuto, in momenti diversi, fare prua verso l'antica città, porto romano prima, testa di ponte dei cristiani in Terra Santa poi.

Eppure Davide, giunto alla sommità fortificata delle rovine, per quanto tentasse di affinare la vista non poté scorgere alcuna imbarcazione scrutando la faccia dell'acqua nell'orizzonte profondo verso ovest e lungo quella linea immaginaria che divide l'acqua dal cielo.

Avrebbe voluto che quel posto gli fornisse chiaramente, con un segno, una risposta a ciò che andava cercando. Invece, poteva osservare solo che quella città testimoniava quanto avesse pesantemente condizionato quelle terre l'occidente, sempre animato da sete di conquista e di possesso, prima nel nome di Cesare, poi nel nome di Dio.

Era giunto due sere prima con un volo diretto della El Al, da Fiumicino. Per la prima volta non viaggiava per diletto ma per lavoro, con biglietto pagato dal Ministero. Dopo lo sbarco aveva sperato che il suo passaporto speciale gli avrebbe consentito di uscire rapidamente dall'aeroporto. Invece anche lui, benché *cives romanus optimo jure*, aveva subìto il medesimo trattamento riservato agli altri passeggeri stranieri in arrivo nel paese: un interrogatorio di oltre mezz'ora da parte di uno zelante funzionario del locale ministero dell'immigrazione che parlava italiano come un italiano e senza particolari accenti.

Il suo documento dichiarava: Davide Mancini, nato a Roma il 14 Febbraio 1984, di professione diplomatico.

- Porta armi?
- Coltelli, rasoi, lame?
- Forbicine per le unghie?
- Esplosivi?
- Prodotti chimici?
- Liquidi infiammabili?
- Perché è venuto qui?
- Dove intende risiedere?
- Quanto crede di trattenersi?
- Possiede mezzi di sostentamento?
- Capitali, rendite, reddito?
- Come pensa di procurarseli?
- Lo sa che dovrà chiedere un'estensione del suo visto?
- Deve incontrare qualcuno qui?

- Conosce già qualcuno qui?
- Pensa di spostarsi nel paese?
- Pensa di recarsi anche nei Territori?
- Dove pensa di alloggiare?
- Vogliamo dare uno sguardo al suo bagaglio?
- Le dispiace avviare il suo portatile?
- E' sicuro che funziona?
- Vuole provare ad accenderlo per cortesia?
- Quella cos'è? Una batteria di ricambio? Funziona?
- Sicuro? Per cortesia, vuole provare ad avviarlo anche con quella?
- Cos'è questo libro sulla questione palestinese?
- Come mai si interessa a questo tema?
- Passaporto diplomatico?
- Precedente sede di lavoro?
- Vuole favorire le sue credenziali?
- Diamine: il suo accreditamento.
- Davide, lei è ebreo?
- Sicuro?
- Neppure per un quarto o per un ottavo?
- Perché ha scelto Tel Aviv come sede?
- Bene, può andare.

Guai rispondere male o mostrare soltanto un peraltro comprensibile fastidio a tanta invadenza: queste cose non avrebbero fatto altro che prolungare il colloquio e renderlo ancora più pervasivo.

L'intervista è una parte essenziale del protocollo di sicurezza del paese e si ritiene che si basi sul semplice assunto che chi dice la verità sia e si mantenga credibile nel tempo mentre chi mente, prima o poi, debba cadere in contraddizione. Tuttavia non risulta che, di questo assunto, sia mai stata data una dimostrazione soddisfacente.

Per contro, appare assai improbabile che chi trasporta armi, esplosivi, prodotti chimici o infiammabili e quant'altro, se interrogato in proposito, ammetta di possederli. Quindi, verosimilmente, mentirà. E' possibile che in seguito sia destinato a cadere in contraddizione e ad essere smascherato; nel frattempo, però, avrà probabilmente avuto modo di usare quelle armi, quegli esplosivi o quei prodotti chimici che aveva negato di detenere. E tanto potrebbe bastargli, giacché l'attentatore moderno pare si accontenti di riuscire a commettere attentati, senza la pretesa di salvare la pelle o di farla franca. Sarà quindi una magra consolazione

9

per lo stato il riuscire a pizzicarlo successivamente, quando e se, questi cadrà in contraddizione.

Era il primo sabato che passava nel paese e gli era parso naturale andare nel punto di approdo, quello antico, dove gli occidentali duemila e mille anni prima, erano già sbarcati per portare guasti in quelle terre orientali.
Fissando un punto indistinto sul mare, dubbioso se Cesarea dovesse considerarsi il suo punto di arrivo, piuttosto che quello di una nuova partenza, ripensava ai sei anni trascorsi, dal momento che aveva chiuso la porta di casa dietro di sé, senza più voltarsi.
Adesso, pensava, incominciava la sua missione, quella vera, così a lungo preparata. Anche Alberto de Gregorio, il suo capo, aveva parlato chiaro la sera prima nel suo studio:
- Devi conoscere, ragazzo, conoscere per capire … e devi capire per potere agire correttamente! - aveva sentenziato.
- Ma che cosa devo conoscere? - aveva replicato lui, insicuro e dubbioso.
- Tieni, qui c'è una lista con l'essenziale. E queste sono le chiavi di una Toyota rossa dell'ambasciata che troverai parcheggiata qui sotto. Prendila e torna quando avrai terminato il tuo giro! -
Davide diede un'occhiata a quel foglietto su cui era scribacchiato un lungo elenco di destinazioni.
- Ma ci vorranno dei giorni, parecchi giorni! - esclamò perplesso.
- Credi che non lo sappia? Prenditi il tempo necessario. Hai problemi ad anticipare le spese?
- Non credo.
- Allora sparisci!
- Ma cosa c'è da capire che non sappia già?
De Gregorio, tradendo una visibile impazienza, si era già abbottonato l'elegantissima giacca di Brioni del nuovo completo grigio fumo di Londra, ad indicare che il colloquio era terminato. Comprese tuttavia che sarebbe occorso dedicare ancora qualche minuto al suo nuovo collaboratore prima di potere tornare al suo lavoro.
Ma in definitiva, non era lavoro anche quello?
- Ragazzo, tu credi di sapere tutto, ma non sai niente. Parti dal presupposto che non sai niente. È più facile così, dammi retta. Lo saprai strada facendo, quello che c'è da capire! - aggiunse laconico.

- Va bene, … se crede, - soggiunse Davide con tono perplesso. In realtà avrebbe preferito che quel capo supponente gli affiancasse qualche collega più esperto che gli insegnasse il mestiere piuttosto che essere spedito da solo in giro per il paese a cercare chissà che cosa.

- Ragazzo, cerca di comprendermi: non ti mando in giro a fare una scampagnata. Potresti lavorare qui da domenica, e sicuramente troveremmo il modo di caricarti per bene; invece intendo regolarmi come se tu non fossi ancora arrivato perché tu abbia il tempo di conoscere e capire, siano due settimane, tre o un mese, non importa.

De Gregorio lo guardava con sufficienza, quasi con compatimento, come se stesse pensando che tutti i pivellini dovevano toccare a lui per essere svezzati. Forse era proprio questo che gli passava per la mente. Forse c'era anche dell'altro.

Poi proseguì: - Potrei dirti l'essenziale in un'ora. Ma non sarebbe la stessa cosa. Devi arrivare a possedere una visione complessiva. Devi arrivare da solo alle tue conclusioni.

- Ma se per caso le mie conclusioni differissero dalle sue?

- Se hai fatto tanta strada da arrivare fin qui, non è possibile che tu giunga a conclusioni diverse dalle mie. Ti sto solo dicendo che devi arrivarci da solo.

- Ha molta fiducia in me!

- No, ragazzo, non ho più fiducia in te di quanta ne avrei in chiunque: non ti conosco ancora. Il punto è che ho molta fiducia nella storia. Se uno ha la pazienza di leggerla tutta quanta con attenzione, non può arrivare che ad un'unica conclusione, quella corretta. Quelli che la manipolano a loro uso e consumo lo fanno, e sanno di farlo, perché tradiscono la loro onestà intellettuale. Ma tu non farai questo errore, ne sono certo. So di potere contare sulla tua onestà intellettuale e tanto mi basta.

Davide si sentiva subito messo alla prova ed insicuro di se stesso; avrebbe voluto saperne di più su quanto voleva il suo capo da lui, ma non c'era verso di cavare un ragno dal buco.

Aveva preso le chiavi. Cesarea era in cima alla lista.

Completato il suo giro, indeciso su quanto quella visita gli avesse trasmesso, ritornò alla macchina, prese la litoranea e puntò deciso verso nord. Akko sarebbe stata la seconda tappa.

San Giovanni d'Acri era stato il suo nome antico.

2

Apparentemente senza meta, aveva gironzolato per la città vecchia scoprendo vicoli e stradette di quel paese che era difficilmente definibile: aveva tratti da città ottomana, per certi versi ricordava il centro di Antalya o di Bursa, il vecchio *hammam* rivestito di marmi, dove si era infilato, stava lì a provarlo; ma poi vi erano elementi tipicamente arabi nelle abitazioni quali si possono trovare a Fes o a Kairouan; infine note tipicamente medievali che rimandavano alla città vecchia di Rodi o a certe strane opere difensive medievali presenti ad Aigues Mortes. Aveva saltato il pranzo confidando di trovare un ristorante aperto per concedersi una vera e propria cena. Vana ricerca: il sabato, in quel paese, era una cosa seria ed era perciò pressoché impossibile trovare un locale aperto. Così aveva ripreso la macchina e si era rifornito di merendine e di bibite ad un distributore automatico che aveva trovato in una stazione di servizio sulla litoranea. Anche la stazione di servizio era chiusa, ben inteso: funzionava solo il self service, ma tanto gli bastava. A scanso di nuove brutte sorprese, dato che non era poi così sicuro che avrebbe trovato aperto la domenica, ne aveva approfittato per riempire il serbatoio della macchina. Poi era tornato verso il centro di Akko.
Gli alberghi, almeno, erano aperti. Ne scelse uno modesto, ma pulito, a ridosso della città vecchia. In camera consumò senza entusiasmo buona parte del cibo confezionato che si era procurato, poi decise di uscire nuovamente nel tardo pomeriggio. Passò accanto al molo dei Genovesi, quindi finì per caso nel caravanserraglio ottomano. Provò sensazioni simili a quelle della mattina, sulle mura di Cesarea. L'edificio era intatto, perfettamente conservato, mancavano solo gli antichi viaggiatori provenienti dalle vie carovaniere, col loro vociare in tante lingue, i loro animali bardati, gli odori pungenti degli escrementi, delle spezie e delle altre mercanzie. Ne aveva visti altri di caravanserragli, in Turchia, ma quelli erano stati riutilizzati in qualche modo per ricavarne abitazioni, negozi o anche ristoranti. Questo no, era esattamente come era stato lasciato il giorno in cui il Sultano aveva perso la Palestina. Salì al primo piano, dove stavano le camere che affacciavano tutte sul grande cortile quadrangolare porticato. Oltre il

versante esterno poteva scorgere la cupola verde ed il sottile minareto della moschea di El-Jazzar Pasha, mancava solo la cantilena del Muezzin ad intonare, con voce monocorde, qualche sura del Corano.

Mentre il crepuscolo avanzava, la luna stava sorgendo bassa sull'orizzonte, tonda e rossastra. L'aria stava diventando pungente. Decise di rientrare in albergo.

3

Sei anni prima

Nonostante fosse solo la fine di Febbraio, l'aria era già piuttosto mite quel mattino nel piccolo cimitero di Cesano, modesto abitato situato a nord di Roma, famoso solo per l'intenso inquinamento elettromagnetico generato dai potenti ripetitori di Radio Vaticana, situati a breve distanza dalle case. Gli abitanti da anni lamentavano una maggiore incidenza di tumori e di leucemie soprattutto nei bambini, avevano anche avviato delle azioni contro la Santa Sede per ottenere la cessazione delle trasmissioni o, in subordine, una riduzione della potenza emissiva, ma senza esito, poiché il Vaticano si era sempre trincerato con quella parte dell'opinione scientifica che sosteneva che le onde elettromagnetiche fossero innocue per l'uomo. Per lo meno non vi era evidenza scientifica del contrario.
Dicevano.
Vero è che quando, nell'imminenza del Giubileo del 2000, venne inaugurata la rinnovata linea ferroviaria Roma Ostiense - Cesano - Viterbo, il cui percorso rasenta l'area delle immense antenne, i nuovi treni si bloccarono proprio a causa delle intense emissioni elettromagnetiche che interferivano con le apparecchiature elettriche a bordo dei locomotori. Il problema fu risolto non già riducendo la potenza della trasmissione della Parola di Dio, ma schermando gli apparati elettrici dei treni, che ripresero così a funzionare. Così le cellule dei Cesanesi, nelle loro case, seguitarono ad essere riscaldate dalle onde elettromagnetiche, come uova dentro al forno a micro - onde.
D'altra parte, poteva forse la Parola di Dio arrestare la sua inesorabile avanzata davanti a poche pecorelle, di dubbia fede, quando il grosso del gregge è lontano, disperso per il mondo ed assetato di Verità? Certo che no. E per questo ancora oggi i Cesanesi si prendono sempre la loro dose quotidiana di onde, che forse nuocerà al loro corpo, ma sicuramente gioverà alla loro anima, visto che a Cesano c'è la migliore ricezione di Radio Vaticana del mondo. Feriti nella carne ma salvati nello spirito. E la carne deve comunque morire prima o poi. Meglio se in grazia di Dio.

Un timido sole a tratti faceva capolino tra le nuvole mobili e lieve soffiava un tiepido vento di scirocco. La calma degli elementi aiutava in qualche modo a rasserenare la gravità di quel tragico momento. La signora Lina era sola in quel cimitero oltre i limiti estremi dell'Urbe, sola accompagnava il professore nel suo ultimo viaggio: nessuno tra le centinaia dei suoi ex studenti aveva voluto partecipare al suo funerale, nessuno tra conoscenti ed amici. Chissà, forse non avevano neppure saputo della sua improvvisa scomparsa. La chiesa, modesta e disadorna, aveva accumulato all'interno il freddo dell'inverno e trasmetteva agli occupanti una sgradevole sensazione di umidità.

La signora Lina era la sola partecipante al funerale. Oltre a lei il sacerdote officiante ed i due uomini dell'agenzia di pompe funebri in completo scuro. Questi però, dopo avere portato la bara del professore, la più economica disponibile, avanti nella navata centrale, uscirono dalla chiesa fermandosi a parlottare sommessamente sulla soglia.

Ad ascoltare le omelie ai funerali, sembra sempre che l'anima del defunto sia una delle fortunate destinate ad ascendere direttamente al Paradiso. Anima eletta. Il defunto viene in genere rappresentato come persona retta, devota e forte nella fede. Questo lascia pensare dunque che il Purgatorio e l'Inferno siano luoghi pressoché deserti.

Così, durante la breve funzione, la signora Lina si sentì ripetere, in forma riveduta e corretta, quanto essa stessa poco prima aveva detto del defunto al sacerdote officiante.

Questi, come il più delle volte accade, non conosceva affatto il defunto e si trovava a doverne tessere le lodi in vista di un suo auspicabile pronto ingresso tra le file degli Eletti. Compito arduo questo, in quanto il defunto si era sempre apertamente dichiarato ateo. Ma di questo dettaglio, peraltro correttamente riportato dalla signora Lina, non venne fatta menzione nell'omelia, giacché Santa madre chiesa, ormai, è disposta ad accogliere tutti quanti tra le sue braccia misericordiose. Sì, perché nessun essere umano è in grado di sapere con assoluta certezza se il defunto, nell'istante stesso in cui lasciava questa vita, non abbia voluto sinceramente fare ammenda dei suoi peccati rivolgendo il suo pensiero penitente direttamente a Dio misericordioso. E allora, nel dubbio di potere lasciare fuori dalla terra consacrata del Camposanto qualche anima sinceramente pentita delle sue malefatte, la Chiesa ha deciso di accogliere tutti quanti. Eventualmente, sarà poi l'Onnipotente a perdonare gli errori dei suoi pastori, così umani, discriminando le anime sinceramente pentite, chiamandole a sé, da quelle destinate alla purificazione o alla dannazione eterna.

Così il sacerdote preferì soprassedere dall'elogiare la fede di Giovanni Baldini per concentrarsi su virtù più laiche quali il rispetto per gli altri, la moderazione, la compostezza, la coerenza di vita, l'ordine meticoloso. Da ultimo però, poté invocare la fedeltà che il Baldini aveva mantenuto verso la moglie Maria che era morta una decina d'anni prima di lui. La fedeltà coniugale è, a pieno titolo, anche una virtù cristiana; e questo argomento lo portò a concludere che il Signore, nella sua infinita misericordia, aveva voluto chiamare a sé anche Giovanni perché potesse riunirsi nella vita eterna con la sua sposa amata. Lui forse, se interrogato in vita a questo riguardo, avrebbe detto che preferiva procrastinare questo incontro. Ma tant'è, questa opzione non gli era stata data.

Se il Signore avesse davvero in animo questa grazia per Giovanni Baldini, piuttosto che altri progetti, questo non è dato di sapere. Era però un fatto che nessuno dei presenti potesse testimoniare della fedeltà o dell'infedeltà del Baldini verso la moglie, perché la signora Lina lo aveva conosciuto dopo che lui era rimasto vedovo, quando si era rivolto a lei per prendere in affitto il suo piccolo appartamento al piano seminterrato. Questa della fedeltà era parsa alla signora Lina una licenza poetica, una piccola invenzione che si era concessa quando al sacerdote aveva parlato del defunto. D'altra parte, avendo conosciuto il professor Baldini, da vedovo, non le era parso possibile che avesse mai potuto tradire né la moglie né chicchessia.

Nella chiesetta spoglia il sacerdote conduceva la sua omelia accompagnando le parole con ampi gesti delle braccia e delle mani come se davanti, oltre alla bara, avesse una folta platea di pubblico cui rivolgeva frasi come: "Fratelli, preghiamo il Signore perché accolga benevolmente l'anima del nostro fratello Giovanni ..."

I due uomini delle pompe funebri attendevano la conclusione della funzione fuori dalla chiesa ingannando l'attesa fumando qualche sigaretta; l'unico "fratello" presente in chiesa era la signora Lina, cristiana, peraltro poco praticante.

Lei però non trovò per nulla improprie le parole del sacerdote: in fondo era stata lei a volere quella funzione, lei a decidere del funerale, lei a comprare un avello nel cimitero di Cesano, il meno costoso che era riuscita a trovare tra i cimiteri di Roma e dintorni.

Al termine della funzione, dopo la benedizione della salma, i due portantini si materializzarono dal fumo dell'incenso asperso in abbondanza.

Il sacerdote si scusò di non potere accompagnare la salma alla tumulazione perché avrebbe avuto un altro funerale di lì a poco: un altro forestiero che aveva scelto Cesano come sua ultima dimora.

Le ragioni che spingevano tante giovani coppie a prendere casa in paese e tanti defunti a fissarvi la loro dimora eterna, erano le medesime: la località aveva dei prezzi molto convenienti sia per le abitazioni che per le tombe. Per queste ultime, inoltre, la questione dell'elettrosmog di Radio Vaticana non costituiva un grosso deterrente all'acquisto, dato che le salme, a quanto se ne sa, non soffrono troppo dei disturbi che i campi elettromagnetici possono causare sui vivi.

Al termine della funzione, la signora Lina si incamminò a passi tardi e lenti dietro la bara. Pensava che tutto sommato era stata una bella cerimonia, sobria sì, ma egualmente toccante. Certo si rammaricava in cuor suo che nessuno si fosse dato pena di prendervi parte, nessuno dei conoscenti, perché di parenti Giovanni Baldini non ne aveva più nessuno, né la moglie che lo aveva preceduto, né i genitori che erano già morti, né i figli che non aveva avuto. Proprio per questo la signora Lina aveva ritenuto giusto farsi carico delle esequie, perché il professore, suo inquilino modello da dieci anni, non aveva più nessuno al mondo. Ed era persona degna.

Quando il piccolo corteo giunse a ridosso della parete di avelli, la signora Lina seguì con lo sguardo la bara nella sua lenta ascesa verso il loculo che aveva acquistato. Per quanto lei si sforzasse di pensare che la sistemazione al livello più alto poteva garantire al defunto una certa qual vista aerea su una maggiore porzione di mondo, la vera ragione per cui aveva scelto quella collocazione era solo economica. Gli avelli posti così in alto sono quelli che nessuno vuole perché sono molto scomodi non tanto per il defunto, quanto per i vivi che lo visitano, di tanto in tanto, quando portano fiori freschi e devono cambiare quelli secchi stando aggrappati a quell'alta scala di legno traballante, rischiando di cadere nel salire o nello scendere con le mani ingombre.

Terminato che ebbero la sistemazione della bara nell'avello, i due uomini salutarono la signora Lina e si allontanarono. Il mattino seguente sarebbero arrivati gli operai del cimitero a chiudere la tomba e a sistemare la lapide marmorea che già giaceva a terra: "Giovanni Baldini, Siena 1944 - Roma 2004, professore di matematica". Una fotografia del defunto sorridente, in giacca e cravatta, scattata anni prima contro la balaustra del Pincio, completava la lapide. Nella foto originale c'era anche la moglie Maria, ma questa era stata opportunamente eliminata dalla signora Lina, prima di consegnare la foto al marmista. Quella era l'unica foto del professore che lei avesse trovato esposta nell'appartamento.

Forse il Professor Baldini avrebbe voluto per se stesso tante persone a compiangerlo al suo funerale, tante a rendergli, con la loro presenza, un simbolico omaggio.

Forse invece la cosa gli sarebbe stata del tutto indifferente. Probabilmente però, se soltanto avesse potuto presagire che la sua dipartita era drammaticamente vicina, avrebbe lui stesso provveduto in qualche modo alle proprie esequie, ma purtroppo o per fortuna, la sorte non gli aveva fornito preavviso alcuno, nessuna avvisaglia di quella fine tanto imminente quanto prematura. Sicuramente avrebbe avuto i mezzi per coprire quelle somme che la Signora Lina, generosamente, stava spendendo per lui; da sempre aveva accantonato metodicamente qualche risparmio per coprire la voce "spese impreviste" e davvero pochi eventi nella sua vita, forse nessuno, erano stati più imprevisti della sua repentina dipartita. Ma Giovanni Baldini non poteva più disporre dei suoi mezzi finanziari e nemmeno del suo corpo.

La donna si sentiva ora sollevata mentre usciva a piedi dal cimitero per raggiungere la stazione di Cesano: sentiva di avere fatto la cosa giusta per quell'uomo che non era suo parente, non era un amico, ma era stato un inquilino modello, come mai ne aveva avuti. Dopo dieci anni nelle mani del professore, il suo seminterrato era in condizioni decisamente migliori rispetto a quando glielo aveva affittato. Lui lo teneva in perfetto ordine e pulizia. Ogni tre anni lo imbiancava tutto a nuovo, a sue spese. Verniciava anche i serramenti. Un inquilino eccezionale. In realtà il professore lo faceva per se stesso, perché amava i muri candidi, immacolati. Erano parte del suo ordine.

Sul treno per Roma la signora Lina cominciò a preoccuparsi del fatto che ora non sarebbe stato affatto semplice trovare un inquilino capace di competere con l'insuperabile professore. Su questo non poteva sbagliarsi.

4

Verso sera trovò il coraggio di scendere nell'appartamento che aveva abitato il Professor Baldini. Doveva pure affrontare la situazione. Solo tre giorni prima aveva bussato alla porta del suo inquilino per riscuotere, come d'abitudine, l'affitto in contanti. Aveva bussato ancora. E ancora. Doveva essere in casa, ma ancora non apriva. Dall'appartamento proveniva solo silenzio, non quello abituale però, era un silenzio carico di un sentore differente che la donna coglieva senza riuscire a comprenderne il reale significato. Allora era rientrata nel suo appartamento. Aveva provato a telefonargli, pensando che, per qualche motivo che le sfuggiva, potesse non averla sentita bussare alla porta. Non rispondeva neppure al telefono. Niente. A quel punto si sentiva autorizzata ad entrare nell'immobile. Prese le chiavi di scorta e scese di nuovo. Tuttavia non riuscì nel tentativo, perché la porta era chiusa dall'interno e le chiavi non giravano, segno inequivocabile che il professore era all'interno e che si era chiuso dentro lasciando le sue chiavi nella serratura. La signora Lina, a questo punto seriamente preoccupata, aveva chiamato i pompieri che erano arrivati in pochi minuti ed avevano sfondato la porta. Ma ce n'era veramente bisogno? Non potevano aprire la serratura con uno dei passe-partout che si vedono nei film? Invece no, loro avevano preferito sfondare, rovinando così la porta.

Anche lei era entrata insieme a loro. Le chiavi dell'inquilino erano effettivamente infilate nella toppa, dall'interno. Giovanni Baldini stava seduto al tavolo da lavoro. Era accasciato su un libro aperto. Sembrava che il sonno lo avesse sopraffatto durante la lettura. Ed era esattamente così: un sonno da cui non si sarebbe più svegliato.

I pompieri lasciarono il campo alla polizia. Fu chiamato il magistrato. Quando questi arrivò, intorno alle ventidue e trenta. Gli bastò una rapida ricognizione dell'appartamento per arrivare ad escludere cause diverse dalla morte naturale. "Una tragica fatalità, signora."

Non fu nemmeno disposta l'autopsia.

La morte era sicuramente avvenuta nel pomeriggio. Chissà, pensava lei, se fosse scesa prima per l'affitto, forse avrebbe potuto aiutare quell'uomo.

Gli occhi azzurri del professore fissavano un punto imprecisato verso la finestra posta nella parte alta della parete.

Difficile per la signora Lina non ripensare a quelle concitate ore di tre giorni prima, in cui tutta quell'apprensione e quella premura a nulla erano valse se non a sapere che Giovanni Baldini se ne era andato, in ordine ed in silenzio, come era nel suo stile, senza disturbare nessuno.

Aprì la porta semplicemente spingendola: doveva ancora decidersi a chiamare qualcuno che la riparasse o la sostituisse. Osservando il legno scheggiato si convinse che ripararla sarebbe stato arduo. Le spese stavano aumentando. Certo poteva rivalersi sulla cauzione: nessuno si sarebbe certo presentato a rivendicarla. E poi quel danno era stato causato dall'inquilino: se solo non fosse morto o fosse morto altrove, non ci sarebbe stato. Perché, uno può scegliere il luogo ed il tempo in cui spegnersi? Certamente no, quella che stava pensando era una enorme sciocchezza.

Eseguì una rapida perlustrazione nell'appartamento: la sala era in ordine, in camera il letto era rifatto alla perfezione, come in albergo. La cucina era pulita, il lavello vuoto, lo scolapiatti vuoto, le stoviglie e le posate già riposte. In bagno solo lo spazzolino da denti ed il dentifricio infilati nel bicchiere testimoniavano che l'appartamento era abitato da qualcuno: le salviette pulite erano piegate una sull'altra. Sembrava la casa di una persona che fosse partita ed avesse lasciato tutto al suo posto per poterlo ritrovare così al ritorno dal viaggio. Ma il professore, pur non essendo affatto partito, non avrebbe più fatto ritorno. Fuori posto era solo il libro che il professore stava leggendo. Giaceva aperto, le pagine centrali spiegazzate. Era l'unica cosa che lui non aveva potuto controllare, perché la morte glielo aveva impedito. Il professore stava leggendo e sottolineando dei passi dal romanzo "Il maestro e Margherita" di Bulgakov.

Quindi si sedette pensierosa sulla poltrona. Da lì notò una seconda cosa per così dire in disordine: a fianco della poltrona c'era un tavolino con sopra una scacchiera con sopra i pezzi disposti apparentemente alla rinfusa, come se il professore stesse giocando una partita con qualcuno e quella partita si fosse interrotta.

Si sentiva svuotata da quella vicenda. La sorte l'aveva privata di qualcosa. E non si trattava solo dell'inquilino, ma di quell'inquilino un po' speciale. Da dieci anni il Professore stava in affitto nell'appartamento, ma non erano bastati per conoscerlo veramente. Sarebbe occorso altro tempo. Tempo che ingiustamente era stato sottratto a lui, certamente. Ma anche a lei. Lui era una brava persona, un uomo gentile, rispettabile, colto e molto riservato. Sì, era una persona che sarebbe valso la pena di conoscere meglio.

La vita era stata ingiusta con lui. Era appena andato in pensione l'autunno dell'anno prima, dopo una vita passata ad insegnare matematica finanziaria in un istituto per ragionieri romano. Per un destino difficile da comprendere, non aveva superato il trauma del pensionamento. La pensione uccide un gran numero di persone proprio nel primo anno dall'abbandono del lavoro. Chissà, sarà per il cambiamento dello stile di vita, per il venire meno di impegni, obblighi e orari da rispettare. Tutti crediamo che smettere di lavorare costituisca un indubbio miglioramento della qualità della vita perché offre libertà e tempo. Ma per molti questa libertà e questo tempo sono troppi, molti non sono preparati a gestirli, si trovano disorientati nel passare, improvvisamente, da una vita scandita dai tempi e dagli impegni del lavoro al nulla. Questo pensava la signora Lina, che ci vorrebbe una certa gradualità nel pensionamento. Perché pensionarsi all'improvviso poteva essere pericoloso. Dovrebbe essere un cambiamento affrontato gradualmente, riducendo lentamente il carico di lavoro negli ultimi anni, aprendo progressivamente nuovi spazi, nuove possibilità a chi sta per pensionarsi. Altrimenti va a finire che ci si lascia la pelle, e che tutti quelli con cui hai condiviso la tua vita lavorativa nemmeno se ne accorgono che te ne sei andato, non solo dal lavoro, ma da questo mondo.

L'analisi della signora Lina aveva forse una valenza generale, ma non era corretta per Giovanni Baldini che non era morto a causa del pensionamento. Di interessi ne aveva a bizzeffe. Sarebbe successo comunque, per qualche disegno beffardo del caso. Era morto e basta. Anche se nulla lo avrebbe lasciato supporre, il professore era sempre stato molto attivo, tanto da insegnante come da pensionato. Solo che non lo dava a vedere in alcun modo. Il suo rispetto per il prossimo era altissimo e pari alla sua riservatezza. Così quasi non ci si accorgeva della sua presenza silenziosa.

Il sole se ne era andato da tempo. La luce esterna ora non penetrava più dalle finestrelle alte del seminterrato, ma la signora Lina non si risolveva ad alzarsi per accendere la luce elettrica, presa com'era dalle sue considerazioni sul professore, sul pensionamento, sulla morte e sul senso della vita.
Quando si rese conto che il vagare della sua mente non l'avrebbe portata da nessuna parte, finalmente si riscosse: la sua vita doveva pur continuare. Avrebbe chiamato il falegname l'indomani ed avrebbe messo un'inserzione per l'appartamento.

5

La lite quella sera era stata furibonda. Suo padre proprio non accettava di non potere più decidere della sua vita. Davide era cresciuto. Davide non sapeva ancora esattamente cosa voleva dalla sua vita, la sola cosa che gli era ormai del tutto chiara era che non voleva diventare quello che suo padre aveva deciso di fare di lui, un altro grande chirurgo. Un barone universitario come lui.

Gaetano Mancini era da tempo il primario di Clinica Chirurgica alla Sapienza. Era stato anche Preside della facoltà di Medicina, per un certo periodo, ed era un barone universitario, di quelli potenti, di quelli immanicati, con mille amicizie, con molti debiti e crediti di riconoscenza, con molti rapporti di potere e pochi di sudditanza. Gaetano Mancini era anche massone e, contrariamente alla maggior parte degli iscritti, non ne faceva mistero. Era uno di quelli che pilotano i concorsi, creano i posti per i propri adepti, definiscono le carriere degli amici e stroncano quelle dei non amici. Uno di quelli con tanti portaborse e tirapiedi, quelli che, nella Roma antica, si sarebbero definiti i suoi *"clientes"*.
Davide aveva obbedito al ed aveva fatto il liceo classico. Ma quando questi aveva preteso che si iscrivesse a Medicina, lo aveva fatto controvoglia, solo per assecondarlo, per non doverlo affrontare. La crisi era arrivata quando, al primo anno, studiava per l'esame di anatomia. La questione non era se avesse un senso imparare a memoria i nomi, le forme, la posizione relativa di tutte quelle ossa, muscoli, tendini, vasi ed organi. Il punto era che Davide non lo voleva fare perché non sentiva sua quella scelta. Il suo impegno a medicina aveva per lui solo il significato di assecondare, ancora una volta, la volontà di suo padre. Avrebbe fatto qualunque altra cosa pur di svincolarsi da quel legame filiale, così pressante. Ci aveva pensato tante volte, il nodo era sempre lo stesso: cosa avrebbe fatto senza i soldi del padre? Il suo fragile vascello era in grado di affrontare il mare aperto?
Ogni volta aveva represso il suo desiderio di rendersi autonomo per rientrare nel comodo alveo del suo destino segnato.

Quella sera no. Quando la discussione col padre, dai toni sempre più accesi, era culminata nella domanda: - E poi cosa credi di andare a fare, se non il medico? Chi pensi provvederà a te? Cosa credi, che se molli medicina, io continui a foraggiarti fino a quarant'anni in attesa che ti venga qualche idea luminosa?

- No, papà! - rispose Davide trovando in quel momento il coraggio per superare quell'argine che costituiva il suo punto di non ritorno: - No, tu non devi più preoccuparti di me, baderò io a me stesso d'ora in avanti! Tra poco avrò vent'anni, voglio decidere io della mia vita e non voglio diventare un medico come te!

- Davide! Non dire stronzate: cosa vuole dire che baderai a te stesso? Cosa credi di potere fare con uno straccio di licenza liceale in tasca? Ma lo sai che ci vogliono un sacco di quattrini per vivere? Dove pensi di trovarli, per strada?

- Questa cosa d'ora in avanti non deve preoccupare te, ma me e basta! Lasciami qualche giorno per trovare una sistemazione: io me ne vado!

- E a tua madre non ci pensi? Non sai che dolore le darai.

- Mamma in questa storia non c'entra per niente. Sei tu con le tue fissazioni sul mio futuro e la mia carriera che mi obblighi ad andarmene.

- Non dire fesserie! Con te e con tua sorella, ho sempre agito per il meglio, e poi non tollero certi toni!

- Pensala come vuoi, io me ne vado lo stesso! E poi è inutile che ti lamenti del mio tono: con te l'unico modo per esprimere delle idee diverse dalle tue è quello di urlare! Sei tu che mi obblighi ad urlare per farmi ascoltare!

- Davide, voglio che tu ti renda conto che se esci di casa, per me sarà come non avere più un figlio. Se varchi la porta di casa, non potrai più tornare indietro, qualunque cosa ti succeda là fuori.

- Sono perfettamente consapevole di questo, papà. L'ho già messo in conto.

Gaetano Mancini aveva la natura del picchiatore, ma non era abituato ad incassare dei colpi: di solito mandava al tappeto l'avversario prima che questi avesse il tempo di reagire. Ma di fronte alla determinazione di suo figlio, dopo avere portato lo scontro al livello più alto, denunciando l'irrevocabilità del suo passo, non poté che cedere ed accusare il colpo.

- E a mamma chi glielo dice? Lo farai tu?
- Mamma accetterà e comprenderà la mia decisione. Lei ha scelto di vivere la sua esistenza da succube, io no.
- Non ti permetto di parlare così di tua madre: non ne hai il diritto!
- Papà, piantala! Questo non si dice, questo non si fa! La gente deve fare quello che vuoi tu, non dire quello che tu non vuoi sentire, ma non può fare a meno di pensare con la sua testa e di farsi delle opinioni. Ma guardati intorno! Tutte le persone ipocrite che ti ronzano attorno stanno lì per ossequiarti, nella speranza di ottenere, prima o poi, qualche vantaggio da te, qualche regalia, qualche modesto segno di attenzione. Che cosa hai costruito all'ombra della tua carriera? Hai creato una corte servile attorno a te, una corte osannante che sotto sotto, ma neanche tanto, ti detesta. Hai tante persone pronte a scattare sull'attenti ad ogni tuo cenno, ma di nessuno sei riuscito a conquistare la stima e i sentimenti. E sto parlando delle persone della tua corte. Gli altri semplicemente ti odiano e non ne fanno mistero. Poi hai trattato i tuoi figli al pari di tutti gli altri. Perché credi che Carla si sia sposata a soli ventidue anni, senza neppure avere terminato l'università? Anche la mamma ti segue in tutto come un cagnolino. Se tu accetterai di avere sbagliato con me, anche lei si adeguerà. Se non lo farai, perderò anche lei.

Nessuno mai dei suoi congiunti si era permesso o aveva osato parlare in modo tanto diretto e così violento a Gaetano Mancini. Carla se ne era andata in silenzio l'anno prima, sposando quel ragazzo che suo padre riteneva, a torto o a ragione, uno spiantato. Il tempo dei matrimoni combinati, fortunatamente, era tramontato per sempre, altrimenti lo sposo per Carla lo avrebbe trovato sicuramente Gaetano che, nondimeno, aveva ostacolato il matrimonio in tutti i modi possibili. Lui non aveva mai neppure supposto che il matrimonio della sua primogenita potesse essere collegato al modo in cui Carla si sentiva in casa.

Per un momento il professore rimase sgomento. Per un istante quasi lo sfiorò di lontano il dubbio che ci potesse essere del vero in quello che Davide, come un fiume che tracima nel punto in cui l'argine ha ceduto, gli stava dicendo con rabbia. Davide gli stava innanzi, ma chi era? Era suo figlio che gli parlava? Lo smarrimento davanti a suo figlio che lo attaccava, che gli diceva cose inaudite, cose imperdonabili, tanto assurde che potevano anche essere vere. Lo pervase un senso di impotenza davanti a quella realtà prospettata con tanta evidenza e con tanto dolore.

La percezione nitida del baratro, del fallimento personale.

Poi, con quello stesso istinto di autoconservazione che tiene in vita gli animali davanti a nuovi improvvisi e sconosciuti pericoli, Gaetano Mancini cessò di essere uomo e tornò ad essere il professore.

Con voce ora calma ed impostata disse: - Davide, hai detto un mucchio di sciocchezze. Posso anche fare finta che questa discussione non abbia mai avuto luogo. Ripensa ai tuoi propositi. Non c'è nessuna fretta. Spero davvero di ritrovarti a casa domani sera!

- Non illuderti papà, non nutrire false speranze, la mia decisione l'ho già presa e non la cambio.

6

Nei giorni seguenti la signora Lina si era trovata a dovere affrontare gli aspetti pratici legati alla necessità di cambiare inquilino. Riuscì brillantemente a risolvere il problema della porta rotta e questo le diede la spinta emotiva necessaria a completare il resto. Il falegname che lei conosceva a Tomba di Nerone, si era reso disponibile a trovarle una porta analoga e ad eseguire la sostituzione ad un cifra ragionevole.

Avrebbe dovuto liberare l'appartamento dalle cose appartenute al professore senza però che vi fosse nessuno a reclamarle. Cosa doveva farne? Scese di nuovo nel piccolo appartamento nel seminterrato per rendersi conto di cosa si trattava.

Pur armata di battaglieri propositi, si ridusse a vuotare il frigorifero dei pochi generi deperibili e a controllare la pattumiera, che era vuota. Il resto, i vestiti di tintoria infilati in perfetto ordine nei loro sacchetti di plastica, le camicie stirate, piegate e perfettamente riposte in due cassetti, la biancheria intima, anch'essa stirata, occupava gli altri due cassetti, i libri perfettamente organizzati nelle tre librerie che stavano addossate alle pareti, tutto le appariva troppo in ordine per essere violato. Persino il cestino della biancheria sporca era vuoto, vuota la lavatrice e lo stenditoio. Il computer portatile, oggetto a lei completamente sconosciuto, chiuso e muto, occupava una porzione del tavolo da lavoro.

E poi dove avrebbe messo tutta quella roba in attesa di trovare qualcuno disposto a prendersela? Era un bel problema. Alla fine si risolse a lasciare tutto quanto esattamente come si trovava e a sottoporre il problema a chi avesse voluto prendere in affitto il seminterrato, ora completamente arredato coi mobili modesti ma dignitosi del professore e dotato anche di stoviglie, posate e pentole, di biancheria della casa, di vestiti usati da uomo taglia cinquanta, di libri e qualche suppellettile nonché di un computer portatile marca Hewlett Packard.

Stava per uscire dall'appartamento quando le venne in mente che il professore doveva pure avere dei documenti di identità e un portafoglio che li contenesse. Quando la salma era stata ritirata dall'agenzia di pompe funebri, avevano constatato che non c'era nulla nella giacca che il professore indossava quando era deceduto. Col medesimo vestito era stato sepolto. Tornò sui suoi passi e perquisì il cappotto di cammello appeso all'attaccapanni: un capo elegante ma molto vissuto, dalle maniche un po' lise e dal taglio forse superato. Vi trovò, nella tasca interna il programma della stagione concertistica dell'auditorium di Roma, una piantina tascabile della città coi percorsi degli autobus e della metro, ma niente portafogli, niente documenti e nessun cellulare. Si fermò un momento a riflettere sul fatto che tutto questo era incongruo. Non era possibile che il professore non avesse alcun documento. Se non la patente, perché non aveva mai guidato, almeno la carta d'identità! E poi non era possibile che non avesse neppure un centesimo in casa. E il cellulare, possibile che Giovanni Baldini non ne avesse uno? Fece uno sforzo per recuperare nella memoria qualche informazione utile, ma senza esito. Si guardò intorno cercando con lo sguardo un posto dove queste cose potessero celarsi. Improvvisamente si ricordò della cassaforte: il bilocale era munito di una piccola cassaforte a muro con apertura a combinazione. Forse i documenti erano lì!

Risalì nel suo appartamento e prese la scatola dove teneva la documentazione relativa al seminterrato e le sue chiavi di riserva. Scartabellò per qualche minuto, mettendo da parte vecchi documenti che si potevano buttare, come le convocazioni e le delibere dell'assemblea condominiale, vecchie di anni. In fondo alla cartella trovò finalmente la combinazione della cassaforte.

Scese rapida giù dalle scale, ansiosa di scoprire se i documenti erano effettivamente in cassaforte. Era talmente tanto tempo che non l'apriva che se l'era quasi dimenticata. Stava dietro ad un quadro: una modesta riproduzione di una delle infinite versioni della "Montagne S.te Victoire" di Cezanne. Tolse il quadro dal suo gancio e prese a smanettare col tamburo della serratura. 34, 48, 76 e 24, provò ad aprire ma nulla accadde. Riprovò con maggiore concitazione senza ottenere alcunché. Affannata, agitata, si sedette sulla poltrona, convinta che la fretta le avesse fatto commettere un errore in qualche punto.

Da seduta notò una piccola cassettiera su ruote, come quelle che si usano negli uffici. Stava completamente nascosta sotto il tavolo da lavoro del professore, parzialmente coperta dal panno verde del tavolo. Abbandonò per un momento l'assalto alla cassaforte per

dedicarsi a quella cassettiera di cui ignorava l'esistenza. Dentro trovò l'anima del professore: in cartelle verticali, con etichette colorate rigorosamente uguali, in perfetto ordine alfabetico, c'erano archiviati tutti i suoi documenti: *Acqua, Appartamento, Assicurazioni, Condominio, Energia elettrica, Gas, Imposte & tasse, Istruzioni & garanzie, Lettere, Matematica, Ripetizioni, RSU, Salute, Scuola, Siena, Spettacoli, Università, Viaggi I, Viaggi II, Viaggi III.*
La signora Lina perse di vista la cassaforte e la ricerca dei documenti per dedicarsi a quelle cartelle, più facilmente raggiungibili. Nessuna rivelava cose interessanti, salvo *Lettere,* che conteneva alcune corrispondenze, alcune delle quali molto antiche, che il Baldini aveva intrattenuto con la moglie, forse prima di sposarsi, con un tale signor Cecchetto di Monteriggioni, forse un compagno di studi, a quanto si poteva arguire da un esame sommario delle lettere. C'erano poi lettere incomprensibili, dal francobollo tedesco, da Monaco di Baviera. C'erano anche cartoline di auguri ed alcune cartoline illustrate provenienti da varie località quasi tutte indirizzate alla moglie.

Ma le cartelle che sorpresero maggiormente la signora Lina furono indubbiamente *Viaggi I, Viaggi II e Viaggi III*: lì c'erano carte stradali, depliants, biglietti di ingresso a musei e a siti archeologici sparsi in Europa e nel bacino del mediterraneo. Diari di viaggio manoscritti. Qualche fotografia di viaggio, con la moglie o da solo. La signora Lina, lei che diceva di viaggiare quando in estate passava quindici giorni a casa di sua sorella a Torvaianica, si stupì di quanto avesse viaggiato il professore nella sua vita, anche dopo che era rimasto vedovo e si era trasferito a Tomba di Nerone: i paesi europei c'erano praticamente tutti, con poche eccezioni. Molti viaggi in Grecia ed in Turchia. Poi tutto il nord Africa, dal Marocco all'Egitto, il Medio Oriente, ad esclusione dell'Arabia e degli emirati. Poi l'India, la Birmania, la Cambogia ed il Giappone. Infine il Messico, il Perù, il Cile e l'Argentina. Veramente sorprendente, perché la signora Lina aveva sempre creduto che, quando il professore si assentava in estate e la pregava di dare un po' d'acqua al suo ficus benjamin sul pianerottolo, lui si recasse al mare a Fregene o a Ladispoli. Mai lui le aveva fatto cenno di avere fatto viaggi lunghi. Mai lui le aveva rivelato che amava viaggiare. Mai lui le aveva raccontato qualcosa, un aneddoto, un'impressione di viaggio, mai niente. Mai una cartolina esotica. Eppure lui aveva viaggiato sul serio, tutta la vita.

La signora Lina rimase alquanto frastornata da quella scoperta. Il suo inquilino non era quello che voleva dare a credere di essere. O, quanto meno, c'era ben altro al di là del poco che lui lasciava trasparire. Questa nuova scoperta svegliò nuovamente in lei la curiosità per il contenuto della cassaforte: tornò alla carica con la combinazione. Questa volta però agì con estrema precisione e lentezza, in modo da non commettere alcun errore. Ma la cassaforte non si aprì egualmente. Scornata, desistette: probabilmente il suo inquilino aveva cambiato la combinazione. Evidentemente il professore, se, come tutto lasciava supporre, lo aveva fatto, voleva dire che non si fidava tanto della sua riservatezza. Lei infatti era l'unica persona che possedesse le chiavi dell'appartamento e l'unica che sapesse della cassaforte e ne conoscesse la combinazione. Per quale altra ragione cambiarla?

Lei non sarebbe mai arrivata a conoscere la vera ragione del cambio di combinazione, che era altra, e sarebbe rimasta nell'errata convinzione che il professore, sotto sotto, non si fidasse del tutto di lei, senza peraltro riuscire ad immaginarne il perché.

Era stata l'unica fesseria del professore, pensava, quella di cambiare la combinazione senza confidargliela: ora lei si ritrovava con quella scatola di ferro, piantata nel suo muro, del tutto inservibile. Subito dopo però, tornò a darsi della stupida: mica lo sapeva lui di dovere morire così all'improvviso! E se anche ne avesse avuto il presagio, probabilmente avrebbe avuto altre e più importanti questioni da sistemare.

La signora Lina, ora pervasa da una curiosità che cresceva nella misura in cui non era in grado di appagarla, si sentiva in qualche modo offesa per la mancanza di fiducia nei suoi riguardi. Mai lei si sarebbe introdotta di soppiatto nell'appartamento del professore in sua assenza per carpirne i segreti. Prova ne era il fatto che della cassaforte si era praticamente dimenticata. Il suo stato d'animo era perfettamente comprensibile, ma la ragione effettiva di quella combinazione modificata era molto lontana da quello che la signora Lina o chiunque altro avrebbe potuto immaginare.

Alla fine abbandonò la ricerca dei documenti, del cellulare e dei soldi.

Il giorno dopo, su una rivista di annunci gratuiti comparve la seguente inserzione: "euro 500, Tomba di Nerone, Via Grottarossa, ampio bilocale messo a nuovo in condominio signorile, termoautonomo, completamente arredato, affitto a singoli o coppie. Intermediari astenersi."

7

Dopo il litigio col padre Davide si trovò a dovere fare i conti con una decisione già presa e sulla quale non aveva alcuna intenzione di fare marcia indietro. A volte il coraggio di attuare cambiamenti importanti, quelli capaci di dare una svolta decisiva alla nostra esistenza, non lo troviamo in noi stessi, ma sono gli altri, o le circostanze esterne a darcelo.

Se la discussione non avesse raggiunto quei toni tanto accesi e così ultimativi, probabilmente non avrebbe attuato il suo proposito. Ma l'essere finalmente riuscito a dire la sua verità al padre, l'avere rotto quell'argine davanti al quale tante volte si era trattenuto, aveva perciò stesso determinato la sua decisione di andarsene di casa al più presto. Non era stato semplice né indolore. Aveva parlato con sua madre che, silenziosa, aveva raccolto il suo punto di vista e le sue intenzioni. Non una domanda su dove sarebbe andato a vivere, su come se la sarebbe cavata da solo. Solo muta, accorata rassegnazione davanti ad una scelta che sapeva di non potere in alcun modo modificare e che in qualche misura comprendeva e rispettava. Sapeva benissimo che nessuno poteva stare accanto a Gaetano Mancini tanto come moglie quanto come figlio, senza volerlo fortemente.

Davide raccolse le sue poche cose, i vestiti, qualche libro, il computer portatile che sistemò alla meglio nella vecchia Fiat Panda che era appartenuta a sua sorella Carla. Quindi abbandonò di proposito in bella vista le sue chiavi di casa ed il cellulare, ad indicare che non avrebbe più fatto uso delle prime e che non avrebbero potuto raggiungerlo col secondo ed uscì per l'ultima volta dall'attico ai Parioli dove era cresciuto ed entrò nel mondo.

Non aveva una meta prestabilita, perché la decisione di uscire di casa era maturata all'improvviso. Sapeva che suo padre sarebbe andato su tutte le furie e che avrebbe smosso mari e monti per rintracciarlo: minacciare di disubbidirgli era già un fatto gravissimo, ma disubbidirgli dopo essere stato diffidato dal farlo, era a dir poco imperdonabile. Davide era persuaso che avrebbe tentato l'impossibile per riportarlo a casa perché, diversamente, la sua autorità si sarebbe svuotata: quello che si stava consumando era un atto di lesa maestà.

Se il Mancini non fosse riuscito a riportare a casa suo figlio, si sarebbe dimostrato che si può andare contro il suo volere, e farla franca. E questo, per il grande chirurgo, era semplicemente inconcepibile. Il fatto di conoscere il proprio temibile avversario costituiva dunque per il figlio un punto di vantaggio che avrebbe reso meno impari la partita.

Davide non sapeva se quanto stava facendo, nella sostanza, fosse giusto o sbagliato. Sentiva solo che doveva prendere possesso del proprio destino perché era diventato per lui insopportabile il fatto che questo fosse regolato da altri, fosse pure suo padre.

Capiva la necessità che avrebbe dovuto lavorare, probabilmente accontentandosi di lavori di poco conto e di poca paga. Se questo era il prezzo, era disposto a pagarlo. Forse la sua svolta avrebbe pregiudicato per sempre la possibilità di proseguire negli studi anche se questo avrebbe fatto il possibile per evitarlo. Era seriamente intenzionato a battere la sua strada partendo da zero, ma con la volontà ben chiara di volere lottare per migliorare la sua condizione futura.

Per la prima volta in vita sua Davide si sentì responsabile del proprio destino: una sensazione di potenza mista a timore si impadronì del ragazzo quando si allontanò in macchina da casa sua, consapevole che non vi avrebbe fatto ritorno.

Imboccò la Cassia verso nord, non perché fosse diretto verso qualche posto in particolare, ma solo perché era la strada più breve per allontanarsi dai Parioli e dal centro di Roma. Si fermò a fare benzina ed entrò nel bar. Nel locale, oltre ad una copia del Messaggero, c'era un giornaletto di annunci gratuiti: la sua lettura preferita in quel momento. Davanti ad un cappuccino e ad un croissant dai sapori e dalla fragranza nuovi, Davide cominciò a scorrere gli annunci di case in affitto escludendo a priori quelli privi di prezzo e cerchiando quelli con le richieste più basse. Dentro al GRA erano veramente pochi gli immobili in locazione fino ai 500 euro.

Quando ormai il cappuccino era divenuto pressoché freddo, la lista degli annunci interessanti si era ridotta ad un monolocale su Via Trionfale ed un bilocale a Tomba di Nerone. Prese i numeri di telefono. Chiamò da una delle poche cabine telefoniche rimaste dopo l'avvento dei cellulari e fu fortunato perché trovò entrambi i proprietari, combinando due appuntamenti in successione per la mattina stessa.

Il monolocale di Via Trionfale si rivelò essere in realtà un ampio garage trasformato in abitazione: la porta d'ingresso era stata ricavata in una porzione della saracinesca metallica; il bagno era in un angolo in fondo al locale. Niente finestre. Chiamarlo "monolocale" era veramente prendersi gioco della buona fede altrui.

Il proprietario, evidentemente a corto di argomenti commerciali, magnificava la richiesta di soli 500 euro, che comunque erano troppi per un garage con bagno ed angolo cottura. Chissà chi era quel tecnico comunale che aveva concesso il condono per cambio di destinazione d'uso. Chissà se il proprietario aveva dovuto sborsare qualcosa per persuaderlo della bontà dell'operazione.

Chissà *quanto* aveva dovuto sborsare.

Si lasciarono con le solite frasi interlocutorie del caso: - La ringrazio, ma ci devo pensare: le farò sapere!

- Ci mancherebbe! - rispose il proprietario, chiudendo alle loro spalle la saracinesca cigolante, consapevole anch'egli che quella conferma ben difficilmente sarebbe mai giunta.

Dopo il primo "appartamento" Divide era alquanto giù di corda: cominciava a rendersi conto che nella capitale i prezzi degli affitti erano veramente proibitivi, almeno per le sue tasche.

Riprese la macchina e si avviò sfiduciato verso il secondo appartamento che si trovava più in periferia in Via Grottarossa, a Tomba di Nerone. Il piccolo condominio di tre piani doveva essere degli anni '80, non bello, ma neppure deprimente. Gli venne incontro in strada una signora anziana, una di quelle donne a cui era difficile dare un'età precisa: poteva avere meno di sessant'anni come settanta. Si presentò come "signora Lina", senza rivelare il cognome. Lo introdusse al seminterrato. Scendendo i pochi gradini, Davide stava all'erta in attesa di scoprire dove fosse la fregatura, che doveva pur esserci. L'appartamento era parzialmente al di sotto del piano stradale, fatto che gli precludeva la possibilità di avere delle finestre normali. C'erano però diverse prese di luce poste in alto sulle pareti. A parte questo l'immobile era in condizioni perfette. Sembrava nuovo ed era dotato di tutto quello che poteva servire.

- Allora, che gliene pare dell'appartamento? - domandò la donna quando ebbero terminato il giro di ispezione. Il tono della sua voce tradiva forse che non era non troppo convinta per la giovane età di quel primo potenziale inquilino che aveva risposto al suo annuncio. Anche lei, a suo modo, stava cercando ove si celasse la fregatura.

- E' molto carino. Ma l'arredamento è compreso? - chiese Davide.

- Ecco, vede, questo appartamento era affittato fino alla scorsa settimana ad un professore. Vede, a fianco della porta c'è ancora il suo nome, Giovanni Baldini. Purtroppo lui è mancato improvvisamente. Poverino: aveva appena sessant'anni! L'appartamento è esattamente come lui lo ha lasciato.

Davide pensò subito che uno di sessant'anni è comunque un vecchio, ma tenne questo pensiero per sé, perché non sarebbe stato gentile contraddire quella signora che, per giunta, poteva avere su per giù quell'età.

- Vuole dire che sta aspettando che i suoi parenti vengano a liberarlo delle sue cose e che non è disponibile da subito?

- No, non proprio. Il professore non aveva parenti. Era rimasto solo. Non verrà nessuno a prendere le sue cose e i suoi mobili. Già, perché a lui l'avevo affittato vuoto l'appartamento.

- Allora pensa di liberarlo lei?

- No, vede, io non penso affatto di liberarlo. Vorrei affittarlo ammobiliato così com'è. Sarebbe un problema per lei? Guardi che ci sono anche gli effetti personali, i libri, il computer e gli abiti del defunto: quello che non le serve lo può buttare.

- No, anzi. Cercavo proprio un appartamento ammobiliato. Se lei mi garantisce che nessuno verrà a reclamare queste cose, penso anzi che molte potrebbero farmi comodo. Magari non i vestiti, ma il resto credo di sì.

Davide comprendeva che un'abitazione perfettamente completa e funzionante gli sarebbe stata di estrema utilità in quel momento in relazione alla scarsità delle sue risorse finanziarie.

- Allora pensa che le possa interessare? Guardi che, se crede, io faccio tutto in regola, contratto registrato e via dicendo. Lei che lavoro fa? Sembra così giovane - disse la signora Lina.

- Sono studente, ho iniziato medicina, ma non mi piace, penso di passare a legge o a scienze politiche. Non so ancora bene.

- Ma, perdoni la curiosità, lei è di Roma? Ha un accento!

- Si, sono romano di nascita e di famiglia.

- E allora, mi permetta, come mai, se la sua famiglia è di Roma, ha deciso da studente di prendere in affitto un appartamento nella sua stessa città?
- Vede, il fatto è che sono recentemente uscito di casa: non voglio più abitare coi miei.
- Per quanto tempo pensa di avere bisogno dell'appartamento?
- Almeno cinque anni, signora, magari qualcuno in più. Se, come spero, riuscirò a laurearmi, non ho idea se poi troverò lavoro a Roma o se dovrò spostarmi.
- Ma, mi perdoni la domanda indiscreta, come pensa di potere sostenere il costo dell'affitto e di tutto il resto, se un lavoro non ce l'ha?
- Capisco la sua preoccupazione signora, ma, vede, ho un po' di soldi da parte, per cominciare. Poi penso di cercarmi qualche lavoretto per provvedere alle mie necessità. A proposito, l'affitto è di 500 euro, ma la cauzione quant'è?
- Sono tre mensilità. Ci vuole pensare?
Mentre parlava, la signora Lina si rendeva conto che dare il seminterrato a quel giovane spiantato era sicuramente un azzardo. Ma aveva un'aria così pulita, era così educato che era per lei difficile dire di no, trovare qualche pretesto, un appiglio per allontanarlo.
- Veramente avrei già deciso. Se lei crede le posso fare un assegno per la cauzione e per la prima mensilità. Per quanto riguarda il contratto invece sarebbe un problema per lei se subentrassi in quello del professore defunto?
- Francamente non capisco il motivo della sua richiesta. Non sarà mai il caso, ma si rende conto che non avrebbe niente in mano col contratto intestato ad un altro, per giunta non più vivente?
- Me ne rendo conto signora, ma, vede, con mio padre mi sono lasciato in un modo piuttosto burrascoso. E' un uomo molto potente e sono sicuro che, se registrassi un contratto a mio nome, lui verrebbe presto o tardi a sapere dove sto. E questo lo vorrei assolutamente evitare.
- Se non è un problema per lei, per me non dovrebbe esserlo, - disse lei pentendosi immediatamente della sua risposta: se mai quel ragazzo avesse smesso di pagare l'affitto, come avrebbe potuto sfrattare un morto? Forse avrebbe potuto denunciarlo per occupazione abusiva, ma ormai aveva già parlato e non se la sentì di ritrattare nell'immediato.

- Anche le utenze, acqua luce, gas e il telefono, per il medesimo motivo, preferirei che rimanessero intestati al professore. Ovviamente pagherei io le bollette.

- D'accordo, se sta bene a lei,- disse la signora Lina perplessa. Si domandava ora se la sua sensazione positiva sul ragazzo non la stesse conducendo su una strada pericolosa.

- Allora d'accordo. Se non le dispiace vorrei iniziare la locazione oggi stesso. Come devo intestare l'assegno?

- Lina Malcotti, grazie. E lei come si chiama?

- Davide. Davide Ricolfi.

Lì per lì non capì come mai gli fosse uscito il cognome del suo storico compagno di banco del liceo, Roberto Ricolfi. Lo aveva perso di vista ormai da molti mesi, dall'esame di maturità. Le loro strade si erano divise: Roberto si era iscritto a Lingue all'università di Torvergata, mentre lui a Medicina alla Sapienza. Ma perché non aveva detto il suo nome? Cosa aveva da temere da quella signora anziana che gli stava offrendo il suo appartamento?

Nell'arco di una mattina Davide aveva risolto il problema di mettersi un tetto sulla testa. Le sue finanze si erano quasi dimezzate, ma era egualmente euforico per essere riuscito a realizzare il suo desiderio di indipendenza. Aveva voglia di chiamare sua sorella per darle la grande notizia, perché anche lui si era finalmente sganciato dalla protezione di papà. Ma si trattenne. Sicuramente il padre avrebbe telefonato a tutti chiedendo sue notizie e non voleva mettere in difficoltà Carla.

La signora Lina era risalita nel suo appartamento. Si rigirava l'assegno tra le mani chiedendosi se fosse coperto. Si risolse a versarlo in banca il pomeriggio stesso per scoprire se aveva fatto bene a fidarsi di quel ragazzo così giovane. Poi le venne in mente che il non fare il contratto al nuovo inquilino, avrebbe comportato anche la mancata comunicazione alla Questura del cambiamento. Ma chi se ne sarebbe accorto? Era mai possibile che quel ragazzo fosse un malavitoso? No, pensava, magari uno spiantato, ma un delinquente non lo poteva proprio essere. Pensò che, al massimo, aveva preso una "sòla". E a lei quei cinquecento euro mensili facevano molto comodo, ma non erano vitali.

Il pomeriggio tuttavia, quando presentò l'assegno di Davide al cassiere e questi non sollevò alcuna obiezione ad accreditarglielo in conto, si sentì assai più tranquilla. La signora Lina non poteva sapere che l'accredito avviene, sempre e comunque, "salvo buon fine" e che la sua tranquillità poteva dunque avere i piedi d'argilla.

8

Davide, scaricate dall'automobile le sue modestissime masserizie, dedicò il pomeriggio alla scoperta del nuovo alloggio ed alla indiretta conoscenza del suo precedente occupante, il professor Giovanni Baldini. Notò subito la scacchiera, comprendendo che il professore aveva una partita in corso con qualcuno, forse via Internet. Molti giocatori infatti, si trovano in rete e quando decidono di sfidarsi, si comunicano le mosse via mail o su siti dedicati agli scacchi. Poi, per avere una visione d'insieme dello svolgimento del gioco, ogni giocatore ricostruisce la partita sulla sua scacchiera. La cosa non era interessante in sé, ma perché poteva indicare che il professore utilizzava Internet o, quanto meno, la posta elettronica. Per un vecchio di sessant'anni non era poi una cosa così comune. Questa ipotesi era ulteriormente suffragata dalla presenza della connessione ADSL della linea telefonica: non avrebbe avuto alcun senso altrimenti.

Poi scoprì la cassettiera coi documenti. Vi diede un'occhiata ammirandone l'ordine perfetto. Trovò le bollette tutte archiviate e regolarmente pagate: se ne compiacque. Quindi passò all'esame il portatile HP: era un computer più recente del suo, doveva avere al massimo un paio d'anni, forse meno. Lo accese ma non poté accedere ai dati perché il computer era protetto da una *boot password*, ossia una *password* che impediva l'accensione, inserita dal proprietario contro accessi indesiderati. Per quanto ne sapeva Davide, il computer era praticamente inservibile, a meno di scoprire la *password*. - Perché cavolo uno che vive da solo sente poi il bisogno di mettere *una boot password*. Chi mai avrebbe dovuto leggerli i suoi dannatissimi dati, - pensò mentre controllava di quante porte USB disponesse la macchina.

Immaginando che la *password* potesse essere conservata nel portafogli del defunto, si mise a cercarlo. Non trovandolo salì dalla signora Lina, che abitava al secondo piano del medesimo palazzo. La incrociò che rientrava dalla banca: - Signora, non mi sa dire dove il professore aveva i suoi documenti? Sa, ho provato ad accendere il suo computer, ma è bloccato da una *password*: magari le aveva annotate su un biglietto nel suo portafogli, come fanno in tanti.

- No, Davide, anch'io ho cercato i documenti del professore senza trovarli. Vede, era un uomo molto preciso, forse teneva i soldi ed il portafoglio nella cassaforte.

- Perché, c'è una cassaforte nell'appartamento?

- Sì, mi sono dimenticata di fargliela vedere; ma è facile trovarla, è dietro alla riproduzione di Cezanne.

- Potrebbe darmi la combinazione?

- Volentieri, ma temo che il professore l'abbia modificata. Venga dentro con me che gliela do. A memoria non la ricordo.

Davide ridiscese subito nel suo alloggio con l'annotazione. Provò e riprovò ad aprire la cassaforte, ma senza esito. Era sconfortato nell'avere a disposizione cose utili di cui non poteva servirsi. Certo quel professore era non solo ordinato, ma anche molto prudente. Anzi, doveva essere proprio un tipo diffidente. Certo, qualche ragione per servirsi della cassaforte l'aveva: abitava da solo in un appartamento al seminterrato che era molto facile violare, per un malintenzionato.

Ad un certo punto desistette perché si era fatto tardi e voleva fare un po' di spesa prima che chiudessero i negozi. Rientrato, riprese un'attenta perlustrazione dell'appartamento. Mangiò qualcosa di confezionato in pochi minuti, quindi seguitò a cercare. Verso mezzanotte era ormai giunto alla conclusione che il professore le password doveva ricordarle a memoria. Aveva tentato con le *password* più classiche, ma niente. Non era riuscito a violare né il computer né la cassaforte. Stremato, si addormentò sulla poltrona con la luce accesa. Si svegliò a notte fonda con un gran torcicollo, rendendosi conto che nella foga di trovare la *password*, si era dimenticato di cambiare il letto. Ora era troppo stanco per farlo. Prese una coperta dall'armadio, si buttò sul letto vestito, spense la luce e dormì un sonno profondo e continuo.

9

- L'ha fatto, Norina! Tuo figlio l'ha fatto. L'ha detto e lo ha fatto! Ti rendi conto? -

Per qualche arcano motivo quando si ritiene che i figli sbaglino, automaticamente diventano i figli del coniuge, dimenticando quale è stato il proprio contributo nel generarli e soprattutto nel crescerli.

- Gaetano, calmati: gli ho parlato. Voleva cambiare facoltà, e tu non glielo permettevi.

- Non gli permettevo di fare un errore di cui si sarebbe pentito per tutta la vita: lo facevo per il suo bene, cosa credi?

- Lo so, lo so. Ma Davide non lo capisce. Non ora.

- E quando dovrebbe capirlo, secondo te? A trent'anni? A quaranta?

- Non volevo dire questo. Forse, se gli dai qualche settimana, qualche mese.

- E intanto perde l'anno accademico e mi finisce fuori corso!

- E cosa sarà mai, Gaetano! Oggi quasi tutti gli studenti si laureano fuori corso, quelli che si laureano.

- Ascolta bene Norina: mio padre era avvocato, mio nonno farmacista, io medico, e tutti ci siamo laureati in corso. Non esiste che un Mancini stia all'università a ciondolare. Non lo tollero!

- Va bene, ma non ti agitare, se no ti va su la pressione, lo sai!

- Io devo riportare nostro figlio a casa quanto prima! Ma tu non sei preoccupata?

- Lo sono, ma ho fiducia in Davide: penso che se la saprà cavare.

- A proposito di cavarsela, lo sai quanti soldi ha in banca?

- Credo che avesse messo via una certa somma in questi anni.

- Cosa intendi con "una certa somma?"

- Credo cinquemila, forse seimila euro.

- Seimila euro: ma ti rendi conto delle sciocchezze che dici? Se veramente ha solo quei soldi, dove vuoi che vada?

- Non ne ho idea, magari pensa di lavorare. O di studiare e lavorare, non me lo ha detto.

- E tu, che sei sua madre, non glielo hai chiesto?

- Gaetano, io rispetto la sua decisione. Avrà vent'anni tra poco. E' un ragazzo maturo e vuole farsi la sua strada senza il nostro aiuto.

- Cosa vorresti dire, che è il nostro aiuto che lo ha portato fuori casa?

- Non farmi dire quello che non ho detto! Tu hai fatto medicina, tuo padre legge e tuo nonno farmacia. Avete tutti fatto una facoltà diversa. Perché lui non può?

- Norina, sono i tempi che sono cambiati: oggi, là fuori, c'è un mondo di lupi! Solo se Davide fa medicina posso garantirgli un futuro prestigioso.

- Forse non è quello che lui desidera per sé, un futuro prestigioso.

- Non essere sciocca: tutti desiderano il denaro, il prestigio accademico, la fama e il potere!

- Sarà, ma mi pare che nostro figlio la pensi diversamente.

- Norina, mi stupisco di te: lo difendi! Io invece so cosa è giusto fare: lo troverò quanto prima e lo riporterò a casa a studiare anatomia. Ci puoi contare!

Norina sapeva benissimo di poterci contare solo che non lo desiderava affatto. Sapeva che se suo marito si era messo in testa di trovare Davide, era assai probabile che ci sarebbe riuscito. Amava suo figlio ed era consapevole che a casa soffriva. Preferiva non sapere dove fosse, ma libero, piuttosto che averlo accanto a sé a casa, ma infelice. Per Norina amare significava volere il bene della persona amata, anche se questo causa dolore. Così Norina amava Gaetano ed anche Davide e sua sorella Carla e soffriva per loro.

Gaetano invece concepiva l'amore solo come il controllo della persona amata, e, in qualche modo, anche il suo possesso. Anche Gaetano amava la moglie ed aveva amato, a suo modo, i suoi figli ma, da che gli erano sfuggiti, non poteva più farlo. Perso il possesso, finito l'amore.

10

Il mattino seguente si svegliò tardi. Si occupò della casa: fece una bella spesa e riempì il frigorifero, cambiò il letto. Impiegò parecchio per capire il funzionamento della lavatrice. In particolare non capiva perché, in un giro completo della manopola, la macchina dovesse lavare prima panni estremamente sporchi e resistenti, poi un bucato mediamente sporco e tenace, e ancora gli indumenti di lana e delicati, per poi dare la candeggina prima e l'ammorbidente poi: bisognava lavare e rilavare in successione? E se lui non ne aveva di capi delicati, come poteva passare direttamente al candeggio? Dopo qualche timido tentativo comprese che tutte queste operazioni non erano necessariamente da svolgere in sequenza, perché la manopola poteva essere girata a mano, saltando ciò che non interessava. In casa sua non si era mai occupato del bucato, e neppure della cucina. Questi aspetti non lo interessavano minimamente ma era fermamente convinto di volersi emancipare anche su questo versante.

La mattina, o quel che ne restava, volò via. A pranzo riuscì a prepararsi qualcosa nel micro - onde, dopo avere appreso a sue spese che non vi si possono inserire oggetti metallici, come pentole o pentolini, che si arroventano immediatamente.

Il pomeriggio riprese le esplorazioni. Quella sua alacre attività, motivata in un primo momento dalla necessità, man mano che procedeva, assumeva delle connotazioni diverse: lentamente al desiderio di potersi servire delle cose di Baldini che aveva a disposizione se ne affiancava un altro, quello di conoscere meglio quell'uomo attraverso il suo singolare modo di conservare e di riporre le cose, attraverso le scelte con cui aveva conservato determinate cose e non altre.

Trasse volumi dalla libreria, ne sfogliò alcuni. Il professore aveva di tutto in casa. Trovò diversi testi di matematica finanziaria per le superiori, ma furono le tavole attuariali ad attirare la sua attenzione: era mai possibile redigere un tomo di discreta mole con centinaia di pagine piene di colonne di soli numeri? Apprese che era possibile. Quei numeri dovevano quindi avere una certa utilità in sé se potevano stare lì tutti insieme senza alcun commento. Questa utilità, tuttavia, Davide non era in grado di coglierla.

Che in casa di un professore di matematica ci fossero testi di matematica era abbastanza ovvio. Ma c'era anche altro, un po' di tutto: romanzi classici russi, da Dostojevski a Tolstoi, da Goncarov a Bulgakov. Di Bulgakov era anche l'unico libro fuori posto fin dal suo arrivo. Nel prenderlo in mano per riporlo nella libreria si accorse che il professore ne aveva sottolineato molti passaggi. Vi erano anche delle annotazioni a margine, scritte a matita. Evidentemente lo stava leggendo, quando era mancato. Davide decise allora di mettere da parte il libro, che non aveva mai letto, per analizzalo in seguito. C'erano i classici francesi, da Flaubert a Maupassant, da Balzac a Proust, pochi libri di italiani, tra cui qualche romanzo di Buzzati, di Pavese e di Calvino e molta letteratura inglese ed americana. Il professore poi aveva un'edizione integrale del "Capitale" di Karl Marx. Davide lo aveva studiato al liceo, ma non immaginava che la sua opera fondamentale fosse così imponente. C'erano poi libri di astronomia e di astrofisica, di antropologia, di storia e di archeologia. Non mancavano testi legati ai viaggi che il professore doveva aver fatto come alcune guide dei musei più importanti, il Prado, il Louvre, il Metropolitan, il British e gli Uffizi oppure testi monografici sulle civiltà antiche.

Molti dei libri presentavano annotazioni e sottolineature, ma non contenevano foglietti dimenticati, fiori secchi o cose simili. Dopo essersi stancato di sfogliare i libri, Davide tornò ad occuparsi del resto dell'appartamento con l'obiettivo di cercare nei cassetti dei mobili. Il tavolo da lavoro non aveva cassetti; neppure quello della cucina. I cassetti della cucina non contenevano nulla di interessante. Finalmente arrivò ad aprire il cassettino posto nella base della scacchiera di legno. Lì trovò un foglio con queste strane annotazioni, scritte in modo ordinato e chiaro, di pugno:

CSF	2	…… ..		
PCBP	e	……..		
CNS	3	……..	π	……..
E-M	5	……..	7	……..
BMT	81488			

CC	11	……..	13	……..	17	……...
STP1	19	……..				
STP2	23	……..				
STP3	27	……..				
STP4	31	……..				

Era un vecchio foglio ingiallito, ripiegato in due. Sicuramente aveva diversi anni. Le annotazioni, del tutto incomprensibili, erano incolonnate in modo ordinato ed erano state scritte evidentemente in tempi successivi, con penne differenti. Le prime dovevano essere le più vecchie.

Il professor Baldini non aveva ancora finito di stupirlo. Fu chiaro a Davide che il documento che aveva in mano doveva essere importante: diversamente, perché conservarlo così a lungo e per giunta in un luogo dove non era riposto nient'altro? Il significato però gli sfuggiva del tutto. Si sedette in poltrona per analizzare accuratamente il suo ritrovamento. Le annotazioni erano dei codici.

Nella colonna a sinistra le lettere dovevano essere delle sigle, ma di cosa? Erano tutte prive di vocali. La maggior parte era formata da quattro caratteri, ma ve ne erano anche diverse di tre ed una di due. La seconda colonna invece riportava, in ordine crescente, alcuni numeri primi, ad eccezione del numero 1, che mancava. Vi erano però altre eccezioni: PCBP riportava la lettera "e" minuscola, CNS la lettera pi dell'alfabeto greco e BMT invece un numero di cinque cifre, 81488.

A destra, tutte le sigle, ad esclusione di BMT, riportavano una colonna di puntini. Ogni sequenza di puntini ne conteneva otto, non poteva essere un caso, ma la prima, BMT, riportava quattro coppie di puntini separati da spazi, mentre nelle altre i puntini erano equidistanti tra loro. Aveva davanti un bel rebus ma qualcosa gli diceva che quel foglio poteva essere la chiave di accesso al computer ed alla cassaforte.

Aveva bisogno di trovare qualche spunto interpretativo su Internet, ma non poteva accedervi né col proprio portatile, perché la connessione ADSL richiedeva una password di accesso, né con quello del professore che richiedeva una *password* di *boot* per avviarsi.

46

Dopo aver tentato diverse ipotesi interpretative delle sigle, gli venne una prima illuminazione: forse "e", per un professore di matematica, non è una congiunzione, ma un numero, il numero di Nepero, la base del logaritmi neperiani. Nella libreria trovò in un libro di matematica, al capitolo sui logaritmi, che la e di Nepero valeva 2,718281828459045 …

Allo stesso modo trovò il valore approssimato di π: 3,141592653589793 …

Qualcosa gli diceva che era sulla strada giusta: i due numeri trovati, erano correttamente collocati in lista il primo tra il 2 ed il 3, ed il secondo tra il 3 ed il 5. C'era un ordine, una certa logica in tutto questo. Forse quindi quei codici erano stati scritti seguendo un ordine crescente.

Ma dopo questa felice intuizione, Davide ripiombò in un vicolo cieco: se veramente i due numeri trovati erano le basi per scrivere delle password corrette, cosa doveva fare con la virgola? Doveva prendere solo i decimali, buttando la parte intera? E poi, quanti decimali?

Mollò la presa per uscire una mezz'ora a sgranchirsi le gambe e a riposare il cervello. S'incamminò verso la zona più centrale di Tomba di Nerone. Nome curioso per un sobborgo e quanto mai approssimativo. L'abitato, che si trova in vicinanza dell'antica via Cassia, era stato così chiamato per il ritrovamento a lato della strada consolare di un'arca, un sarcofago posizionato in alto, alla maniera ellenistica, che, per qualche motivo ignoto, era stato riconosciuto come sepoltura dell'imperatore Nerone. In realtà Nerone, con questa tomba, non c'entrava proprio nulla. Ma ormai l'abitato si chiamava già "Tomba di Nerone" e tale appellativo gli è rimasto.

La località fu teatro di una curiosa vicenda storica: era il pomeriggio del 16 dicembre 1804 quando a Parigi, nella piazza antistante la cattedrale di Notre Dame, si celebrava l'incoronazione di Napoleone ad imperatore. Per l'occasione venne levata in volo una mongolfiera immensa che portava sulla sommità la corona imperiale ed era decorata con tremila lumini colorati. Contro ogni aspettativa, la maggior parte dei lumini si spense quando l'aerostato, liberato in volo, raggiunse la sommità della cattedrale. Il pallone tuttavia continuò a volare e, trascinato dai venti giunse il giorno seguente, in modo del tutto imprevedibile, a Tomba di Nerone, dove urtò il monumento funerario perdendo la grande corona imperale nell'impatto. Alleggerito di quel peso, si risollevò e veleggiò ancora, per una cinquantina di chilometri verso nord, fino a terminare la sua erratica corsa nelle acque del lago di Bracciano, davanti ad Anguillara. L'imperatore, successivamente informato dell'accaduto, l'interpretò come un cattivo auspicio dato che la mongolfiera aveva perduto la sua corona sulla tomba di un imperatore che aveva subito la *damnatio memoriae*. Dopo quell'episodio il neo imperatore dei francesi decise frettolosamente di tagliare i fondi alla ricerca in campo aeronautico, persuaso che da quel settore non potessero venire altro che guai.

Sulla strada principale c'erano alcuni negozi; uno attirò l'attenzione di Davide, una piccola porta a vetri che riportava, a lettere rosse maiuscole applicate al vetro, i servizi offerti all'interno: "MONEY TRSFR, FAX, MONEY CNG. INTERNET, E–M ". Il negoziante aveva dovuto abbreviare i nomi dei servizi perché non aveva spazio sufficiente per scriverli interamente coi caratteri di cui disponeva. E–M non lasciava dubbi, in quel contesto: si trattava sicuramente di e-mail, il servizio di posta elettronica. E–M compariva anche nella lista di Baldini in quarta riga: se "E–M" indicava la e – mail, quanto seguiva, numeri e puntini dovevano essere necessariamente le password per accedere alla casella di posta del professore. Forte della nuova scoperta, Davide rientrò subito a casa e si rimise al lavoro.

Spostò la sua attenzione sull'unica presunta password in chiaro di cui disponeva, quella della riga BMT. Perché era in chiaro e perché era l'unica? Perché era l'unica password che non poteva essere modificata. E qual è l'unica password di cinque cifre numeriche che non può essere modificata? Quella della tessera bancomat! E infatti la riga era intestata BMT = BancoMaT! Ora aveva la password della carta bancomat del professore. Peccato che non possedesse la tessera.

Alla luce di questa elettrizzante scoperta, Davide interpretò anche le prime sigle della lista: CSF non poteva che essere la CaSsaForte; PCBP poteva essere *Personal Computer Boot Password*; CNS poteva essere CoNneSsione (ad Internet); E–M era la posta elettronica; BMT il bancomat; e CC doveva essere Conto Corrente, il che avrebbe provato l'esistenza di conto corrente online.

Restavano invece un mistero le sigle STP1, STP2, ..., che pensava potessero indicare Standard ProTocol1, ma questa ipotesi non era concludente.

Forse non tutte le ipotesi fatte erano corrette nel dettaglio, ma si sentiva sicuro di avere imboccato la strada giusta. Riprese in mano la combinazione della cassaforte che gli aveva dato la signora Lina: era formata da quattro coppie di numeri di due cifre ciascuno, perfettamente corrispondenti con le quattro coppie di puntini segnati dal professore. Ecco l'ultima illuminazione della giornata: i puntini indicavano il formato della *password*. Quattro coppie di puntini indicavano quattro coppie di numeri di due cifre.

E, se questo era corretto, tutte le altre indicazioni di puntini volevano indicare numeri o stringhe alfanumeriche di otto cifre. Davide era combattuto tra il desiderio di proseguire la ricerca e quello di mangiare qualcosa. Decise per un compromesso, una breve interruzione in cucina per prepararsi qualcosa che assomigliava ad un panino mal riuscito e dalla farcitura improbabile, per poi riprendere l'esame delle sue carte.

Diede un'occhiata alle conclusioni raggiunte: l'unica possibilità di testare le sue ipotesi gli veniva dalla seconda riga: PCBT, in cui "e" doveva essere il numero di Nepero. Accese il portatile del professore: quando si bloccò sulla schermata di richiesta della password inserì 27182818, ossia le prime otto cifre del numero di Nepero, trascurando la virgola.

Diligentemente il computer cominciò a caricare il sistema operativo.

L'assedio era terminato, una breccia nel sistema di difesa del professore era stata aperta. Stanco, ma contento, Davide rinviò altri tentativi al giorno seguente, si fece una rapida doccia, ed andò a letto.

Il professore, pensava, non era affatto quel vecchio rimbecillito che si era figurato inizialmente e gli aveva insegnato una prima cosa importante, che per entrare nel suo mondo, Davide avrebbe dovuto rispettarne la *forma mentis*, un modo ordinato e logico di procedere nelle cose, a partire da quelle pratiche.

Sul comodino trovò il "Maestro e Margherita". Il libro non lo interessava affatto in sé; credeva si trattasse della solita saga russa con tanti personaggi, troppo numerosi per memorizzarli tutti, troppo lungo per potere ricordare tutte le vicende e per potere essere letto in un tempo ragionevole. Lo aprì dove iniziavano i paragrafi sottolineati dal Baldini.

"Al mattino presto del giorno quattordici del mese primaverile di Nisan, avvolto in un mantello bianco foderato di rosso, con una strascicata andatura da cavaliere, nel porticato tra le due ali del palazzo di Erode il Grande, entrò il procuratore della Giudea Ponzio Pilato."

Cosa avesse a che vedere Ponzio Pilato, Procuratore in Giudea, con un romanzo russo del novecento, era un grande punto interrogativo, ma la prosa era molto elevata e la vicenda intrigante: mai Davide si era posto il problema se potesse esistere qualche altra versione della storia del martirio di Cristo. Da sempre tutti gli avevano detto che quanto narrato nei quattro Vangeli era la pura e semplice verità. Così Gesù era stato processato e condannato a morte, in concomitanza della ricorrenza della Pasqua ebraica. Si immerse nella lettura e vi sprofondò addormentato.

11

Dalla poltrona dall'alto schienale di pelle nera trapuntata si levava una densa colonna di fumo bianco. Poteva anche trattarsi della condensazione del furore del professor Mancini per quella telefonata appena avuta col Questore Nicola Fusco. Gli aveva detto in sostanza che non era in condizione di rendergli il favore che gli doveva dall'anno prima, quando lui aveva fatto assumere sua nipote come infermiera professionale, in clinica medica.

Non poteva fare cercare suo figlio da una squadra della polizia: erano troppo sotto organico, troppo impegnati a tenere dietro ai criminali veri ed ai veri scomparsi. Suo figlio se ne era semplicemente andato di casa, era maggiorenne, incensurato, e poteva fare quello che preferiva della sua vita. Cosa c'entrava la Polizia? E poi perché un padre deve ricorrere a simili mezzi per rintracciare suo figlio, che non vuole essere trovato? Forse, diceva il Fusco, avrebbe dovuto pensarci prima che Davide prendesse quella drastica decisione.

O, più facilmente, doveva trattarsi del sigaro toscano che Gaetano Mancini si era acceso e da cui aspirava furiose boccate. Era fuori di sé: lo sapeva anche lui che Davide era un libero cittadino e che poteva andare dove voleva. Ma lui era suo padre, aveva dei doveri precisi, di educare, di correggere la condotta del figlio, che stava imboccando una brutta via. E poi chi era Nicola Fusco, irriverente pallone gonfiato, per sentenziare su cosa era giusto e cosa sbagliato fare per un padre verso il figlio, quando il padre era Gaetano Mancini ed il figlio, suo figlio Davide? Con chi credeva di avere a che fare?

Nicola Fusco, massone pure lui, quell'arrivista, quell'indegno coglione mellifluo, quell'irriconoscente leccaculo, che tanta piaggeria aveva profuso e tanto aveva giurato eterna gratitudine al Mancini per avergli sistemato la nipote, per averle creato un posto che non c'era, in barba a tutti i concorsi e a tutte le graduatorie.

Quando si concede un favore è questo che si deve fare: sovvertire le regole, esercitare influenza e potere, forzare il sistema per ottenere un risultato che, sulla carta, sarebbe del tutto impossibile, inammissibile o fors'anche illegale! E adesso che era lui, Mancini, a chiedere di rendere il servigio ecco il risultato!

Ma Gaetano Mancini non era uomo da umiliare col diniego di un favore dovuto. Il Nicola Fusco non l'avrebbe passata liscia! Questo stronzo ingrato, che bellamente pensava di potere calpestare la prova di vera amicizia che gli aveva dato Gaetano Mancini, quando era stato lui ad avere bisogno!

Pinnacoli di fumo bianco seguitavano ad elevarsi dal sigaro infuocato del professore e salivano a formare una densa cortina che si distribuiva tutto intorno in prossimità del soffitto dello studio ammorbando l'aria.

Prese in mano il telefono e chiamò il primario di clinica medica. - Pronto, … Alfonso? Sono io, Gaetano.

Alfonso Moretti era da poco diventato primario di Clinica Medica alla Sapienza. Alla sua nomina aveva contribuito, e non poco, lo stesso Mancini che aveva sostanzialmente taroccato l'esito del concorso per piazzare il suo vassallo.

- Ciao. Ascolta, hai presente quell'infermiera che abbiamo assunto l'anno scorso? Come si chiama Marini, Marino …- il suggerimento gli arrivò prontamente dall'altro capo del filo.

- Si capisce, Martini! Bravo! Quell'Antonietta Martini. Ecco, dovresti renderle la vita impossibile! Che so io, spostala sui turni di notte, toglile il riposo, le ferie, lo stipendio, di più … mettimela a pulire il culo ai vecchi, i cessi, qualunque cosa, ma me la devi massacrare!

Al progredire delle richieste, un sordido piacere si intendeva montare nel tono del professore, che già si figurava la poveretta a fronteggiare privazioni, vessazioni, degradazioni ed umiliazioni crescenti, senza poterne comprendere il motivo. Il professore pregustava il torbido piacere della vendetta, non ancora consumata ma già preconizzata.

- No, lo so io il perché! Non sto a spiegarti perché devi farmi quello che ti ho chiesto! Ci sono delle regole perdio! E chi non sta alle regole deve essere sanzionato ed estromesso dal cerchio delle persone che contano. Oggi un tizio mi ha dato una fregatura solenne e se non lo buttiamo fuori, domani la potrebbe dare ad un nostro amico, magari proprio a te! Chi dimostra di non sapere rispettare le regole ed è per di più un ingrato, deve starne fuori dal giro, sono stato chiaro?

- Allora mi raccomando, fai come ti ho detto.

Dall'altra parte del filo evidentemente giunsero all'orecchio del professore rassicurazioni quantitativamente e qualitativamente adeguate alle richieste: - Si capisce, ti richiamo tra un paio di settimane, così mi dici cosa sei riuscito a combinare. Si capisce! Conto su di te, mi raccomando. Tu sei un vero amico!

Posato il ricevitore il tono dell'umore di Mancini era decisamente migliorato. Anche le nuvole di fumo non erano più così copiose e dense come prima. Soddisfatto per quel primo risultato si chiedeva se potesse bastare per rimediare al torto subìto. Presto concluse che no, non bastava assolutamente. D'altra parte lo aveva appena detto lui stesso al Moretti: Nicola Fusco doveva essere estromesso dal giro.

Riprese in mano il telefono e questa volta chiamò il Notaio Agostino Marra De Angelis. Non lo scomodava mai per futili motivi. Ma quella del Fusco era una questione importante, una questione di principio. Una questione capitale.

- Agostino sei tu? Ti disturbo? Puoi parlare liberamente? - Agostino Marra De Angelis era il capo della Loggia di Roma a cui era affiliato il Mancini e pure il Fusco.

Dopo avere raccontato l'accaduto anche il Marra De Angelis dovette convenire che, tra muratori, per di più della medesima Loggia, questi comportamenti erano assolutamente esecrabili perché violavano i principi cardine dell'ordine massonico. Tuttavia obiettò che quello era pur sempre il Questore di Roma e che, anche senza Loggia, di potere ne aveva da vendere. Inoltre era opportuno cercare di evitare pericolose ritorsioni da parte del Fusco. La faccenda andava dunque trattata con una certa diplomazia. Dichiaratosi d'accordo sulla necessità di sanzionarlo, consigliò e convinse Gaetano che era preferibile adottare col Fusco una strategia meno diretta della plateale espulsione dalla massoneria chiesta dal Mancini; occorreva invece ottenere lo stesso risultato pratico, ma senza clamorosi gesti ufficiali.

Ci avrebbe pensato lui ad interrompere la carriera del Fusco, dentro la Loggia. Poi avrebbe parlato ai confratelli più influenti spiegando loro che il Fusco, come massone, era bruciato: non avrebbe contato più nulla, nessun muratore gli avrebbe più parlato e, nell'immediato, non avrebbe ottenuto quel passaggio di grado che gli era già stato in qualche modo promesso. Il Mancini ringraziò il Gran Maestro lodandone sinceramente la decisione: la sanzione era meno diretta ma assai più lenta e dolorosa per l'interessato. Una vendetta lenta ed ineluttabile sotto i suoi occhi.

Posato il ricevitore il professore si sentiva ora del tutto soddisfatto e compiaciuto. Dell'Antico Toscano gli era ormai rimasto, tra le dita ingiallite dalla nicotina, un piccolo mozzicone che presto si spense. Ancora una volta era riuscito a ristabilire il giusto ordine, il suo. Tuttavia dovette riconoscere di non avere fatto alcun passo avanti nella ricerca di suo figlio. Proprio quando aveva esaurito tutti i contatti delle persone che Davide avrebbe potuto contattare dopo la fuga da casa, aveva deciso di chiedere l'intervento discreto della Polizia per trovarlo. Ma il Fusco, quel grandissimo figlio di una mignotta ladra, gli aveva rifiutato il favore.

Adesso era giunto ad un punto morto. Alla fine pensò che la Loggia serve proprio quando ti trovi in difficoltà e non sai come muoverti. Avrebbe chiesto a qualche confratello dei consigli giusti su come muoversi e su chi contattare.

Avrebbe avuto una riunione di lì a tre giorni.

12

Il mattino seguente Davide si svegliò col libro ancora aperto sul letto. La questione di Ponzio Pilato e del processo a Gesù, che di per sé mai avrebbe suscitato il suo interesse, ne acquistava invece perché quei capitoli avevano coinvolto il professore fino al suo ultimo momento di vita. E se il professore era quella mente ingegnosa e sistematica che si manifestava attraverso l'ordine meticoloso ed il foglio delle *password*, allora anche la storia della condanna e del martirio di Cristo dovevano sicuramente inserirsi in un contesto più organico di pensiero.

Dopo una doccia veloce ed una frugale colazione si rimise al tavolo da lavoro ed accese il computer di Baldini. Lo analizzò con calma. Lo sfondo del desktop era una fotografia della Cupola della roccia a Gerusalemme. Aveva un disco rigido da 100 GB, pieno per 67. Su quel computer c'era una montagna di dati.

Il disco fisso, oltre a contenere i più comuni applicativi, era ordinatamente suddiviso alla radice in una serie di cartelle denominate in base al tipo di files che contenevano. Poi c'erano due *browser* diversi ed un programma di gestione della posta elettronica. Voleva connettersi ad Internet e controllare la sua posta che da giorni non aveva più aperto. Prese il foglio delle password. Riga tre, CNS, 3, otto cifre, π, otto cifre. Se era pressoché sicuro che il π dovesse corrispondere a 31415927, restava il mistero di quel 3: come andava interpretato? Forse l'esigenza di due serie di cifre per accedere alla connessione Internet si spiegava col fatto che la prima serie poteva corrispondere all'User ID e la seconda alla password vera e propria. Ma occorrevano entrambe.

Si rigirò il foglio tra le mani chiedendosi come mai, nella successione di numeri primi, mancasse il numero 1. Il quadrato di 1 è 1 o anche il cubo e le potenze successive. Anche la radice quadrata di 1 è 1 e pure le radici di indice successivo. Probabilmente, pensò, il numero 1 era poco utile per ricavarne una password perché, comunque si operasse su di esso, non dava mai origine ad una stringa numerica. Il numero 1 era quindi inservibile. Per questo forse mancava. Ma se era vera questa ipotesi, allora era del tutto verosimile che il 2 o il 3 e via dicendo non andassero presi così com'erano, ma che si dovesse operare su di essi in qualche modo. Ed il modo più immediato di operare su questi numeri primi, interi e positivi, per ottenere da tutti una stringa interminata di decimali, era quello di estrarne una radice. Quale radice, se quadrata, cubica o quarta era difficile da dire. Bisognava provare.

Così Davide aprì il foglio elettronico e calcolò la radice quadrata di 3. Prendendo le prime otto cifre e, ignorando la virgola, ottenne: 17320508. Aprì il programma di connessione ad Internet ed inserì questo numero come User ID e quello desunto da π come password. Comparve una finestra che diceva: la connessione è in corso.

Anche l'ultima resistenza nel sistema di protezione del professore era caduta, ma quanto tempo e quanta tenacia erano occorsi! Allo stesso modo si potevano ricavare tutte le altre password dei numeri primi riportati. Ora Davide aveva accesso a tutto quanto poteva interessargli. Restava il mistero di cosa fossero STP1, STP2, ecc. Ma forse, col tempo, sarebbe riuscito a chiarire in seguito anche questo.

Controllò la sua posta dove trovò tre mail di suo padre in cui, con tono prima subdolamente persuasivo, poi velatamente intimidatorio ed infine apertamente minaccioso, gli chiedeva di ritornare sui suoi passi o, quanto meno, di non abbandonare la facoltà di medicina.

Non rispose a nessuna di queste anche se era stato necessario inviare le ricevute per poterle aprire. Quindi, Gaetano ora sapeva che il figlio le aveva lette e sapeva pure che non aveva voluto rispondere ad alcuna delle tre, la qual cosa lo avrebbe fatto infuriare.

C'era anche una breve mail di sua sorella Carla che gli chiedeva dove fosse finito e come stesse. Le rispose che si era sistemato e che stava bene, che non aveva nessuna intenzione di ritornare a casa e per questo non poteva rivelarle dove abitasse. Se intendeva vederlo, le diede appuntamento sulla terrazza del Pincio per la domenica successiva. Il resto era spam.

Verificate le password per la connessione Internet, ora che pensava di avere tutte le chiavi di accesso, Davide decise di sperimentare le altre, iniziando dalla prima, CSF 2 .. .. La password doveva essere radice di due, ripartita in quattro coppie di numeri, prescindendo dalla virgola. Quindi 14, 14, 21, 35. I giri ed il verso di rotazione dovevano essere quelli forniti dalla signora Lina. Dunque quattro giri in senso orario fermandosi sul 14, poi tre giri in senso antiorario fermandosi ancora sul 14, quindi due giri in senso orario fermandosi sul 21 ed infine un mezzo giro in senso antiorario con arresto sul 35. Provò ed al primo tentativo, come per magia, la cassaforte si aprì.

All'interno pochi oggetti: il portafoglio di Baldini, il cellulare, il passaporto, la scheda elettorale e qualche piccola scatola portagioie. Se teneva il cellulare in cassaforte voleva dire che non doveva ricevere molte chiamate. Dall'esame del registro chiamate Davide poté verificare che le chiamate in entrata erano veramente pochissime al mese. Qualcuna in più quelle in uscita.

Dentro al portafoglio c'erano una tessera bancomat/carta di credito, un libretto degli assegni di una banca online, la carta d'identità e poco più di cento euro in contanti.

Evidentemente il professore era abituato a chiudere tutto in cassaforte quando stava in casa: un'abitudine che indicava prudenza ed ordine. Raccolto il materiale dalla cassaforte, lo sottopose ad un esame più attento. Nelle scatole trovò dei gioielli femminili, due collane, una fede con la data incisa del 28 Marzo 1970, un bracciale d'oro e qualche anello d'oro con pietre dure colorate. Con tutta probabilità si trattava di gioielli appartenuti alla moglie defunta. Un vecchio astuccio rigido ricoperto in pelle bordeaux conteneva un orologio d'oro da polso marcato Jeager Lecoultre. Dallo stile si sarebbe detto degli anni cinquanta. Molto bello. Come nuovo, neppure un graffio.

Il ritrovamento più interessante tuttavia, era quello del libretto degli assegni: era la conferma che il professore aveva un conto bancario online. Davide si riconnesse ad Internet e digitò l'indirizzo web della banca a cui corrispondeva il libretto di assegni. Il foglio delle password ne riportava tre: 11, 13 e 17, tutte con otto caratteri. Ricavò le radici dei numeri in questione e le inserì la prima come username e la seconda come password. Davide pensò che la terza password potesse essere, come spesso accadeva, una password dispositiva richiesta dal sito della banca per compiere operazioni particolari. Scoprì con estatica meraviglia che il professore possedeva la bellezza di oltre ventiduemila euro liquidi oltre ad altri sessantamila in obbligazioni. Dalla situazione contabile poté verificare che la pensione di circa 1.600 euro gli era stata regolarmente accredita nel mese di febbraio.

Cosa farne?

13

Era la metà di marzo. La giornata era soleggiata e tiepida; da quella posizione elevata lo sguardo spaziava e nitido sopra alle piazze, ai tetti, alle terrazze, ai palazzi ed alle cupole di Roma.

Carla stava appoggiata alla balaustra del Pincio che affaccia su Piazza del Popolo. Non poteva sapere che proprio lì il professore e la moglie, molti anni prima, si erano fatti scattare quella fotografia da cui, un giorno, morti entrambi, la signora Lina avrebbe tratto l'immagine da destinare alla tomba di Giovanni Baldini.

Davide la raggiunse con qualche minuto di ritardo, provenendo dal parco di villa Borghese. Si abbracciarono come se venissero da mondi diversi, divisi dalle loro scelte di vita. In realtà abitavano non troppo lontano l'uno dall'altra, ma questo lo sapeva solo Davide che era ben deciso a non rivelarlo alla sorella.

- Allora Davide, hai deciso di saltare il fosso anche tu?

- Credo proprio di sì. Non sopportavo più che nostro padre decidesse per me della mia vita. Era diventato insopportabile continuare ad abitare con lui e con mamma.

- Ti capisco, ma come pensi di cavartela? So che papà ti ha tagliato i viveri.

- Non li voglio più i suoi soldi. In qualche modo me la caverò. Posso lavorare part time. Non ho grandi esigenze, lo sai.

- Lo so. Ma vivere costa tanto, anche se non vuoi fare nulla di particolare.

- Va bene, allora posso dirti che ho trovato una persona che ha deciso di ospitarmi e di aiutarmi a completare gli studi.

- Ma chi è?

- Non te lo posso dire.

- Lo conosco? Abita a Roma?

- No, non lo conosci. Io stesso lo conosco appena e non ha importanza dove sta. L'importante è che ha deciso di darmi una mano per l'avvenire.

- Ma stai scherzando!? Vuoi farmi credere che nel giro di un paio di settimane hai fatto fagotto e così, per miracolo, hai trovato un benefattore, una specie di buon samaritano che, di punto in bianco, ha deciso di prenderti sotto la sua ala?

- Qualcosa del genere.

- Ma va! Raccontamene un'altra!

- E' la pura verità. E ti prego vivamente di non farne parola né con papà né con mamma. Sicuramente mi stanno cercando e non ho alcuna voglia di ritrovarmi a discutere inutilmente con papà su una decisione già presa e su cui non tornerò mai.

- Ma non volevi anche tu fare medicina? In fondo papà poteva garantirti una buona entratura.

- Pure tu ti ci metti! Medicina può essere la più bella facoltà del mondo, ma io non voglio né seguire quello che papà ha deciso per me, né tanto meno beneficiare delle sue entrature. Mi fa semplicemente schifo quel mondo. Ne cerco uno diverso per me, se sarà possibile trovare un'altra via, se ci riuscirò.

- E credi che questa persona possa veramente aiutarti? Hai diversi anni di studio davanti, tanto più se vuoi abbandonare medicina e ripartire da zero.

- Penso di sì. Non ha figli e, in un certo senso, mi ha adottato. Credo sia un uomo che ha raggiunto una visione complessiva delle cose, che possieda la capacità di usare la sua cultura per raggiungere una comprensione profonda della realtà.

- Insomma, un uomo saggio che, a quanto pare, è stato molto persuasivo con te. Ma è ricco?

- No, non direi. Non se la passa male, ma non lo definirei certo ricco. Papà è ricco. Ricco e stronzo. Il mio protettore è …

- Puoi almeno dargli un nome, anche di fantasia, tanto per capirci?

- Giovanni, si chiama Giovanni.

- E che lavoro fa questo Giovanni per essere così saggio?

- Fa il professore alle superiori.

- Si può sapere cosa insegna questo professore?

- Matematica finanziaria … a ragioneria. Ora, ti prego, non chiedermi altro. Un giorno magari ti racconterò tutto …, ma adesso sicuramente papà si starà dannando per stanarmi e ricondurmi all'ovile. Meno sai, meglio è. Lo conosco troppo bene: è capace di invitare te e tuo marito a casa una bella domenica e di incantonarti finché non riesce a farti dire tutto quello che sai. Non è per sfiducia in te, credimi. E' di lui che non mi fido affatto!

- Va bene, non insisto. Spero solo che tu non ti sbagli su questa persona e che tu possa andare incontro a brutte sorprese. Su una cosa hai ragione: il pranzo domenicale c'è già stato; in realtà si è trattato di una cena. Papà mi ha chiesto se ero in contatto con te e se sapevo dove eri andato a stare. Non gli avrei detto niente egualmente, ma il fatto di non sapere niente, è stato prima di ricevere la tua mail, ha sicuramente reso più convincenti le mie risposte. Poi mi ha lasciato in pace.

- Vedi che non mi sbaglio sul suo conto! E come li hai trovati?

- Mamma era abbastanza tranquilla. Certo vorrebbe avere una conferma da te che stai bene e che non hai problemi. Non è che papà l'abbia lasciata parlare granché, ma mi è sembrato che abbia accettato la tua scelta.

- E papà com'era?

- Mah … inizialmente ha dissimulato il suo malumore. Tieni presente che c'era anche Antonio: non voleva farsi vedere debole. Poi, quando siamo arrivati a parlare di te, allora ha abbandonato ogni inibizione. Direi che l'ho visto furente come poche volte!

- Cos'ha detto?

- Non molto a dire il vero. Ha detto che aveva già messo in moto tutti i suoi contatti per cercarti. Pensa che tu sia ancora a Roma. Su questo non credo che sbagli. A proposito: se pensi di cambiare facoltà ti consiglio di cambiare anche università perché se resti alla Sapienza, prima o poi lui lo viene a sapere, mentre nelle altre università ha meno agganci.

- Sicuramente avrà scomodato i suoi amici massoni. Però, ti garantisco che sono attentissimo. Non ho cambiato residenza anagrafica e non intendo farlo. Non uso più nemmeno né il mio cellulare né la mia connessione Internet. Sai, quello è capace di trovarmi attraverso la società telefonica. Stai tranquilla, sarò molto prudente, anche per la nuova facoltà.

- Hai un'idea di cosa fare?

- Nell'immediato ti proporrei di andare a mangiare qualcosa insieme. C'è un posticino a piazza di Spagna dove fanno un fritto di verdure che è la fine del mondo: ti va?

- Volentieri! Ho detto ad Antonio che sarei rimasta a pranzo con te. Immaginavo che la nostra chiacchierata sarebbe andata per le lunghe! Allora cosa hai in mente di fare?

- Sono indeciso tra scienze politiche, legge ed economia. Un'idea ce l'ho: vorrei fare il concorso per la carriera diplomatica - disse Davide raggiungendo sua sorella che si era già incamminata sulla strada che scende verso piazza del Popolo.

- Sarebbe una cosa bellissima, ma ho sentito dire che è molto difficile entrare, soprattutto se non hai santi in paradiso.
- Lo so. Bisogna studiare duro. Però so anche che l'accesso alla diplomazia è una delle poche carriere che sia rimasto pulito. Lì non conta granché che tu sia figlio o nipote di chicchessia. Conta se passi o non passi la selezione, che è durissima. Pensa che ogni anno non riescono a coprire i posti messi a bando. E certo non perché non vi siano domande.
- E com'è che ti è venuta in mente questa cosa che è, lasciamelo dire, un po' strana?
- I motivi sono tanti. Il primo forse è il desiderio di uscire da Roma e dall'Italia per confrontarmi con realtà diverse, altre culture, ambienti differenti. Per me rifare la carriera universitaria od ospedaliera come medico sarebbe stato come non vivere una vita mia.
- Questo l'ho capito, ma ci sono tanti lavori diversi senza bisogno di andare in capo al mondo!
- Non so come dire, credo che l'Italia non sia più, se mai lo è stato, un posto da cui si può avere una buona visione del mondo.
- Non sapevo che ti interessasse avere "una buona visione del mondo"!
- Vedi che non riesco a spiegarmi? Voglio dire che l'Italia, più di altri paesi europei, è rimasta tagliata fuori dai processi storici che hanno interessato il mondo negli ultimi decenni.
- E' vero, ma ti ricordo che l'ultima volta che il paese è entrato pesantemente nei processi storici internazionali è stato durante la seconda guerra mondiale … vuoi dire che la preferivi allora? Non è che lì abbiamo fatto quella gran figura!
- No, ovviamente. Mi pare che lì abbiamo toccato il fondo. Voglio dire che se il mio futuro lavoro mi portasse in aree dove la storia contemporanea si sta scrivendo ora, mi sentirei appagato nell'esserci, perché vedrei situazioni che da qui ci sfuggono, capirei il contesto e forse, chissà, potrei anche dare il mio contributo.
- Allora vuoi dire che una collocazione a Washington sarebbe ideale?
- Washington potrebbe essere un posto molto interessante, sicuramente. Ma anche tanti altri. Io pensavo in primo luogo al Medio Oriente. Damasco, Amman, Beirut o anche Tel Aviv … Anche lì, giorno dopo giorno, si sta scrivendo un lungo capitolo di storia che ha ripercussioni in ogni angolo della terra. Oppure,

restando in Europa, Bruxelles sarà un posto interessante, nella misura in cui la funzione degli Esteri diventerà sempre più materia comunitaria piuttosto che nazionale.

- Quindi non ti dispiacerebbe passare gran parte della tua vita lontano da Roma?

- Per certi versi non mi dispiacerebbe. Per altri sì. Amo molto la città, la luce e la sua atmosfera, però non mi piace l'idea di lavorarci. E non per il traffico. Roma è la sede del potere politico, dei Ministeri, di un certo modo di operare clientelare e affaristico: le baronie non sono solo universitarie, ci sono in politica, nelle amministrazioni pubbliche, negli ospedali, nelle aziende municipalizzate, a Roma sono un po' dappertutto.

- Non è che tu rifiuti questo ambiente perché ce l'hai con papà?!

- Forse sì. O forse ce l'ho con papà anche perché lui rappresenta la quintessenza del modo di fare "mafioso", dello scambio di favori, dell'esercitare pressioni, del favorire questo o quello non perché valgano, ma solo perché raccomandati. Vorrei restarne fuori da tutto questo e anche lontano da lui.

Erano intanto arrivati a piazza di Spagna. Davide guidò Carla verso la trattoria "La rampa" che si trova non distante dall'ingresso della metro Spagna. Si accomodarono in un tavolino all'esterno ed ordinarono il famoso fritto misto di verdure.

- Hai un progetto bello ed ambizioso. Ne devo dedurre che sentimentalmente tu sia ancora libero?

- In effetti è così. In queste settimane poi, col trambusto generato dalla mia fuoriuscita, non ho certo avuto tempo di uscire e vedere qualcuno. In ogni caso ho deciso di cambiare giro: non voglio più uscire coi compagni di università. Mi sentirei fuori posto al momento. E poi vuoi che papà non si metta in contatto anche con loro? Se non lo ha già fatto, lo farà presto. No, devo tagliare i ponti con le persone che rappresentano il passato.

- Anche con me?

- Ovviamente no, ma non potrò dirti tutto, non potrò dirti dove abito e cose simili, lo capisci?

Un esteso vassoio di ceramica fece il suo ingresso sul tavolo: conteneva ogni possibile ortaggio fritto, caldo, profumato e croccante.

- Lo capisco. Ma prima intendevo parlare di donne: nessuna che ti interessa? E se ci fosse una storia seria, come la metteresti coi tuoi progetti?

- Intanto è difficile fare delle ipotesi su una persona che non esiste. Ma se esistesse credo sarebbe giusto offrile la possibilità di seguirmi. Non sarebbe giusto che io dovessi rinunciare alla mia idea per il fatto che lei vuole restare a Roma tutta la vita. Comunque questo è un discorso quanto meno prematuro e teorico.

- Hai ragione. Scusa, la mia era una curiosità, niente di più.

- E tu piuttosto: che programmi hai con Antonio? Figli?

- No, non ancora. Ma se verranno, siamo ben disposti. Per ora non li cerchiamo. Io vorrei averne, prima o poi. E tu?

- Per me, lo capisci, è un discorso di là da venire. Però così, in astratto, non so se ne vorrei avere. E' una responsabilità troppo grande. E poi è una questione del tutto prematura: prima devo risolvere i miei problemi, poi posso pensare al resto.

- Ti riferisci al problema di dare loro un'educazione corretta?

- Anche a quello. Ma prima ancora alla responsabilità di mettere qualcun altro qui a vivere, senza che questo individuo abbia potuto mai esprimere un'opinione in proposito.

- Sento una certa nota di pessimismo nelle tue parole.

- No, non è così, credimi. La questione è se sia giusto o meno che qualcun altro decida al posto tuo una cosa così importante come l'esistere o il non esistere.

- Mi pare che il discorso stia pendendo un po' troppo sul versante etico. Non la farei così complicata: i bambini sono sempre nati da che mondo è mondo!

- Lo so. Infatti la questione non si è mai posta finché non è stato possibile decidere consapevolmente se avere oppure non avere figli, cioè fino a pochi anni fa, in definitiva. Prima non era una scelta.

- Sei molto cambiato. Certi discorsi non li facevi mica fino ad un paio di anni fa! Non è che c'è lo zampino del tuo Giovanni?!

- Può anche darsi. Però Carla, non devi più considerarmi il fratellino piccolo sempre intellettualmente indietro rispetto a te. Sono cresciuto e mi sto facendo delle idee. Non c'è niente di strano in questo.

- Non volevo farti un appunto, anche se magari, sulla questione, ho idee differenti dalle tue. Volevo solo farti capire che sono contenta di vedere che sei capace di un pensiero autonomo e maturo. Tutto qui.

Nel frattempo il contenuto del grande piatto di fritto aveva preso altra via. Davide pagò col bancomat del professore collaudando così il PIN 81488, che si rivelò corretto. Si lasciarono sulla metro quando Carla scese dal treno mentre Davide proseguì oltre.

14

Giovanni Baldini aveva sessant'anni quando morì. Era andato in pensione da soli sei mesi. Riceveva già la pensione sul conto corrente. Non gli era ancora stata pagata la liquidazione. Almeno fino all'età di 79 anni, età media dell'uomo in Italia, nessuno si sarebbe insospettito se lui avesse continuato a percepirla come vivo. Se nessuno avesse comunicato all'INPS che Giovanni Baldini era deceduto, l'INPS non si sarebbe mai accorto della morte del professore. Ma chi mai avrebbe denunciato la morte di Baldini? Parenti non ne aveva, beni che dovessero passare in successione come immobili o autoveicoli, non ce n'erano. Anche per la banca online il cliente è vivo, se continua ad accedere al conto e lo movimenta. Se Davide avesse approfittato delle situazione favorevole per potere completare gli studi sarebbe stato come se il professore lo avesse, per così dire, adottato. Quel furto non avrebbe danneggiato nessuno. Così almeno pensava lui.

15

Un giorno, trovandosi al computer del professore, si ricordò che lui aveva una casella di posta che non aveva mai aperto. Ad un tratto si rese conto che se era in contatto via mail con qualcuno che da qualche mese non aveva più sue notizie, questi avrebbe potuto pensare che gli fosse capitato qualcosa. Doveva accedere subito e controllare.

Avviò Outlook Express che si connesse a Gmail.it. Quello doveva essere il provider di posta elettronica.

La password la conosceva: radice di cinque doveva essere la username e radice di sette la password vera e propria. Introdusse i numeri ed ebbe accesso alla posta. C'erano trentacinque mail non lette.

Le analizzò una ad una. La gran parte erano *spam*. Un paio erano della banca online: una reclamizzava il collocamento di un prodotto finanziario, l'altra avvisava che c'era un bonifico in uscita. Si trattava del bonifico che Davide aveva fatto per pagare il volo che aveva prenotato per l'estate.

Alcune mail provenivano dall'indirizzo markus_liebetanz @ yahoo.de. Aprì la prima, senza oggetto, che risaliva al 21 febbraio, il cui testo era solo "*pawn* d2 - d4"

Non capì cosa potesse significare. Aprì la seconda, che era contraddistinta dal segno di messaggio urgente e che era del 28 febbraio, ancora "*pawn* d2-d4". Anche questa non era di grande aiuto.

Più fortuna ebbe con la terza: *"Dear Giovanni, you haven't replied to my last move yet. Is there any problem?"*

Parlava di una mossa, ... parlava di una partita a scacchi. *Pawn* è il pedone di Markus che doveva essere spostato dalla casella D2 alla casella D4. Evidentemente Markus aveva i bianchi: un pedone non può muovere all'indietro.

In effetti Davide aveva visto la scacchiera, ma i pezzi erano già stati riposti dalla signora Lina. Markus poteva essere un problema: erano passati quasi due mesi dall'ultima mail ricevuta.

Doveva riprendere in mano la situazione.

Rispose all'ultima mail di Markus: *"Dear friend, I apologise for replying so late, but I was seriously ill for several weeks. I recently left the hospital and I feel better now. I would like to play chess again with you but unfortunately during my absence the chess-board has been moved and I don't remember the correct positions. Would you be so kind to tell me which were the positions of our last game? Otherwise, would you prefer to start a new one?"*

Ponderò bene il testo. Voleva scusarsi, fornire una spiegazione plausibile, parlare sperando di indovinare quale grado di confidenza dovesse esistere tra i due giocatori di scacchi. Osò scommettere sul fatto che i due non dovessero conoscersi personalmente, ma che si fossero trovati in rete in qualche sito per appassionati di scacchi.

Il giorno dopo trovò la risposta di Markus. Aveva avuto fortuna: *"Dear Giovanni, I was seriously worried about your health. I'm happy to hear you are better now. If you wish to play chess again I suggest you to start a new game, as in the last one you were going to win, as perhaps you may remember! So could we start again? My move is: pawn e2-e4. Bye, Markus"*

Aveva riallacciato il rapporto con questo Markus, il problema ora era quello di giocare meglio di lui, cosa che avrebbe potuto rivelarsi non facile e potenzialmente pericolosa: ogni giocatore di scacchi possiede un proprio stile di gioco, un proprio repertorio di strategie e di mosse che lo rende in qualche modo riconoscibile. Se Davide avesse giocato in maniera sensibilmente differente da come faceva il professore, Markus poteva accorgersene. E Davide non poteva scommettere sul fatto che questo signore conoscesse veramente poco di Giovanni Baldini e che quindi non costituisse un pericolo potenziale.

Cosa poteva succedere se Markus si fosse accorto che Giovanni giocava in modo insolito, quasi da non sembrare più la stessa persona? Se si fosse avvicinato troppo alla verità? Come avrebbe potuto allora eludere le sue insidiose domande in proposito? Era pur vero che, a fronte di un silenzio di Giovanni durato un paio di mesi, Markus si era limitato a smettere di inviargli e-mail. Forse Markus non sapeva dove Giovanni abitasse. Forse non si erano mai incontrati. Tuttavia Davide ritenne di non potersi permettere di correre questo rischio: in fondo Markus era l'unico contatto attivo che fosse rimasto al professore e non pareva opportuno destare in lui sospetti che sarebbero stati difficili da fugare.

Così decise che era indispensabile imparare a giocare a scacchi come il professore, ma ne mancava il tempo: il pedone di re del nemico già occupava la parte mediana della scacchiera.

Un sudore freddo si propagò dalle scapole giù per la schiena. Come doveva rispondere? Quanto tempo avrebbe avuto, ragionevolmente, per rispondere?

Poi la ragione prese il sopravvento sullo sgomento iniziale: doveva affrontare quello spinoso problema come avrebbe fatto il professore, con freddezza e metodo, con analisi e calcolo. Il modo per superare l'ostacolo era immedesimarsi nel modus operandi del professore.

Quindi la sua priorità era diventata quella di arginare Markus e renderlo inoffensivo. Imparare a giocare come il professore mentre la partita era già cominciata. Calarsi nel gioco di Baldini fino a sostituirsi a lui nell'insidiosa sfida che Markus gli aveva involontariamente lanciato. Giocare con lo stile del professore, fare meglio di Markus e batterlo, se possibile.

Cancellò subito i programmi che aveva per la giornata e decise di partire controllando la posta vecchia del professore: Giovanni gli diede una mano provvidenziale facendogli trovare, ben ordinata in un'apposita cartella "Posta da Liebetanz" la corrispondenza elettronica degli ultimi due anni.

Quando si alzò dalla sedia fu per i morsi della fame. Aveva aperto decine e decine, forse centinaia di e-mail partendo dalla più vecchie, annotando mosse e contro mosse, ed era giunto ad alcune significative conclusioni:

1) Markus ed il professore si conoscevano e si erano incontrati almeno in un'occasione a Monaco di Baviera. Markus era di Monaco.

2) Da allora avevano sempre giocato a scacchi con poche interruzioni, in coincidenza coi periodi di assenza dell'uno o dell'altro. Quando uno dei due doveva allontanarsi ne dava sempre notizia all'altro e la partita veniva conclusa o sospesa.

3) Le partite avevano avuto durate variabili, da un minimo di un paio di settimane ad un massimo di qualche mese. Tutte le mosse venivano comunicate via mail.

4) Normalmente uno rispondeva quasi quotidianamente alla mossa dell'altro. In alcuni periodi però si erano verificate più mosse al giorno. Qualche volta passava invece qualche giorno.

5) Il più veloce a rispondere sembrava essere Markus. Il professore però aveva prevalso in circa i due terzi degli incontri. In genere si trattava di vittorie per abbandono dell'avversario, più raramente per matto.

Mangiato un sandwich veloce, farcito alla meglio con ogni genere commestibile che aveva trovato in frigo, Davide tirò fuori scacchiera e pezzi. Poi si mise a ricostruire le mosse di una vecchia partita.

Davide era un modestissimo giocatore e, a ragione, temeva di essere più debole del suo benefattore inconsapevole. Ne ebbe ben presto piena conferma. Sia Markus che il professore sapevano il fatto loro in materia di scacchi: usavano in genere aperture alla siciliana, in tutte le possibili declinazioni e varianti; nel mediogioco parevano studiarsi a vicenda sviluppando i pezzi senza condurre affondi, come se attendessero entrambi un passo falso dell'avversario. Poi scattava qualcosa che rompeva quell'equilibrio di tensione, ed era guerra aperta. Era in quella fase che il professore dimostrava una visione più profonda di gioco e riusciva quasi immancabilmente a prendere un pezzo di vantaggio sull'avversario, un cavallo o un alfiere. Quindi Markus reagiva mettendo in campo le risorse residue avanzando le sue torri; il professore, una volta conseguito un piccolo vantaggio, diveniva più aggressivo promuovendo scambi di pezzi alla pari che accrescevano il suo vantaggio marginale. Infine, molto spesso, Markus abbandonava. Più raramente il professore riusciva a dare matto con una sortita a sorpresa. Altre volte Markus riusciva a recuperare lo svantaggio iniziale ed allora spesso riusciva a vincere.

Rispose alla mail di Markus con: *"Pawn e7-e5"*, guadagnando una notte per pensare alla mossa successiva.

Coricandosi non poté fare a meno di considerare che, se era entrato in quell'appartamento prendendo possesso delle cose appartenute al professore, col passare del tempo, il suo ruolo era gradualmente cambiato fino a prendere il suo posto, fin quasi a sostituirsi a lui. Ora non solo viveva dove lui era vissuto, usava tutte le cose a lui appartenute, spendeva i suoi soldi, studiava con la sua pensione, leggeva i suoi libri, ma si sostituiva a lui nella passione per il gioco degli scacchi. Ormai era diventato la prosecuzione in terra di Giovanni Baldini, grande e sconosciuto benefattore.

16

Quel periodo primaverile in cui Davide visse quasi da recluso, in cui suo padre scomodò chiunque potesse anche lontanamente essergli utile a rintracciarlo, fu per lui particolarmente proficuo.

Oltre agli scacchi, iniziò a studiare l'arabo classico in un istituto privato romano. Trovò anche una signora libanese che gli dava lezioni vicino a Tomba di Nerone; prese ad andarci un paio di volte la settimana con regolarità.

Perse con onore la prima partita con Markus, ma riuscì a guadagnare la patta nella seconda, obbligando Markus allo stallo. Poi acquistò su un sito Internet un programma per PC che gli permetteva la simulazione della partita che stava giocando con l'amico tedesco e di fornirgli opportuni consigli sulle mosse da fare. Tra una mail e l'altra scoprì incidentalmente che Giovanni e Markus si erano conosciuti due anni prima a Monaco in occasione di uno scambio scolastico: anche Markus era un insegnante, di letteratura tedesca, più giovane di Giovanni.

Davide completò la lettura del romanzo di Bulgakov, rimanendone affascinato. Era un'opera fantastica, visionaria, scritta e ambientata durante la dittatura di Stalin in chiara opposizione al regime e, per questo, pubblicata postuma. Non era tuttavia questa la cifra più intrigante di quel romanzo. Ancora una volta il professore aveva colto nel segno individuando nel registro morale il contenuto più interessante dell'opera. Bene e male sono valori che si incarnano in personaggi umani: Gesù come Satana sono descritti come persone reali che si confrontano e si oppongono fin dalla notte dei tempi, l'uno non potendo esistere senza l'altro, in una disputa senza soluzione.

Il motivo principale di interesse di Baldini per il romanzo di Bulgakov doveva essere proprio la figura di Gesù. In quei capitoli con vivida prosa, efficace e dialogata, Bulgakov rappresentava apparentemente gli stessi fatti narrati dai vangeli. Il ruolo di Ponzio Pilato, quello giocato dal Sinedrio, la concomitanza del giudizio con la Pasqua ebraica, la condanna e l'esecuzione. Apparentemente ogni cosa stava al suo posto. Una rappresentazione congruente con le scritture.

Ma non si potevano leggere quei due capitoli senza arrivare a conclusioni diametralmente opposte rispetto a quelle prospettateci dai Vangeli e dalla dottrina cattolica: Gesù era un uomo. Era solo un uomo. Un predicatore ebreo, forse un profeta, un poveraccio, uno dei tanti che hanno costellato la Palestina in quell'epoca storica, quella precedente e quella successiva. Un predicatore ebreo scomodo e potenzialmente pericoloso, più dal punto di vista politico che da quello dell'ortodossia religiosa ebraica. Per queste ragioni semplici e al tempo stesso assai gravi, lo hanno eliminato.

Fine della storia.

Destino crudele, tragico, ma comune a centinaia, forse migliaia di altre persone che sono morte per gli stessi motivi e, soprattutto, senza tanto clamore.

Ma forse il motivo di interesse per il professore non era tanto la figura di Gesù, quanto il clamore prodotto dalla sua morte. Quel nesso poco esplicitato dalla dottrina che esiste tra la figura storica di Gesù a la nascita del cristianesimo, che è stato ed è tuttora, ben altra cosa.

Chi usciva decisamente migliorato ed umanizzato dal racconto di Bulgakov era invece il procuratore romano Ponzio Pilato. Le scritture, in merito troppo faziose, ci descrivono un burocrate che appena vede un problema, lo scarica sul Sinedrio, diremmo oggi, per difetto di competenza. Ponzio Pilato invece è un uomo reale, che ha una terribile emicrania contro cui nulla possono le sue legioni ma, nonostante questo, fa il possibile per capire la situazione che sta per giudicare, per accertare se le accuse abbiano un fondamento reale o se sia solo *fumus*. Questo gli costa un grande sforzo perché il prigioniero non è collaborativo e, a tratti, è anche autolesionista. La decisone diventa allora ineluttabile, ma il Procuratore ha offerto al prigioniero quanto era in suo potere per evitarla: il Sinedrio si era già espresso per la condanna capitale. Pilato decide di astenersi dall'opporvisi.

Quando Davide terminò il libro era consapevole di appartenere a quel gran numero di persone che, per difetto di volontà di ricerca, avevano accettato la sua religione passivamente, come qualcosa di scontato che permeava l'ambiente in cui era vissuto. Forse, pensava, era giunto il momento di assumere in merito un atteggiamento più critico.

17

Alla fine di Giugno volò ad Algeri. Prima si portò a Constantine, ad est. Per spostarsi utilizzò la linea Constanine - Algeri - Orano, una delle poche ferrovie di cui è dotato il nord Africa.

Girò a lungo la Cabìlia, poi la regione di Algeri ed infine quella occidentale di Orano. Alloggiò negli ostelli della gioventù, nelle pensioni ma anche presso famiglie che gli affittavano una camera per la notte. Incontrò pochi turisti ed ancora meno studenti europei un po' svitati come lui, in cerca di avventura in salsa araba. Visitò i siti archeologici romani Djémila, Timgad e Tipasa; si concesse qualche bagno ristoratore sulle spiagge algerine, non certo affollate. Voleva conoscere il paese da vicino, vivere a contatto coi residenti, capire qualcosa della loro lingua, della loro cultura. In arabo riuscì a dire poche semplici frasi di uso spicciolo. Per tutto il resto dovette sopperire col francese. In ogni caso fu un utile impegno linguistico.

Ai primi di settembre rientrò a Roma via Algeri.

Si iscrisse a Scienze politiche e relazioni internazionali a Roma Tre. Presentò *ex novo* tutti i documenti necessari per non dovere passare a ritirare quelli che aveva lasciato alla segreteria di medicina alla Sapienza. Scrisse una raccomandata con ricevuta di ritorno alla vecchia facoltà dicendo che intendeva ritirarsi. La segreteria, allertata in precedenza dal professor Mancini, informò subito il padre dell'accaduto. Gaetano Mancini, sempre più furente per la persistente inefficacia dei suoi sforzi, andò di persona nello studio del preside di medicina pretendendo che facesse qualcosa per bloccare quella richiesta di ritiro. Ma non c'era nulla che si potesse fare, neppure fare finta che la richiesta non fosse pervenuta. Così la segreteria, in tempi un po' più lunghi dell'ordinario, fu costretta a rispondere all'indirizzo segnato sulla richiesta, che la domanda era stata accolta.

L'indirizzo era quello di una casella dell'ufficio postale di Via Marmorata.

Il professore, attraverso la loggia, riuscì a contattare un dirigente delle poste abbastanza in alto per chiedere al direttore dell'ufficio quale recapito avesse fornito il titolare della casella postale. Ma restò profondamente deluso quando venne a sapere che Davide aveva dato il suo precedente indirizzo di casa, quello dei Parioli. Per un momento lo sfiorò l'idea di tenere sotto controllo quell'ufficio postale in attesa che suo figlio si presentasse a ritirare la posta, ma era un'idea folle e l'abbandonò presto. Supponeva, sbagliando, che il nuovo domicilio del figlio poteva essere al Testaccio o nei dintorni, ma questo labile indizio non gli era di grande utilità.

In novembre Davide iniziò a frequentare assiduamente la nuova facoltà. Tutto sembrava interessarlo, dalle discipline che doveva frequentare alle ragazze compagne di corso. A questo proposito però si propose di osservare alcune regole prudenziali quali il non invitarne mai alcuna nel suo appartamento, il non cedere mai alla tentazione di rivelare gli aspetti più nascosti del suo sostentamento e il non concedersi mai relazioni che fossero troppo coinvolgenti, tali da rischiare di distoglierlo eccessivamente dallo studio o da fargli cambiare idea circa i suoi obiettivi finali.

La pensione del professore continuava a pervenire con regolarità, permettendo a Davide di pagarsi gli studi, l'affitto e di tenere un tenore di vita più che decoroso. Rottamò l'auto e non ne comprò una nuova per non lasciare possibili tracce che suo padre potesse scoprire.

La signora Lina, memore dell'esperienza col professore, si era prefissata di conoscere meglio il nuovo inquilino cercando tuttavia di non risultare invadente. Dopo pochi mesi dall'inizio delle locazione poteva dirsi assai soddisfatta del suo ospite: proprio gentile e servizievole, non portava persone strane in casa, anzi, non ci portava proprio nessuno. Bizzarro: studiava l'arabo. Ma cosa diavolo doveva farci con l'arabo, abitando a Roma?

A quanto ne sapeva non aveva neppure una fidanzata. Forse nascondeva un fidanzato? A volte succede così, ma che importanza doveva avere per lei? Era la sua vita privata.

Puntuale nei pagamenti, ordinato ma non ossessivo, sempre di buon umore e quel tanto più ciarliero del defunto professore da farglielo quasi preferire.

Aveva smesso di domandarsi come il ragazzo riuscisse a pagarle l'affitto. Lui le aveva lasciato capire che svolgeva qualche lavoretto occasionale e tanto le era bastato.

Davide non le aveva mai rivelato di essere riuscito ad aprire la cassaforte. Anzi le aveva lasciato capire il contrario. Col passare del tempo l'argomento aveva perduto d'attualità ed era stato abbandonato da entrambi.

Così in lei il ricordo del professore e le questioni rimaste aperte dal momento della sua scomparsa, presero a sfumarsi sempre più fino a divenire fatti confinati ad un passato via via più lontano. Quel bravo giovane, laborioso, educatamente espansivo, disponibile all'occorrenza, studioso e diligente, aveva gradualmente preso il posto del defunto professore e risolto così, col problema della locazione, anche tutti gli altri.

18

Quando si trattò di scegliere l'indirizzo di studi, Davide non ebbe indugi nell'intraprendere il corso di laurea in scienze politiche e relazioni internazionali.

Lo appassionava l'idea di potere apprendere i linguaggi della politica internazionale, le vere dinamiche che sottostanno alle situazioni di crisi in giro per il mondo, le ragioni profonde per cui nel ventunesimo secolo ancora sussistono argomenti tanto infondati quanto efficaci, capaci da sempre di determinare la cosa più stupida che l'organizzazione umana abbia mai inventato: la guerra.

Pur non considerandosi un idealista, pensava che se fosse riuscito ad entrare nella carriera diplomatica, forse avrebbe potuto accedere a quella cerchia di persone che, lavorando dietro le quinte, contribuiscono in qualche modo a migliorare il mondo.

Quanto meno, forse avrebbe potuto raggiungere una visione delle cose più lontana dalle verità ufficiali, quelle verità comode ed apparentemente congruenti che immancabilmente vengono riportate nelle pagine dei giornali dopo che, chi detiene il vero potere, ha dato il suo *imprimatur*.

Davide non si accontentava più dell'imbonimento quotidiano diffuso, con modeste modulazioni, dai mezzi di informazione di tutto il mondo: desiderava capire le ragioni sottostanti le verità ufficiali e, attraverso di esse, avvicinarsi alla verità storica sostanziale.

Credeva che se fosse entrato in diplomazia, non con uno spirito impiegatizio, ma animato dal desiderio di mettersi in gioco davvero, forse avrebbe potuto raggiungere qualche punto di osservazione privilegiato.

Arrivò così senza ritardo alla laurea specialistica, con una tesi sulle guerre scoppiate negli anni novanta tra le repubbliche della ex Jugoslavia. Ricevette la lode del contro relatore per la profondità dell'indagine storica che aveva svolto sull'area balcanica, volta a mettere in evidenza il radicamento nei territori delle diverse componenti religiose presenti. Particolarmente apprezzate erano state le conclusioni dello studio circa la prevedibilità che un conflitto multilaterale potesse scoppiare col venire meno della dittatura titina e la miopia che aveva contraddistinto la politica estera europea nell'area.

Quell'estate si concesse un lungo viaggio in Turchia. Non gli sarebbe stato utile per parlare l'arabo, che aveva continuato a studiare, ma gli avrebbe aperto nuovi orizzonti di conoscenza del mondo moderno, così condizionato dai secoli di storia e dalla sovrapposizione di differenti culture.

Sovvertendo il suo programma iniziale, rimase ad Istanbul quasi tre settimane. Questa città, vero ponte tra occidente ed oriente, presenta una declinazione unica di una popolazione islamica, che non parla l'arabo e non può quindi leggere il Corano come è stato scritto, proiettata da un secolo verso occidente a partire dalla rivoluzione di Mustafa Kemal. Una metropoli che porta nel suo passato la commistione culturale: già sede di un impero romano cristiano d'oriente come Costantinopoli, che ha scritto una storia affatto diversa rispetto a quella di Roma, perché, dopo la caduta della capitale d'occidente, ha continuato a vivere per altri mille anni per divenire in seguito capitale dell'impero ottomano sotto i turchi come Istanbul. Per i greci è ancora la loro capitale: continuano a chiamarla Costantinoupoli, come se il tempo si fosse fermato al 1453, come se non avesse alla fine ceduto all'assedio portato dal sultano Mehemet II dalla fortezza di Rumeli Hisari, che aveva costruito sul Bosforo alle porte della città e che ancora oggi sembra difendere quel lembo estremo di Europa, da sempre in bilico tra oriente ed occidente.

Poi aveva proseguito il suo viaggio verso l'Anatolia e conosciuto il suo ricchissimo e straordinario passato. Dopo la Cappadocia, aveva visitato Çatal Hüyük, forse la prima città dell'umanità, vecchia quanto le vestigia più antiche di Gerico, duemila anni prima che in Egitto si edificassero le piramidi di Saqqara e di Giza. Çatal Hüyük, la città del 6500 AC, priva di mura difensive, la città senza strade, la cui difesa era lasciata proprio alla contiguità di tutti gli edifici che formano l'abitato, disposti in cerchi concentrici sulla collina.

Aveva visto la città di Troia che Schliemann aveva rivelato ad una umanità incredula, avvinto dal racconto omerico. Quindi si era mosso verso sud, lungo la costa, giungendo all'acropoli di Pergamo, da cui i tedeschi, facendo scempio del luogo, hanno rapito il famoso altare, rimesso insieme poi a Berlino con filologica precisione.

Era poi sceso ad Efeso, il grande porto che precedette Costantinopoli come metropoli romana ad oriente.

Aveva conosciuto la Ionia e le città greche, che si affacciavano sul fiume Meandro, da cui era nata la filosofia. Aveva visto le maraviglie costruite da Alessandro e dal suo seguito: Priene, Didima, Afrodisias, Hierapolis, fino all'inarrivabile e visionaria Termèssos.

Aveva visitato la Licia, Fethye e Mira. Con l'aiuto di un barcaiolo del luogo aveva scoperto le gigantesche arche ellenistiche che a Kekova si elevano alte dalle acque marine, surreali sepolcri posti lì a sfidare la furia del mare e l'ingiuria del tempo.

Poi si era spostato ad est ed aveva esplorato il mondo ittita di Hattusa. Aveva salito il monte Nemrut cogliendone tutta la megalomane umana follia. Ancora più ad est aveva scoperto nell'antica capitale armena di Ani che il più bel romanico al mondo non è quello italiano, quello spagnolo o quello provenzale, ma quello armeno.

Davide aveva capito dal Professore che non ha senso viaggiare da turisti. Per ricevere vero arricchimento dal viaggio occorre invece divenire viaggiatori.

19

Rientrato a Roma, Davide si iscrisse al biennio di specializzazione in scienze politiche per conseguire la laurea magistrale. Frequentava e studiava parecchio. Anche l'arabo lo impegnava non poco. A Roma Tre aveva fatto qualche amicizia e qualche conquista. Ogni tanto si vedeva con sua sorella Carla in città o andava a trovarla a casa di lei. Un giorno Davide e Carla si incontrarono per un aperitivo nella piazza del Pantheon. Le ricerche di Gaetano Mancini erano giunte ad un punto morto, anche se il genitore non voleva ammetterlo né ai familiari né a se stesso. Carla gli aveva raccontato che il padre, dopo avere esercitato tutte le pressioni che la sua posizione gli permetteva, nel tentativo di rintracciare Davide, era entrato in un periodo di depressione, ossessionato dal pensiero di non potere ottenere ciò che voleva, ciò che era giusto.

- Se ne farà una ragione, prima o poi! - aveva commentato Davide; ma Carla non la pensava così.

- Davide, temo che papà non sia capace di rassegnarsi. Credo che da questa situazione non sia in grado di risollevarsi. Ho paura per lui, che gli possa succedere qualcosa di brutto.

- Ma non dire sciocchezze: chiunque, col tempo, può arrivare ad accettare qualunque cosa. E poi è lui stesso la causa di questo stato di cose.

- No, Davide, tu non l'hai visto, non gli hai parlato. È come un uomo svuotato da dentro. Non è più lui. Sono passati più di tre anni da che te ne sei andato: non è una questione di tempo. Forse se tu … ti facessi vivo in qualche modo. Forse il sapere che stai bene gli gioverebbe.

- Non posso. Lo sai com'è fatto. Se mi presentassi un giorno a lui, per tranquillizzarlo, lui mi sarebbe immediatamente addosso per convincermi che sto sbagliando, che devo tornare sulla sua strada. Non ci sono mezze misure con lui, dovresti saperlo.

- Lo so, ma magari una telefonata, una lettera, un segnale da parte tua, forse servirebbe a quietarlo un po'. Se sapesse che ti sei laureato, sicuramente ne sarebbe felice! Posso parlargliene io, cosa dici?

- No, Carla, ti prego di non farlo. Credo che sarebbe peggio. Se sapesse che sono rimasto a Roma e che ho cambiato università solo per depistarlo, che ho perseverato con un'idea di futuro che non ha niente da spartire con la sua, credo che lo farebbe soffrire anche di più. E poi brucerei la mia serenità, quella che ho faticosamente costruito in tre anni, perché lui mi sarebbe subito addosso, ne sono certo. E dovrei scappare di nuovo.

- Fai come credi, ma mi pare una crudeltà la tua.

- Tutti sono chiamati a rispondere delle proprie azioni, chi prima chi dopo. Questa situazione l'ha creata lui, non io.

- D'accordo, ma non c'è in te un piccolo spazio per la comprensione? È pur sempre tuo padre!

- Mio padre biologico, Carla, perché il mio vero padre è il professore che mi ha aiutato nel momento del bisogno e che continua a farlo. Tra due anni, se tutto va per il verso giusto, avrò finito di studiare e cercherò di andarmene da Roma. Magari allora potrò anche farmi vivo con papà, non prima.

- Ma chi è questo sant'uomo del professore! Possibile che neppure io possa conoscerlo?!

- No, non è possibile. Mi dispiace, ma questa è proprio una cosa impossibile! Un giorno, ti prometto, ti spiegherò tutta la storia del professore, quando sarà chiusa e non sarà più un fatto vitale per me. Solo allora.

- Allora non ti fidi di me: guarda che sono tre anni che reggo il tuo gioco.

- Lo so. Non è che non mi fidi di te, lo sai. Se questa storia venisse risaputa, passerei pure guai seri. Non posso correre il rischio che, involontariamente, tu ne riveli anche solo una parte. Un segreto è tale e resta veramente tale, solo se lo conosce una persona sola.

- Sai benissimo che sono capace di tacere, l'ho fatto fino ad ora. E poi cosa sarà mai che hai fatto?

- Niente di cui debba vergognarmi. Ma egualmente qualcosa che definire legale sarebbe decisamente un arbitrio!

- Mio Dio Davide! C'è pericolo che ti scoprano?

- A questo punto non penso proprio. Però, torno a dire, che è un segreto.

- No, non ti seguo: questo tuo segreto già lo conoscete in due: tu ed il professore.

- Non è così, Carla.

- E com'è possibile?!

- Lo è. Ma ora è meglio che parliamo d'altro. Come sta la mamma?

Davide aveva lasciato sconcertata ed interdetta la sorella che non riusciva a capacitarsi di come una vicenda che coinvolgeva suo fratello ed il fantomatico professore fosse nota solamente a suo fratello. Com'era possibile? Le affermazioni del fratello cozzavano contro la logica più elementare.

Per Davide invece non era agevole mantenere anche solo questo legame col suo passato. Carla era l'unica persona che apparteneva al periodo anteriore alla sua uscita di casa, con cui non avesse rotto i ponti. L'unica in grado di collegare le cose in un quadro unitario. Per questo Carla era pericolosa e meno cose sapeva di lui, meglio sarebbe stato per entrambi.

20

La primavera dell'anno successivo Gaetano Mancini fu stroncato da un infarto che lo colse la sera, durante una riunione della loggia, dopo una lunga giornata passata in sala operatoria. Si sentì male durante la cerimonia di iniziazione di due nuovi fratelli. Tutti i muratori avevano i loro cappucci ed indossavano i loro grembiulini rituali. Stavano riuniti in cerchio attorno ai due aspiranti massoni, mentre il gran maestro officiava il rito, quando, ad un certo punto, il professore emise un rantolo strozzato, che non faceva certo parte del cerimoniale e che lasciò tutti interdetti; quindi si accasciò a terra.

La cosa gettò nello scompiglio i membri della loggia. Diversi tra i presenti erano medici, alcuni anche colleghi dello sventurato, ma nessuno si decideva ad intervenire. Intanto il malcapitato, che seguitava a lamentarsi, stava peggiorando. Prese quindi in mano la situazione il gran maestro, Agostino Marra de Angelis, che fece chiamare un'ambulanza. Quando questa arrivò nessuno voleva accompagnare il Mancini all'ospedale per non svelare la propria affiliazione. I portantini avevano visto la loggia, non poteva essere diversamente, perché il ferito non si poteva spostare da dove era caduto, non senza una barella. Loro avrebbero riferito al PS che il malcapitato si era sentito male in una loggia massonica, aveva ancora indosso il grembiulino, e che era massone pure chi lo accompagnava. Alla fine andò lo stesso gran maestro.

Tutto questo però fece perdere tempo ai paramedici. Quando l'ambulanza si mise in moto, Gaetano, con un filo di voce chiese: - Agostino, dove mi portano?

- All'Umberto Primo … andiamo lì.

- Per carità, dì che mi portino al Gemelli! All'Umberto Primo mi ammazzano!

Contro ogni regolamento, anche l'autista di quell'ambulanza, forse attratto dalle lusinghe che ricevette, o forse per le minacce che subì, cambiò la sua destinazione col più lontano policlinico Gemelli dove però il Mancini giunse praticamente già cadavere. Forse non sarebbe cambiato nulla se si fossero diretti all'Umberto Primo, che era l'ospedale più vicino. Forse no.

Gaetano Mancini, in quell'ultimo suo estremo intervento, ancora una volta aveva voluto imporre la sua volontà, forse a scapito del suo stesso vitale interesse. La natura dell'uomo salta sempre fuori.

Tre giorni dopo si tennero le esequie in San Lorenzo in Lucina. In prima fila, affranta, la signora Mancini con la figlia Carla. Dietro, un po' discosto, Davide.

Fu quella la triste occasione in cui la madre rivide, brevemente, il figlio che, subito dopo la funzione, ritornò nel nulla da cui l'aveva visto comparire.

Anche se non gli disse mai niente, in cuor suo, Carla sentiva che quella morte improvvisa fosse in qualche misura da addebitare a suo fratello. Come lui anche lei aveva detestato il padre, anche lei era uscita di casa per trovare una vita sua ma, a differenza di Davide, non aveva voluto troncare i rapporti col padre al quale, in qualche modo, restava affettivamente legata.

21

L'anno seguente, Davide fece il possibile per laurearsi entro luglio, perché confidava che nell'autunno sarebbe stato bandito il concorso per la carriera diplomatica.

La sua tesi di laurea riguardava il genocidio, la diaspora degli Armeni ed i riflessi politici e sociali che tale evento ha generato fino ai giorni nostri. Col suo curricolo di esami riuscì a prendere il massimo dei voti, ma non la lode.

Quell'estate rinunciò alle vacanze per prepararsi al concorso. Questo fu effettivamente bandito in autunno: prevedeva una prova attitudinale, diverse prove scritte oltre alla prova obbligatoria in lingua. Davide ottenne di sostenere anche l'esame scritto ed orale di arabo, lingua facoltativa, il cui superamento gli avrebbe conferito la specializzazione per i paesi del vicino oriente. Superati gli scritti con una media di almeno settanta centesimi, il concorso proseguiva poi con prove orali su molte discipline: un vero *tour de force*.

Su centosessanta posti disponibili, il concorso ne assegnò solo novantuno. Davide superò il concorso piazzandosi onorevolmente al ventisettesimo posto.

Quando fu pubblicata la graduatoria, invitò a pranzo Carla e suo marito Antonio per festeggiare. Aveva prenotato in una trattoria a Trastevere, dove arrivò per primo scegliendo il tavolo nella zona più tranquilla del locale. Dalla cucina provenivano rumori metallici di pentole e di coperchi, oltre ad un indistinto profumo di cibo che cuoceva.

- Complimenti al nostro diplomatico! Qual è la tua destinazione? - esclamò Carla, mentre suo marito prendeva posto di fronte a Davide.

- Piano, piano: mi hanno appena assunto. - rispose lui che ancora non credeva di avercela fatta.

- Prima devo fare un anno alla Farnesina; solo dopo che mi avranno confermato mi assegneranno una destinazione.

- Quindi resterai ancora a Roma. - aggiunse Antonio inserendosi nel discorso.

- Ma come funziona la scelta?

- Di preciso non lo so, ma credo che verso la fine del periodo di prova ti chiedano quali sono le tue destinazioni preferite. E' bene che siano ragionevoli. Poi è il ministero che fa la sua scelta.

- Cosa intendi per ragionevoli?

- Come in qualunque carriera, anche al MAE c'è un noviziato da fare. Se uno appena confermato chiede di andare a New York, a Parigi o a Londra, è molto facile che lo spediscano in qualche buco del terzo mondo.

Intanto il cameriere era arrivato a prendere le ordinazioni.

- E allora come si fa per andare nelle grandi capitali occidentali? - continuò poi Antonio.

- Quelle sono destinazioni finali, dove si arriva in genere a fine carriera. Certo, c'è un piccolo numero di neo assunti che va a ricoprire i ruoli inferiori nei consolati o nelle ambasciate, ma è talmente difficile rientrarvi, che non conviene neppure tentare.

- E quali criteri usano per definire le destinazioni?

- Immagino che partano dal loro fabbisogno. Poi terranno conto della conoscenza della lingua. Ho superato gli esami di inglese, francese ed arabo. Con queste lingue possono mandarmi in una qualunque ex colonia inglese o francese o in un paese di lingua araba. Londra e Parigi me le posso scordare, almeno per ora.

- E poi, una volta che ti hanno assegnato in un paese, resti sempre lì?

- No. La carriera diplomatica è basata su una notevole mobilità. Se non ci sono ragioni particolari, un diplomatico passa in genere solo due o tre anni nella stessa sede. Poi deve fare rientro a Roma per sei mesi o un anno prima di avere la nuova destinazione.

Intanto era arrivato in tavola un gran vassoio di bucatini fumanti che fu subito preso d'assalto.

Erano tutti affamati e la conversazione poté riprendere solo quando le fondine furono vuote come pure la prima caraffa di bianco dei castelli. Poi Carla domandò a Davide perché non avesse invitato a pranzo anche la mamma.

- Ci ho pensato, credimi, sono stato incerto fino in ultimo. Se il papà fosse ancora vivo, non mi sarei posto il problema.

- E allora, perché non l'hai chiamata?

- Non lo so. Per una specie di imbarazzo che provo verso di lei.

- E perché mai dovresti sentirti così? - incalzò Carla che non lo capiva.

- Perché con le mie scelte le ho sicuramente causato sofferenza, ma è anche vero che lei si è sempre schierata dalla parte di papà.
- Credo che dovresti riprendere i contatti. Non esiste più alcun ostacolo.
- Non è così Carla. Quello che mi impediva di farti conoscere il professore esiste ancora. Se incontrassi mamma sarei costretto a parlarle di questi ultimi cinque anni. Meno persone sono al corrente di questa faccenda, meglio è.
- Ma ormai papà è morto, non c'è più nessuno che voglia scoprire dove sei finito.
- Questo lo dici tu.
- Ma insomma, Davide, cos'è questo benedetto mistero? - si inserì, non richiesto, Antonio - Sei uscito di casa per via di tuo padre. Questo lo abbiamo capito. Ma tuo padre è morto. Ti sei laureato, hai vinto il concorso a cui tenevi tanto. Si può sapere adesso cosa ti impedisce di riconciliarti almeno con tua madre? Cosa ti ha fatto di male lei?
- Non mi ha fatto niente di male … anzi, ha cercato di capirmi quando ero in difficoltà. Non ce l'ho con lei. Però per me è molto difficoltoso confrontarmi con chi mi conosceva prima che uscissi di casa. La mia vita da allora è completamente cambiata e, credetemi, la mia difficoltà sta proprio nel suo punto di svolta. Chi, come voi, sa che una svolta c'è stata, anche se è armato dalle più buone e sincere intenzioni può mettermi in crisi con le sue domande. Quindi meno persone incontro, tra quelle che mi hanno conosciuto prima, meglio è.
- Chissà quale terribile segreto nascondi!
- Piantala Antonio: cosa ne vuoi sapere tu di cosa sia realmente successo a mio fratello? La sua scelta di non vedere mamma mi addolora, ma è la sua scelta, per Dio!
- Un fatto molto grave, Antonio. C'è dietro un fatto che se venisse scoperto distruggerebbe la mia esistenza per sempre: lo vuoi capire adesso, perché non posso parlare?
- Ok, ok! Se siete contenti voi della situazione, lo sono anch'io, ci mancherebbe. Mi chiedo solo che cavolo ci stiamo a fare qui, se non abbiamo niente da dirci.
Detto questo Antonio si alzò da tavola ed uscì dal ristorante nonostante Carla avesse cercato di dissuaderlo. Ma Carla restò.

- Grazie per essere rimasta. Mi dispiace per questo litigio: vi avevo invitati per festeggiare.
- Certo, certo. Antonio è un testone, ma gli passerà.
- Non ho capito però perché se l'è presa tanto.
- Antonio viene spesso con me a trovare mamma. Lei, la conosci, non si lamenta mai apertamente, ma lascia capire cosa pensa. Fa degli accenni a te, sa che hai mantenuto i contatti con me. A volte ci chiede a che punto sei con gli studi, come stai, insomma ci fa capire che pensa spesso a te. Antonio non vuole capire che tu hai chiuso col passato, con tutti eccetto me. Vede mamma soffrire e pensa che il tuo atteggiamento sia gratuito.
- Non posso dargli del tutto torto: tu hai fatto un atto di fede verso di me, che lui non riesce a fare. Chissà, forse in futuro riuscirò ad aggiustare le cose.
- Un passo alla volta, Davide. Fin qui mi pare che ti sia mosso bene, dopo tutto. Ad Antonio ci penso io, tranquillo. Ma adesso brindiamo, brindiamo al tuo nuovo lavoro!

22

L'anno di prova alla Farnesina non fu come se lo era figurato. L'impatto con l'enorme palazzo progettato quando l'Italia aveva un impero e ultimato quando faticosamente usciva dai disastri e dalle umiliazioni dell'ultima guerra, non fu facile. Pensava, com'era logico, che a quelli freschi di studi e di concorso il ministero dovesse insegnare, in pratica, come si svolge l'attività diplomatica. Invece la sua formazione si limitò alla conoscenza della carriera, della dislocazione di ambasciate e consolati in giro per il mondo, distinti in sedi normali, disagiate o altamente disagiate, ai meccanismi di collegamento e di comunicazione tra la Farnesina e le sedi estere e all'assistenza agli Italiani all'estero. Nulla che riguardasse il modo in cui si forma la politica estera italiana e di quello con cui viene messa in atto.

Incontrò diplomatici che provenivano dalle sedi più disparate, molti con famiglia al seguito, che avevano terminato il loro mandato e ne attendevano uno nuovo. In questo senso il MAE svolgeva una funzione di parcheggio. Non era facile mettere su famiglia all'estero, a meno che non si sposasse una persona disposta a spostarsi dal suo paese per gran parte della vita, rinunciando a priori a qualunque propria carriera lavorativa. Per questo, i diplomatici che avevano un coniuge a carico, ricevevano un assegno integrativo per compensare la moglie o, più raramente il marito, per la sua impossibilità di svolgere un proprio lavoro.

Contrariamente a quanto si era figurato, apprese che i diplomatici non sono affatto contenti di ritornare a Roma, perché il loro stipendio subiva forti decurtazioni quando il loro lavoro era svolto in Italia. Al contrario, quando il servizio era all'estero, specie nelle sedi disagiate o altamente disagiate, lo stipendio diventava davvero interessante. Tutti si abituano in fretta a guadagnare molto ed è dura dovere fare marcia indietro. Tutti avevano in testa una cosa sola: la carriera, la progressione stipendiale ed il desiderio di scappare da Roma il più presto possibile. Ma, di tanto in tanto, il rientro a Roma era un obbligo per tutti, prima di ottenere una nuova assegnazione.

Tra le nuove leve arruolate dal MAE con l'ultimo concorso, al di là del cameratismo di facciata, vi era una malcelata rivalità; tutti i neo assunti erano ben consapevoli che presto sarebbero stati dispersi ai quattro angoli della terra e ciascuno di loro cercava di capire quale sarebbe stato il suo. Alcuni millantavano la capacità di condizionare la scelta della loro destinazione. La maggior parte di loro non ci sarebbe riuscita. Per quanto il MAE sia, come tutti gli altri, un Ministero coi suoi difetti, gli andava riconosciuta una certa sua indipendenza dalle influenze esterne, una certa impermeabilità alle raccomandazioni.

Quando fu richiesto l'elenco delle destinazioni preferite, lui indicò, nell'ordine: Damasco, Beirut, Amman, e Tel Aviv. Le prime tre destinazioni gli parvero molto indicate per via della sua specializzazione in arabo. Tel Aviv l'aveva inserita in coda perché era sede normale, l'unica nell'area. Al momento non capì perché, allo scadere dell'anno di prova, lo spedirono a Tel Aviv, pensò che fosse per risparmiare. Il vero motivo gli sarebbe stato chiaro solo in seguito.

PARTE SECONDA

SHALOM

23

Dopo un tour intensivo di tre settimane, al suo rientro a Tel Aviv, Davide venne subito convocato nell'ufficio dell'ambasciatore. Oltre a questi c'era anche Pietro Rabaglia, giovane segretario di legazione confermato e Rosanna, segretaria particolare dell'ambasciatore. L'uno poteva avere approssimativamente la sua età, l'altra era di qualche anno maggiore.

Fu l'ultimo ad entrare.

- Allora, il nostro nuovo acquisto! Com'è andato il viaggio? - esordì garbato de Gregorio.

- Molto bene, ho completato il giro consigliato e l'ho trovato molto istruttivo: aveva ragione nel dire che un conto è studiare il paese a tavolino, altro è rendersi conto della situazione del territorio di persona.

- Lo so che non ti ho mandato a fare del turismo. Che cosa sai adesso?

Davide sapeva che quella domanda sarebbe arrivata.

- Credo di avere capito che la situazione è molto ingarbugliata.

- "Ingarbugliata" può rendere l'idea, ma non utilizzerei questa espressione nel linguaggio diplomatico. Mi esprimerei piuttosto dicendo che la situazione presenta molti profili di problematicità. Ma, ripeto, cosa sai adesso?

Davide era consapevole che quella riunione ristretta aveva il preciso scopo di valutarlo e si era preparato, a grandi linee, un discorsetto.

- So che su un territorio più piccolo del Belgio di cui circa un terzo è desertico, sono concentrati sette milioni e mezzo di israeliani, di cui circa un milione e mezzo sono gli arabi israeliani e sei milioni gli ebrei.

Gli arabi israeliani sono formalmente cittadini israeliani, ma si sentono di nazionalità palestinese e, a parte una piccola minoranza di cristiani, in massima parte, sono musulmani. Loro sono un prodotto della storia e costituiscono una parte del problema perché, una nazione si fonda su un territorio e su un popolo che abbia elementi culturali, etnici e religiosi in comune: gli arabi israeliani hanno tutto questo, ma il territorio lo condividono col popolo ebraico. Queste famiglie hanno scelto di rimanere entro i confini del neonato Stato di

Israele nel 1948 e non hanno abbandonato le loro terre quando è scoppiato il primo conflitto arabo-israeliano subito dopo la proclamazione del nuovo stato. Questa popolazione vive in sé una profonda contraddizione: si sente palestinese, ma ha passaporto israeliano e, da quanto ho letto, la grande maggioranza oggi non vorrebbe rinunciare alla cittadinanza israeliana, anche se domani dovesse nascere uno Stato Palestinese e venisse loro offerta la possibilità di farne parte. Anche gli stessi ebrei considerano questi israeliani arabi come dei cittadini dimezzati, tanto che non sono soggetti al servizio militare, sostanzialmente perché non si fidano di loro. Tecnicamente sono cittadini, ma non sono per niente integrati con la maggioranza ebraica della popolazione e formano quindi un gruppo a sé. Va anche detto a onor del vero, che gli arabi israeliani non hanno mai dato seri problemi quanto al rispetto della legge israeliana cui sono soggetti: hanno dimostrato di sapere rispettare le regole.

Il vero problema è che in Palestina, ci sono anche circa quattro milioni e mezzo di Palestinesi che invece, sono fuggiti nella striscia di Gaza ed in Cisgiordania, per potere mantenere e rivendicare la propria identità nazionale. Nel 1967 molti abitanti Palestinesi della Cisgiordania occupata, avendo un passaporto Giordano, si sono rifugiati in Giordania, che non poteva certo respingerli, e sono andati soprattutto ad Amman. Altri sono fuggiti in Libano o in Siria. Altri più lontano ancora negli emirati del golfo persico, ad esempio. Di questi esuli, solo una parte si è assimilata con le popolazioni dei paesi ospiti. La maggioranza preferisce mantenere la qualifica di profugo e vivere nei campi sparsi per il Medio Oriente, principalmente in Giordania, Libano e Siria. Questi sono a tutti gli effetti dei profughi, alcuni dei quali da sessant'anni attendono che vengano loro restituiti i beni che hanno lasciato in Palestina. È incredibile, ma gli ebrei, che hanno patito una diaspora di diciannove secoli, proprio per superare questa ingiustizia della storia, ora stiano infliggendo lo stesso trattamento a milioni di Palestinesi. E molti israeliani, non tutti ben inteso, sembrano non rendersi conto di questa plateale contraddizione.

La West Bank o Cisgiordania è un vero ginepraio: l'esercito israeliano controlla l'intera area dove la maggior parte degli insediamenti è palestinese, ma non mancano "colonie" israeliane create dopo il 1967, prevalentemente nelle aree periferiche della

Cisgiordania, quelle più vicine al territorio di Israele. Esistono delle realtà in cui i Palestinesi godono di una relativa autonomia amministrativa, mentre altre sono sotto il pieno controllo israeliano.

Dopo anni ed anni di attentati sanguinosi, con migliaia di vittime, portati nelle città israeliane per lo più da Palestinesi residenti nella West Bank, Israele ha deciso di erigere un muro di cemento armato alto sei metri che corre per settecento chilometri attorno alla West Bank. Questa opera difensiva, che ha effettivamente quasi azzerato gli episodi di terrorismo, resta molto controversa anche presso una parte dell'opinione pubblica ebraica e certo non contribuisce all'integrazione civile dei palestinesi che si trovano a vivere dentro Israele, ma che sono tagliati fuori dal muro. Il muro inoltre ha avuto un impatto disastroso per tutte quelle famiglie in cui uno o più stipendi entravano per il lavoro prestato in Israele e che oggi non ci sono più perché Israele ha preferito non rinnovare i permessi di accesso. D'altro canto Israele che ha bisogno di un notevole contingente di mano d'opera a basso costo, ha dovuto accettare l'ingresso di un numero notevole di lavori temporanei provenienti da altri paesi, arabi e non, con la differenza che questi non possono tornarsene a casa loro la sera. Oltre tutto, la West Bank è controllata da Fatah, fazione più moderata, mentre la Gaza Strip da Hamas che invece è una fazione oltranzista, pare finanziata dagli Ayatollah iraniani. Per gli Americani Hamas è un gruppo terroristico. Gaza, infine, è un vero carnaio sotto assedio.

De Gregorio aveva lasciato parlare il ragazzo, che però ancora si ostinava a non dargli la risposta che si attendeva da lui.

- D'accordo. Hai rappresentato a grandi linee lo stato di fatto. Questo è noto a tutti. E quindi?

- E quindi è molto difficile giungere ad una pacificazione dell'area per molte ragioni: i Palestinesi rivendicano una loro piena sovranità sui territori dove sono stanziati, Cisgiordania, Gaza Strip e Gerusalemme est, ma gli israeliani non la vogliono concedere, in particolare su Gerusalemme, perché lì hanno fissato nel 1948 la loro capitale, contravvenendo peraltro ai dettami delle risoluzioni ONU. Inoltre gli Israeliani non si fidano dei Palestinesi perché non hanno un governo unico e non riconoscono come interlocutore Hamas che considerano un gruppo terroristico. Per contro i Palestinesi, dopo la morte di Arafat, si sono spaccati anche perché sono confinati in due aree del paese che non comunicano tra di loro. D'altro canto gli

Israeliani, con la scusa della sicurezza, non hanno fatto altro che aumentare la distanza tra i territori palestinesi con la costruzione del muro. Senza contare che spesso Palestinesi ed Israeliani, più che parlarsi, si scambiano razzi e cannonate.

- Anche questo è corretto, e quindi?

- Dimenticavo di dire che la pacificazione dell'area è sostenuta oppure osteggiata praticamente da ogni paese che ha una rappresentanza alle Nazioni Unite. In particolare i paesi arabi si distinguono tra quelli moderati, che vorrebbero un accordo di pace, con la costituzione di uno stato Palestinese vero e proprio, e quelli integralisti, Iran in testa, che non riconoscono Israele come Stato e che ne auspicano la dissoluzione cruenta per riprendersi tutta la Palestina. Poi ci sono gli Stati Uniti che in passato hanno apertamente appoggiato qualunque iniziativa israeliana, anche la più discutibile, ma che, negli ultimi anni, hanno assunto un atteggiamento più critico e, a parole, sembrano più favorevoli ad una soluzione negoziata che implichi la nascita di uno stato Palestinese in cambio della pace. Va anche detto che negli ultimi due decenni gli USA, già poco popolari presso l'opinione pubblica araba, si sono impegnati in due guerre sanguinose in Iraq ed una guerra, tuttora in corso, in Afganistan e questi fatti, giusti o sbagliati che siano, non hanno fatto salire le loro quotazioni ma le hanno piuttosto depresse ad un livello talmente basso che se oggi avanzassero anche la migliore soluzione negoziale, si troverebbero forse contro anche gli arabi moderati. Infine c'è l'Europa che, mi dispiace dirlo, non è capace di esprimere una propria linea unitaria e che, in genere, segue più o meno in ordine sparso quello che dicono gli Stati uniti. E se questi tacciono, anche l'Europa è incapace di qualsiasi iniziativa che vada oltre dichiarazioni di circostanza. Mi sono chiesto le ragioni di questa sudditanza e sono giunto alla conclusione che l'Europa non esiste politicamente anche se economicamente e soprattutto culturalmente dovrebbe ricoprire una posizione di rilievo sulla scena mondiale. Gli USA sono più forti sul piano economico ma soprattutto militare: hanno salvato l'Europa dalla catastrofe due volte nel corso del novecento e tanto basta per fare sentire gli Europei ancora in debito nei loro confronti. Così avviene che qualunque iniziativa un presidente americano metta in campo in politica estera, anche la più manifestamente infelice, l'Europa in buona parte l'asseconda, rinunciando a qualunque valutazione critica al riguardo. Sto pensando, ad esempio, alle motivazioni che hanno scatenato la seconda guerra all'Iraq, quelle armi di distruzione di massa che ancora oggi nessuno è stato capace di trovare. Probabilmente, quindi, non esistevano affatto.

- Mancini, stati divagando: queste affermazioni possono anche essere condivisibili nella sostanza, ma non dimentichi qualcosa di essenziale? Come stanno questi signori ad armamenti?

- Gli israeliani hanno un esercito a leva obbligatoria e lunga ferma per uomini e donne, ben equipaggiato, armato ed efficiente; pare anche che possiedano testate atomiche, ma non è accertato; certo è che non hanno mai aderito ad alcun trattato che ne escludesse il possesso. I Palestinesi della striscia di Gaza ricevono armi leggere ed esplosivi attraverso i tunnel scavati sotto il confine con l'Egitto. Inoltre hanno sviluppato la tecnologia per costruire a Gaza dei missili rudimentali a corto raggio, i Qassam, che non sono molto pericolosi perché assai imprecisi. Nei momenti di tensione vengono lanciati dalla Strip verso Israele. Essendo la loro gittata molto corta, finiscono per cadere su Ashqelon o sui dintorni. Talvolta fanno dei danni e dei feriti, raramente dei morti. Gli Iraniani pare che si stiano fabbricando la loro bomba. Su questo argomento le posizioni sono molto diversificate: gli USA sono convinti che manchi loro poco a realizzare una bomba atomica funzionante; l'AIEA ritiene invece che manchi loro un tempo significativamente lungo a quel traguardo; i Russi ritengono che gli Iraniani, così come dichiarano, si stiano impegnando solo sul fronte dell'energia atomica a scopi civili, tanto che forniscono loro tecnologia e materiali; gli Iraniani sostengono di non avere mai mosso un dito per costruire ordigni nucleari; gli Israeliani non si pronunciano, ma è sicuro che in silenzio si preparano a violente ritorsioni sugli impianti iraniani qualora la minaccia dovesse arrivare ad essere troppo vicina. Si sa invece per certo che gli Iraniani possiedono già missili balistici, con gittata intorno ai duemila chilometri, in grado di colpire agevolmente Israele e non solo. Probabilmente intendono dotarli in futuro di testata atomica.

Va aggiunto che il regime iraniano negli ultimi anni si è distinto per dichiarazioni di fuoco circa l'auspicabile destino di Israele che, stando a loro, andrebbe addirittura cancellato dalle carte geografiche. Gli USA è noto che possiedono migliaia di testate nucleari, parte delle quali sono in dotazione alla sesta flotta nel

Mediterraneo; però, verosimilmente, non le impiegherebbero mai in Medio Oriente, mentre tutti gli altri paesi limitrofi hanno eserciti ed armamenti convenzionali, più o meno efficienti.

- Ragazzo mio, la tua disamina è abbastanza esaustiva ma, veniamo al punto … Sei entrato nella Gaza Strip come ti avevo chiesto?

- Certo che ci sono entrato.

- Cosa hai visto? -

- Nonostante il passaporto diplomatico gli Israeliani mi hanno fatto penare non poco. Cos'ho visto? Una situazione disperata. Sono andato al centro dell'ONU che distribuisce aiuti alimentari alla popolazione. Poi ho fatto un lungo giro con loro. Ho visto come sono ridotte la città, le scuole, gli ospedali, dopo l'invasione israeliana dell'altr'anno. Ho visto anche i tunnel sotterranei che passano sotto il confine egiziano e dai cui entra di tutto a dispetto dell'embargo israeliano. Ho visto gente che fa la fame, bambini che vivono per strada, perché la loro casa non c'è più e manca il materiale edile per ricostruirla. Ho visto anche palestinesi che si arricchiscono speculando col mercato nero dei traffici dei tunnel. Una situazione insostenibile.

Il segretario di legazione e la segretaria ascoltavano attenti questo dialogo a due. Ancora non era chiaro per quale motivo si trovassero lì.

- Appunto. E quindi?

- E quindi penso che la situazione sia fortemente deteriorata e che sia molto difficile da raddrizzare. A meno che …

- A meno che?

- A meno che gli Israeliani non accettino seriamente di fidarsi, di trattare e di fare delle significative concessioni ai Palestinesi in cambio del pieno riconoscimento di Israele e di una pace durevole. Per contro i Palestinesi dovrebbero capire che Israele esiste e continuerà ad esistere, e che la pace per loro può significare l'inizio di una fase nuova che può portare una prosperità economica agli arabi che oggi nemmeno si figurano. Questo ha il prezzo della rinuncia a pretese tanto grandi quanto utopistiche.

- Oh, eccoti finalmente. Era qui che ti volevo.

Davide non capiva se avesse detto una cosa giusta o completamente errata. Osservava il volto dell'ambasciatore che appariva compiaciuto ed anche quelli dalla segretaria e del consigliere d'ambasciata: tutti avevano dei sorrisi stampati sulla bocca. Ma non capiva ancora se la loro era solo facile ironia. De Gregorio lo tolse da quell'impaccio quando iniziò a parlare.

- Vedo che alla fine sei giunto anche tu alla nostra conclusione. Manca qualche dettaglio rilevante, ben inteso, ma i termini sostanziali della questione, sono quelli che hai descritto. Non è possibile pervenire ad un giudizio diverso, se non si parte da fuorvianti posizioni ideologiche preconcette. Ora, quello che tu probabilmente non sai, è che nessun trattato viene concluso il giorno in cui i Presidenti dei paesi coinvolti lo sottoscrivono. Quello è solo l'aspetto ufficiale, quello che passerà alla storia con tanto di luogo, data, anno, foto celebrative ed anniversario. I trattati sono frutto di negoziazioni segrete che durano mesi, a volte anni, e che un bel giorno sfociano in un accordo complessivo. Il più delle volte però, l'esito di lunghe trattative finisce nel nulla, ma essendo queste segrete, l'opinione pubblica non ne viene mai a conoscenza. Tutto chiaro fin qui?

- Chiarissimo - rispose Davide che non capiva dove volesse condurlo con quel discorso sui massimi sistemi.

- Bene. Ora il punto è che l'Italia è stata informalmente investita dagli Stati Uniti dell'incarico di condurre negoziati segreti paralleli con le parti coinvolte, allo scopo di pervenire ad un accordo complessivo che chiuda tutte le controversie in atto, garantisca la nascita di un vero stato di Palestina, e fornisca ad Israele pace, confini certi, definitivi e riconosciuti dalla comunità internazionale.

L'ambasciatore fece una pausa, guardandosi attorno come per sincerarsi che tutti fossero attenti, quindi riprese: - L'idea è quella di cercare di creare un punto di discontinuità col passato, superando le posizioni muro contro muro che hanno caratterizzato tutti i negoziati, diretti o mediati, fin qui tentati tra le parti. La discontinuità sta proprio nell'affidare la regìa delle trattative ad un attore che è terzo ed equidistante rispetto alle parti in causa, quale è l'Italia. L'obiettivo ultimo è quello di stabilire una pace durevole nell'area che deve poggiare sulla risoluzione dei molteplici conflitti di interesse ora presenti, che non sono solo quelli economici. Il fattore tempo risulta cruciale per la risoluzione della crisi; per questo il nostro Ministro ha scelto la via di creare un'unità *ad hoc*: serve rapidità d'intervento che le strutture burocratiche del ministero non posseggono, serve *una task force* che deve essere agile, concludente e, al tempo stesso, di vita breve, destinata a sciogliersi al termine dell'operazione. La Farnesina ha pensato di costituire l'unità di intervento in questa ambasciata ed io ho scelto te ed il consigliere Rabaglia per gestirlo. Questo significa che sarete esonerati da qualunque compito di *routine* dell'ambasciata per dedicarvi esclusivamente al negoziato. Formalmente sarete sotto incarico speciale riservato.

Poi, rivolgendo per la prima volta lo sguardo verso Rosanna, proseguì: - Lei sarà il vostro supporto logistico qui in ambasciata. Rosanna è al corrente di tutto ed è autorizzata a darvi tutto l'aiuto possibile. Non dovete rivolgervi ad altri, quando sarete sul campo, solo a me o a lei. Qui siamo in quattro e siamo al momento i soli in Israele a conoscenza di questa operazione. Nulla, dico nulla, deve trapelare all'esterno. Silenzio assoluto. La nostra missione, che chiameremo "Shalòm", deve restare coperta sia che abbia successo, sia che fallisca. Se qualcosa dovesse trapelare all'esterno, farei presto a capire da dove è uscita. Ma questo, sono certo, non succederà. In tal caso il fallimento dell'operazione sarebbe pressoché sicuro. Rosanna ha preparato degli incartamenti per voi. Vi lascio la giornata per iniziare a studiarveli. Se non c'è altro, ci rivediamo qui domattina alle nove per fare il punto. Domande?

- Possiamo trattenere i documenti o dobbiamo consultarli qui? - chiese Rabaglia.

Davide guardò nella direzione del suo compagno di missione. Fino a quel momento aveva pensato di essere l'unico a non sapere nulla di Shalòm, ma dalla sua espressione interrogativa e perplessa al tempo stesso, comprese che l'unica persona al corrente doveva essere Rosanna.

- Rosanna vi indicherà una camera di sicurezza dove potrete conservare e consultare il materiale che vi occorrerà. È opportuno che nessun documento lasci l'ambasciata perché è molto probabile che sarete soggetti a perquisizioni. Ci sono carte molto riservate che abbiamo ricevuto dagli americani che documentano altri tentativi abortiti condotti in passato dagli Americani stessi, dai Russi, dagli Egiziani e dai Giordani. Il mondo è all'oscuro di queste operazioni e se saltassero fuori sarebbe un pasticcio di proporzioni bibliche. Poi ci sono relazioni di vari servizi di intelligence sulle attività dell'OLP, di Fatah, di Hamas, di Ezbollah e di Israele stessa. Altre sulle attività svolte in passato dalla Siria e sugli equilibri libanesi. Se qualcosa dovesse arrivare ai media, ci troveremmo in una situazione a dir poco imbarazzante ed il quadro politico dell'area, già molto complesso, si complicherebbe ancora di più. Quindi non dovete portare fuori nulla, neppure in formato elettronico. È nel vostro stesso interesse.

- E chi ha accesso alla camera di sicurezza? - domandò Davide.

- Per accedere alla camera occorre possedere un codice alfanumerico di dieci caratteri che cambia ogni giorno a mezzanotte. Voi riceverete ogni notte una mail con la prima metà del codice. Rosanna riceverà la seconda metà: quindi occorrerà sempre uno di voi e Rosanna per potere aprire la porta. Solo io sarò in possesso del codice completo, ovviamente. Per chiudere occorrono gli stessi requisiti necessari per aprire. Gli orari di ingresso e di uscita saranno registrati. Quindi fate molta attenzione a non fare fesserie.

De Gregorio, uomo che talvolta appariva forse troppo risoluto per fare il diplomatico, si alzò e si diresse lentamente verso la grande vetrata del suo ufficio che guardava il mare. - Altre domande? - chiese dando le spalle agli altri.

La giornata era invernale, una pioggia fine aveva iniziato a battere fin dalle prime luci dell'alba e nuvole nere si addensavano sul mare, al largo. Un vento leggero le avrebbe portate in successione sulla grande città, per tutto il giorno.

- Perché noi? - chiese improvvisamente il segretario Rabaglia, violando il silenzio che si era cristallizzato.

L'ambasciatore, volgendosi lentamente verso di loro, le mani giunte dietro la schiena, rispose: - Perché, ad essere generosi, i diretti interessati non sono riusciti a combinare molto di buono negli ultimi sessant'anni: perciò non avrebbero nulla da perdere, se dovessimo fallire anche noi e tutto da guadagnare, se invece riuscissimo. Aggiungo anche che tutti i tentativi di negoziati diretti condotti dopo la guerra civile libanese, non solo hanno fallito il loro obiettivo, ma hanno anche lasciato i contendenti in condizioni sostanzialmente peggiori rispetto alla vigilia. E' inutile negarlo, ma vi è stato un lento, e progressivo deterioramento della situazione: i diretti interessati, immersi a metà nelle sabbie mobili, non solo si sono dimostrati incapaci di aiutarsi a vicenda ma, per giunta, entrambi finiscono ogni giorno con lo sprofondare sempre più in basso perdendo gradualmente le residue libertà di movimento, fino a soffocare, ciascuno prigioniero dei veti incrociati delle sue frange più oltranziste. Di più, questa non è una situazione che rischia di incancrenire, perché è già da tempo inesorabilmente marcia.

Ma, tornando alla domanda, hanno scelto noi perché l'Italia intrattiene ottimi rapporti sia con una parte che con l'altra. Perché, nel caso le cose si mettessero bene, l'Italia potrebbe avere la credibilità necessaria con l'appoggio che arriverebbe al momento opportuno da Americani, Russi e Cinesi. Perché, nel caso le cose si mettessero male, L'Italia non avrebbe grossi interessi diretti in campo che possano essere compromessi dal fallimento o, peggio, che possano essere usati come arma di ritorsione. Se invece dovessimo riuscire là dove tutti gli altri hanno fallito, l'Italia acquisterebbe dei grossi crediti sullo scenario internazionale. Per questi motivi, credo, il nostro Governo ha accettato la sfida di tentare là dove tutti gli altri hanno fallito. Se invece vuoi sapere perché proprio la nostra ambasciata e non altre nella zona, credo che il motivo risieda nel fatto che abbiamo maggiore libertà di movimento e minori controlli rispetto a Beirut, Damasco, Amman oppure al Cairo, tanto per citare i nostri confinanti. Se infine intendi dire perché voi due, la risposta è che non conoscete nessuno e non avete, spero, pregiudizi; Davide parla bene l'arabo e Pietro l'ebraico; siete preparati, siete giovani e come tali dovreste essere dotati di una certa … spregiudicatezza. Questo che vi affido, in effetti, è un compito un po' … folle. D'altro canto non mi pareva il caso di incaricare funzionari più anziani che sono ormai restii ad accettare mansioni che eccedano la *routine* d'ambasciata e pensano solo alla carriera. Considerate che è possibile che i servizi israeliani, ma anche quelli degli altri paesi della regione, potrebbero non gradire la nostra iniziativa e cercare di ostacolarla. Anche per questo è necessaria la massima segretezza e discrezione sul campo. Domattina alle nove vi voglio qui per fare il punto della situazione. Altro?

Non ricevendo risposta l'ambasciatore li lasciò soli: aveva un appuntamento che lo avrebbe trattenuto fuori sede per il resto della giornata. Quando il rumore dei mocassini invernali Saxone del capo ed il loro scricchiolio di cuoio nuovo fu completamente spento, un silenzio denso di interrogativi e di paure calò sulla sala. I due uomini erano rimasti basiti, mentre la donna appariva imbarazzata davanti ai loro dubbi. Forse ci si sarebbe attesa un'entusiastica adesione al piano Shalòm?

- Allora, ragazzi, non vedo grosse alternative e per andare in capo al mondo, bisognerà pure che muoviate il primo passo, vi pare? - esordì Rosanna.

- Hai ragione, ma non sei tu che devi partire. - commentò Pietro.

- D'accordo, diamoci una mossa: portaci in questa famosa stanza dei segreti. Vediamo di farci un'idea. Questo ci ha chiesto il capo per domani, farci un'idea della situazione. Facciamo un passo alla volta, - concluse Davide che aveva finalmente compreso il motivo per cui si trovava lì.

24

Rosanna era una ragazza allegra, poco più vecchia di Davide, non bella, ma piacente. Evidentemente l'ambasciatore doveva avere una fiducia cieca in lei per investirla dell'incarico di organizzare la logistica di quella missione segreta. Dei tre era quella con la maggiore anzianità di servizio. Prima di lasciare la sala riunioni la donna trasse da sotto il tavolo una grossa valigia e consegnò loro una serie di spesse buste contenenti incartamenti: - Ragazzi ho portato una parte del materiale che credevo potesse occorrere nell'incontro: ci sono le mappe dei confini del 1922 relative al mandato britannico, quelle del 1948, quelle del 1949 con la *green line* e quelle coi confini attuali. In questa busta ci sono le mappe degli attuali insediamenti palestinesi ed ebraici nella West Bank. I documenti riservati sono e devono restare dentro le loro buste. Ma forse è meglio se scendiamo nella camera di sicurezza dove ho sistemato il resto.

Davide e Pietro l'aiutarono a rimettere dentro il materiale, quindi seguirono la ragazza al piano inferiore. Davanti alla porta di sicurezza c'era una piccola anticamera priva di finestre. Contro una parete laterale si trovava un tavolo su cui erano sistemati due computer.

- Se uno di voi vuole controllare la sua posta elettronica, troverà la mail col suo codice per oggi.

Davide si fece avanti, aprì la sua casella di posta presso il servizio del MAE dove in effetti c'era una nuova mail. La aprì e memorizzò il codice.

- Hai fatto?

- Sì.

- Allora inserisci il tuo codice in questa tastiera.

- Adesso digito la mia parte.

Da dietro la pesante porta corazzata si sentì scattare il meccanismo con un clangore metallico. Poi Rosanna tirò la pesante anta verso di sé ed entrò seguita dai due giovani. La stanza era priva di finestre, piuttosto angusta e spoglia. All'interno le pareti erano tappezzate da alti armadi metallici; sul fondo un tavolo sgombro con due sedie costituiva la postazione di lavoro. Non c'erano né computer né fotocopiatrici. Mancava addirittura la presa elettrica. Era però presente un telefono fisso.

- Allora, cosa ve ne pare? - chiese Rosanna mentre apriva uno degli armadi per riporre all'interno i faldoni che aveva portato alla riunione.

- Non è male - disse Davide.

- Però non c'è neppure un computer! - osservò Pietro.

- Non c'è perché qui non dovete mai cadere nella tentazione di portare fuori, di sottrarre o di duplicare nessun documento. Potete solo consultare e studiare questo archivio. Al massimo potete prendere qualche appunto: la carta è là. Se dovete scrivere col computer qualcosa inerente la missione, potete dare a me l'incarico oppure farlo da soli con uno dei computer che avete visto qui fuori. Ma ricordatevi che funzionano solo se la camera di sicurezza è chiusa e non c'è nessuno dentro. Tutto quello che scrivete viene memorizzato in automatico ogni dieci secondi, sia che lo salviate sia che non lo salviate. Questo backup va a finire sul disco fisso del server di rete dell'ambasciata. Se dovete lanciare delle stampe, potete farlo, ma considerate che ogni documento stampato resta nella memoria del server di rete. Tenete presente, a scanso di errori, che non potete entrare nella stanza con borse, cartelle o altro che serva a nascondere documenti o altro materiale: c'è una telecamera di sorveglianza all'esterno della porta di accesso dell'ambiente. Anche i suoi filmati vengono salvati sul server.

- Caspita! - esclamò Davide - Fiducia zero!

- Ragazzi, non è questione di mancanza di fiducia: sono regole fatte in primo luogo per tutelare voi dall'assumere iniziative stupide. In questo modo non cadrete in tentazione.

- Ora, se volete cominciare a studiare le carte, vi lascerei soli. Se avete bisogno di me, basta che componiate il 21. Se invece dovete chiamare un numero esterno, dovete prima comporre il doppio zero per prendere la linea. Ricordate anche che tutti i numeri chiamati vengono registrati. Quindi cercate di … moderare le chiamate per uso personale. Specialmente quelle all'estero andrebbero del tutto evitate.

Pietro evidentemente conosceva già queste regole della casa mentre Davide non sollevò obiezioni.

- Chiamatemi quando ve ne andate: per chiudere la porta di sicurezza occorrono gli stessi codici che l'hanno aperta. Se chi ha aperto dimentica di chiudere, non potrà usare il suo badge per lasciare l'ambasciata e non riuscirà ad aprire la sbarra per uscire dal parcheggio interno. Tutto chiaro?

- Chiaro.

- Allora vi lascio soli, ricordate che il mio orario è dalle nove alle diciotto dalla domenica al giovedì … il venerdì e il sabato non mi trovate a questo indirizzo! Ciaooo! - disse ridendo Rosanna che se ne uscì scodinzolando, come se avesse detto una cosa veramente spiritosa.

I due diplomatici si scambiarono un'occhiata di intesa che significava che, forse, Rosanna era non solo disponibile ma anche desiderosa di incontrare uno dei due o anche entrambi fuori dall'ambasciata. Ma nessuno dei due, in quel momento aveva per la testa di cercare altre avventure.

- Allora, cosa ne pensi? - chiese Pietro a Davide.

- Credo che sarebbe prima il caso di fare le presentazioni, perché ci conosciamo solo di vista e dobbiamo lavorare insieme.

- Hai ragione: come sai mi chiamo Pietro Rabaglia, vengo da Modena, sono segretario di legazione come te, ma credo di avere un anno di anzianità più di te perché dopo il periodo di prova ho fatto dieci mesi a Ginevra.

- Io invece sono romano, lo avrai intuito dall'accento! Ma come mai ti hanno mandato a Ginevra?

- Non lo so, devo ancora capirlo. Le logiche con cui il MAE sposta i suoi uomini sono del tutto imperscrutabili. Conoscendo l'ebraico, pensavo che mi spedissero qui direttamente come avevo chiesto

- Come mai sai l'ebraico? Non è che sia una lingua così parlata fuori da Israele.

- Devo le mie conoscenze di base ad un nonno materno che era ebreo praticante. Quand'ero bambino, d'estate mia madre mi mandava a passare le vacanze estive da lui, che stava sulle colline modenesi. Lui mi parlava in ebraico e così ho imparato il linguaggio quotidiano. Poi ho iniziato a studiare la lingua privatamente quando ero al liceo.

- Quindi sei almeno un po' ebreo, non è così?

- Non proprio, lo sai che si nasce ebrei per parte di madre e mia madre non è ebrea visto che mio nonno aveva sposato una cattolica.

- Sarà! Ma un po' più ebreo di me lo sei senz'altro!

- Non è vero, tu ti chiami Davide e qui in Israele, ti prenderanno tutti per ebreo, ti piaccia o meno!
- Che facoltà hai fatto?
- Economia a Modena. E tu?
- Scienze politiche a Roma Tre.
- Cosa ne pensi della missione Shalòm?
- E' una bella scommessa. E tu?
- Quando il capo me ne ha parlato, mi ha fatto capire che potrebbe essere un bel trampolino, per la carriera.
- A me la carriera interessa fino ad un certo punto, ma mi piace la sfida. Hai qualche idea su come orientarci in questa montagna di carte?
- No. Direi di dividerci gli armadi, diamo un'occhiata a grandi linee a quello che c'è, poi vediamo come muoverci. Ti va?
Dopo un'ora erano ancora sprofondati nella lettura. Quello che doveva essere rapido un inventario dei titoli aveva lasciato il posto ad una lettura completa di documenti troppo interessanti per potere essere messi da parte. Senza accorgersene passarono tutto il resto della mattina immersi nella lettura. Più tardi furono i morsi della fame ad indurli a scendere a cercare un luogo adatto ad uno spuntino veloce. L'ambasciata, al numero 26 di HaMered Street, era situata in un moderno grattacielo nel pieno centro di Tel Aviv. La pioggia era cessata, ma il cielo restava nuvoloso. Catturati dalla fame di conoscenza, presi dalla frenesia di scoprire il più rapidamente possibile quanto ampio e profondo fosse quell'archivio che era stato loro messo a disposizione, decisero che qualche *falafel* poteva bastare a soddisfare la loro fame.
- Cosa ne pensi del materiale? - chiese Davide aggredendo una polpettina.
- Ho visto cose molto interessanti. Ad esempio le trattative segrete che hanno portato al trattato di Camp David. E tu?
- Ho letto un dossier dei servizi americani sul ruolo esercitato nell'area della Siria sotto il Presidente Assad padre.
- E poi ho letto il resoconto della guerra dei sei giorni scritto dal nostro ambasciatore dell'epoca. I fatti li conosciamo tutti, ma sono singolari le considerazioni che l'ambasciatore scrive a caldo sul grande potenziale di quella vittoria israeliana. -
- In che senso?

- Viene detto chiaramente che Israele con quell'attacco a sorpresa ha un duplice scopo: oltre a quello evidente di rettificare i propri confini includendo Gerusalemme, il commentatore ipotizza che la conquista della Cisgiordania, delle alture del Golan e della penisola del Sinai siano finalizzate unicamente a mettere Israele nella posizione di poter poi negoziare la pace rispettivamente con la Giordania, la Siria e l'Egitto, muovendo da una posizione di forza.

- Vuoi dire che quell'ambasciatore immaginava che Israele non dovesse mantenere i possedimenti conquistati?

- Esattamente. Li vedeva unicamente come merce di scambio, carpita con la forza per poi essere resa in cambio di un pieno riconoscimento del paese e di una pace durevole.

- In effetti con l'Egitto è andata proprio così. Ma non con gli altri.

- Già. Con la Giordania la pace è stata raggiunta su altre basi, senza la restituzione di terre. E con la Siria, la pace è ancora da venire.

- Torniamo al *bunker*?

- Ok, ma fammi finire di bere.

25

Pietro, che viveva a Tel Aviv già da nove mesi, aveva affittato un piccolo appartamento, a caro prezzo, a breve distanza dall'ambasciata dove viveva con sua moglie Daniela, italiana. Lei lavorava in un'agenzia di viaggi. Davide in quei primi giorni a Tel Aviv, alloggiava ancora in un piccolo hotel in posizione decentrata. Gli erano bastati pochi giorni per scoprire che i prezzi degli immobili in Israele erano una parte del problema complessivo. Diversi fattori giocavano al loro rialzo: il territorio del paese non era certo molto esteso, in rapporto alla popolazione. Inoltre il terzo meridionale era pressoché inabitabile perché desertico. Lo stesso valeva per la sponda occidentale del Mar Morto. Molte aree della Galilea, al confine col Libano, non erano troppo appetibili a causa dei periodici lanci di razzi da parte di Ezbollah. Haifa, Tel Aviv e Gerusalemme ovest soffrivano dei problemi delle grandi città europee per la forte tensione abitativa. L'offerta di terreni edificabili era dunque scarsa. Per converso la domanda era invece elevata: oltre alla pressione demografica interna, Israele risentiva anche della domanda estera di abitazioni da parte di quegli ebrei, specialmente americani, che desideravano possedere una proprietà, magari piccola, nella terra dei padri. Infine, il flusso di nuova immigrazione di ebrei russi e dell'est europeo che si era originato nel 1991 con la disgregazione dell'Unione Sovietica, non era ancora cessato. Mediamente la popolazione ebraica cresceva ancora di ottantamila unità l'anno, vale a dire gli abitanti di una piccola città italiana, il che non è poco, soprattutto se rapportato al territorio. La risultante era che il metro quadro nel centro di Tel Aviv o sul lungomare costava come a Roma se non di più. Trovare un alloggio decente a meno di millesettecento euro al mese era un'impresa disperata. Naturalmente le giovani coppie israeliane incontravano notevoli difficoltà nel mettere su casa a causa dei prezzi proibitivi. L'unica soluzione abbordabile era quella di spingersi negli insediamenti dei territori occupati della West Bank. Le distanze sono molto relative in Israele. Per questo era possibile abitare nella West Bank e lavorare sulla costa a Tel Aviv, ad Hadera o ad Haifa avendo solo trenta o quaranta chilometri da percorrere. Certo occorreva adattarsi all'idea di vivere armati e costantemente sotto la protezione dell'esercito israeliano. Ma alla fine si fa il callo a tutto ed anche girare armati diventa un'abitudine. L'idea occidentale che gli israeliani si divertano perseverando a costruire nuovi insediamenti in Cisgiordania solo per fare dispetto ai Palestinesi e per affermare la loro sovranità anche sui territori occupati, è in buona misura errata. Se si esclude qualche famiglia di ebrei ortodossi che ad esempio vuole vivere ad Hebròn per essere vicino alla tomba dei patriarchi, in genere la maggior parte degli Israeliani che abita nei territori, lo fa solo per motivi economici e nonostante i problemi politici e sociali che questo comporta. Chi compra paga poco la terra e corre seriamente il rischio di vedersi portare via la casa nel caso la storia debba prendere una certa piega. E' già successo per gli insediamenti israeliani nella striscia di Gaza, spazzati via da una decisione di Sharon. Per questo Davide, non volendo provare il brivido di abitare nella West Bank, dirottò presto le sue ricerche sui dintorni della città dove i prezzi erano di poco più ragionevoli. Alla fine si sistemò in un monolocale a Netanya, cittadina sul mare a venticinque chilometri a nord di Tel Aviv: mille euro al mese. La pensione del professore se ne andava per l'appartamento in Israele e per quello di Roma; quest'ultimo, benché del tutto inutile, non poteva certo lasciarlo, per i rischi che la cosa avrebbe comportato. Così alla fine gli restava il suo stipendio base con cui vivere, senza scialare, potendo contare sul gruzzolo di Baldini per le emergenze.

Quando si era trattato di lasciare Roma, Davide per la prima volta si era posto il problema di chiudere in qualche modo la sua vicenda col defunto professore. Sarebbe bastata una lettera anonima all'Inps che mettesse sull'avviso l'istituto del fatto che il professore era mancato. La cosa, di per sé semplice aveva però una serie di gravi controindicazioni. Avrebbe sicuramente aperto la via ad indagini volte a chiarire come mai la notizia del decesso fosse stata comunicata ad oltre sei anni dal suo verificarsi e, soprattutto, a cercare di scoprire che fine avessero fatto la liquidazione del professore e sei anni di pensione regolarmente erogata dall'ente ed incassata da qualcuno, vivo e vegeto. Spaventato dalle possibili conseguenze, Davide aveva preferito procrastinare la fine del professore, sperando che nel frattempo maturasse qualche opzione più sicura. Dopo il suo trasferimento in Israele, si era creato il problema di come pagare l'affitto alla signora Lina senza fare bonifici. Aveva adottato la soluzione più semplice, quella cioè di spedire ogni mese in una busta le cinque banconote da cento euro, senza indicare il mittente. Così aveva chiesto a sua sorella di prelevare col bancomat di Baldini millecinquecento euro al mese, di versarli sul suo conto e di bonificarglieli in Israele sul conto in euro che aveva aperto. Carla aveva fatto parecchie domande non comprendendo perché il professore non potesse bonificargli lui stesso quei soldi, senza fare tanti giri strani. Davide le aveva raccontato che il professore ormai usciva poco di casa e che quel traffico sarebbe stato per lui gravoso. Inoltre il professore non aveva bisogno di quei soldi perché aveva altre entrate su cui contare e poi era un uomo che spendeva davvero poco per vivere. Quest'ultimo dettaglio rispondeva, tra l'altro, alla pura verità. Carla si era fatta andare bene queste spiegazioni non troppo plausibili solo perché aveva capito che non avrebbe avuto altre risposte, insistendo. Questa soluzione permetteva a Davide di evitare una rischiosa tracciabilità dei pagamenti.

La settimana era trascorsa nello studio del materiale e nella ricerca di una strategia operativa che potesse avere qualche speranza di successo. Il giovedì sera Davide salutò tutti deciso a visitare Masada. Pietro aveva rinunciato ad accompagnarlo perché vi era già stato recentemente con sua moglie.

26

Nel pomeriggio, dopo essere sceso fino a Beersheva, aveva proseguito per Arad e da lì aveva preso la strada che scende tortuosa dall'altopiano desertico del Negev alla depressione del mar Morto. Non aveva fretta; tuttavia, man mano che il paesaggio si faceva sempre più arido e desolato, l'aria più calda e secca, il suo desiderio di arrivare aumentava. Quando alla fine scese dall'auto alla base delle fortezza, il sole era già tramontato ed il buio si stava rapidamente impossessando di ogni anfratto di quella profonda cavità naturale, un tempo molto remoto sommersa dall'acqua marina ed oggi la maggiore depressione esistente sulla terra emersa. Quella fossa tettonica era un'estremità, una propaggine di quel poderoso movimento che, squarciando la terra, aveva isolato la penisola del Sinai, aperto il mar Rosso e, più a meridione, nel cuore dell'Africa, creato la *Great Rift Valley*, lunga migliaia di chilometri.

Imponente come una gigantesca nave di roccia all'ormeggio, alla sua sinistra, si stagliava contro l'ultimo chiarore nel cielo della sera, altissima e scoscesa, Masada.

Solo quando l'ultima traccia di luce se ne fu definitivamente andata e molte stelle si erano accese, Davide si riscosse da quello stato di rapimento in cui era caduto al cospetto di quella montagna rocciosa. Come se quella visione avesse fatto parte di un sogno, si destò e realizzò che era buio, freddo, tardi e che lì intorno non vi era alcun posto dove poter cenare e passare la notte nel deserto.

Decise di dirigere a nord, lungo la riva del mar Morto, fino a Ein Gedi, dove aveva letto doveva esserci qualche sistemazione per la notte. In effetti giunse in breve all'oasi di Ein Gedi, dove seguì le indicazioni per un *resort*. Si trattava di un basso complesso che occupava la breve vallata, distribuito su un grande prato circondato da palme da dattero, illuminate da sotto con luci variopinte. Fissò una camera per due notti, quindi si fece indicare il ristorante. La sala era molto vasta, ma solo un tavolo era occupato oltre al suo: Natale era già passato, si era ormai giunti all'ultimo dell'anno, ma di turisti non vi era neanche l'ombra. Si sedette a breve distanza da quel tavolo occupato da tre giovani, due uomini ed una donna. Avevano con loro delle mappe e stavano discutendo di qualcosa che riguardava quelle mappe. Ma parlavano in ebraico e non poté capire una parola. Quando il cameriere si presentò da lui per prendere l'ordinazione, avendo osservato che la pietanza che stavano consumando all'altro tavolo appariva appetitosa, non volendo avventurarsi nella scoperta di quanto il menù poteva riservare, ordinò il medesimo piatto.

Si sentiva stanco ma al tempo stesso eccitato per la visione della montagna su cui tanto aveva letto. Per questo non gli sfuggì la parola quando uno dei suoi commensali chiaramente disse: "Masada". Stavano parlando della fortezza e quelle mappe probabilmente riguardavano l'area. Senza esitazione si rivolse a loro in inglese: - *Sorry to bother you, but I wish I could visit Masada site tomorrow and I need some suggestions*!

Il ragazzo biondo gli rispose cordialmente in un'inglese senza accenti: - *No problem at all. We're working there. We'll be back there tomorrow morning. We may show you the way. Are you a tourist?*

- *Not exactly. ... I'm Italian, I'm from Rome and I belong to the Italian embassy in Tel Aviv. And you?*

- *We are archaeologists. We are completing a survey upon the lower parts of the site.*

- *Are you digging in Masada?*

- *No, not yet: we are planning to start new excavations in the roman camps, you know?*

In breve gli archeologi chiesero a Davide di unirsi a loro per la cena. I due ragazzi si chiamavano Ephraim ed Aaron, la ragazza, che poteva avere trent'anni, Sarah. Dei due uomini si sarebbe potuto dire con sicurezza che doveva trattarsi di ebrei, ma la donna, una bellezza molto particolare, dai capelli ricci e corvini e di carnagione lievemente scura, olivastra, avrebbe potuto appartenere a qualunque ceppo mediterraneo, mediorientale o arabo. Aveva uno sguardo intenso e magnetico che trasmetteva energia vitale. Nella conversazione emerse che era proprio lei la responsabile di quella piccola spedizione esplorativa che aveva lo scopo di effettuare dei saggi nel terreno dei cinque accampamenti lasciati dai romani durante il loro assedio portato alla fortezza. L'intendimento dell'Università di Gerusalemme era quello di verificare se il racconto della presa di Masada da parte dello storico Giuseppe Flavio era oggettivo e corretto, non solo per quello che riguardava la strenua difesa della fortezza da parte degli Zeloti, ma anche nei dati riportati sulle forze romane impegnate nell'impresa. Documentare la veridicità e l'obiettività del racconto dello storico anche per quello che riguardava la parte avversa agli ebrei sarebbe servito per suffragare le sue tesi, per analogia, anche in altri contesti storici dove non era possibile trovare alcun riscontro archeologico.

27

Judea capta

Sarah Rothbart aveva accompagnato Davide Mancini a visitare la
sommità della fortezza. Giunti alla villa terrazzata di Erode, nido
d'aquila, che occupa la sommità della scarpata nord di Masada, si
era fermata sulla terrazza inferiore, aveva tratto dalla sacca "La
guerra giudaica" di Giuseppe Flavio e ne aveva letto a voce alta i
passi che narrano del suicidio di massa, il primo mai documentato
dalla Storia, operato dagli Zeloti la notte precedente la caduta della
fortezza nelle mani della *Decima Legio Fretensis* comandata da
Flavio Silva. Gerusalemme era da tempo caduta e la rivolta giudaica
era ormai ridotta al lumicino, a quel migliaio di Zeloti, uomini,
vecchi, donne e bambini che ancora resistevano nella fortezza che
era stata di Erode il Grande. Ma ormai i Romani, dopo un assedio
infinito, avevano ultimato, con un lavoro massacrante, la loro
poderosa rampa che dalla base della rupe si eleva ancora oggi fin
sotto le mura; già avevano appiccato il fuoco con frecce incendiarie
danneggiando quel punto delle mura dove l'indomani avrebbero
aperto la breccia fatale. Eleazar, capo degli Zeloti, sapeva che
nessuno di loro avrebbe visto il tramonto del giorno successivo. E
allora, con un discorso toccante, stabilì che nessuno Zelota sarebbe
caduto vivo nelle mani del vincitore. Così vennero scelti dieci
uomini il cui compito era di dare la morte a tutti gli altri. Poi, tra di
loro venne sorteggiato uno solo che finisse gli altri nove, dandosi
infine la morte. Alla fine, soltanto due donne e cinque bambini da
queste nascosti, vennero risparmiati alla carneficina e resero ai
Romani la loro testimonianza, ripresa da Giuseppe Flavio.
Mentre il sole già piegava ad occidente tingendo di caldi colori rocce
e rovine, sospesi su uno strapiombo di trecentocinquanta metri, sulla
terrazza inferiore della villa di Erode, che ancora oggi si regge su
muri di sostruzione alti venticinque metri, eretti non si sa come
duemila anni fa, Sarah e Davide stavano ora in silenzio a
contemplare in distanza la superficie ferma del mar Morto e le sue
aride e sterili rive, quell'ampia vallata desertica che era stata teatro
di questa tragedia del popolo di Israele; e lo sguardo si perdeva in

profondità nella foschia, là dove sapevano essere la rocca di Macheronte e, dietro, Gàdara, la grande città della decàpoli, di fronte a Qumran degli Esseni e, più a monte, l'antichissima Gerico.

Sarah Rothbart chiuse il grosso tomo e lo ripose nello zaino. La sua voce aveva vibrato nel leggere il racconto di Giuseppe Flavio e Davide aveva percepito chiaramente che quella storia le apparteneva: lei gli stava parlando, si stava aprendo, voleva farsi conoscere per ciò che intimamente era orgogliosa di essere. Quella mattina Davide aveva accettato di buon grado l'offerta dei tre archeologi di portarlo con loro a Masada sul loro *pick up*. Quando poi Sarah, nell'accampamento di nord ovest, dopo avere stabilito coi suoi dove effettuare l'assaggio quel giorno, aveva espresso il desiderio di fargli da guida sulla fortezza, ne era stato felice: da solo non sarebbe certo riuscito a capire sul terreno tutta la ricchezza di quel sito straordinario.

Sarah però era andata oltre quanto era lecito attendersi. Lo aveva portato lungo le mura a casamatta, verso sud, oltre l'accesso che si apriva all'altezza del sentiero serpeggiante a vedere il *mikve*, il bagno rituale che gli Zeloti avevano realizzato per potere effettuare le loro abluzioni anche lì nel deserto, sotto assedio, mentre i romani li colpivano con ogni mezzo disponibile. Poi lo aveva portato all'estremità opposta, dove erano stati trovati i rotoli della Torah ed il tesoretto dei sicli d'argento, quelle rare monete che erano state coniate nei cinque anni dalla rivolta ebraica, quelle stesse di cui parlava Giuseppe Flavio nel suo tragico racconto.

Poi, prima di scendere alla villa a terrazze costruita da uno dei più visionari architetti, Erode il Grande, avevano visitato i resti della piccola sinagoga, in cui gli Zeloti, nei due anni di assedio, si erano riuniti a pregare che quel destino segnato fosse loro risparmiato.

- Pensi che le cose siano andate davvero così? - domandò Davide rompendo il silenzio magico che era calato.

- Nella sostanza credo proprio di sì, anche se non tutte le conclusioni di Yigael Yadin, l'archeologo che ha condotto gli scavi sistematici sulla fortezza, si sono poi rivelate completamente corrette.

- Vedi, la questione è come dobbiamo giudicare quegli Zeloti: sono stati veramente combattenti per la libertà dei Giudei contro l'oppressione imperialistica dei romani? O piuttosto dobbiamo vedere in loro una setta di invasati integralisti che ha sobillato i propri adepti contro l'invasore romano con l'effetto di produrre una prevedibile devastante reazione che ha colpito non solo loro, ma Gerusalemme, il Tempio e tutto il popolo, dando inizio alla diaspora? A volte il confine tra un eroe e un terrorista è estremamente labile, e si sposta assai a seconda del punto di vista dell'osservatore, non credi?

- In generale credo che tu abbia ragione: la verità storica spesso si colloca tra i due estremi, e non coincide con nessuno di essi. In questo caso però credo che lo storico sia insolitamente attendibile, anche prescindendo dalle numerose conferme archeologiche, per una semplice ragione: Giuseppe Flavio scrive la storia del suo popolo che è stato sconfitto duramente dai romani, dopo avere lui stesso combattuto la medesima guerra contro di loro. Insomma è uno dei rari casi in cui la storia è stata scritta dallo sconfitto e non dal vincitore.

- Non lo sapevo. E come mai i romani lo hanno lasciato non solo vivere, ma anche libero di scrivere?

- Giuseppe Flavio, il cui nome ebraico è Joseph Ben Matityahu, era un giovane aristocratico di Gerusalemme. Quando nel 66 scoppiò la rivolta giudaica, fu per un periodo a capo degli insorti di Galilea e combatté duramente contro i romani. Dopo alterne vicende, i romani rafforzarono il loro contingente in Palestina ed i ribelli della Galilea furono costretti a rifugiarsi sulla vetta fortificata del monte Tabor dove furono assediati. Giunti allo stremo, molti combattenti decisero di suicidarsi e altri di consegnarsi ai romani, tra questi Giuseppe Flavio. Fu portato al cospetto del comandante della spedizione romana, Tito Flavio Vespasiano. Bada che in quel momento l'imperatore era ancora Nerone e Vespasiano si stava facendo le ossa. Pare che Giuseppe Flavio, in quella circostanza abbia predetto a Vespasiano che sarebbe diventato imperatore, cosa che in effetti avvenne nel 69. Vespasiano, acclamato imperatore dall'esercito, riconoscente per la sua profezia, avrebbe quindi graziato Giuseppe e gli avrebbe anche attribuito il nome della sua gens, la gens Flavia. Ora, è difficile credere che le cose siano andate esattamente così. Probabilmente Vespasiano ha capito che graziare quel comandante, una persona colta, imparentata con la dinastia degli Asmonei e con grandi sacerdoti del Tempio, avrebbe procurato ai romani più vantaggi che se lo avesse giustiziato, facendone un martire. D'altra parte credo che Giuseppe Flavio, che era ed è rimasto ebreo, abbia compreso, dopo la disfatta del monte Tabor, che ogni resistenza contro i romani era destinata al fallimento. Non solo, si era reso conto allora che la sedizione avrebbe procurato al popolo ebraico danni irreparabili e che dunque era diventata non solo fallimentare in sé ma controproducente in prospettiva. Dalla sua opera questa visione emerge in modo molto netto. Credo che quest'uomo, che non è né un eroe né un traditore del suo popolo, ma piuttosto un lucido ed accorato testimone, sia stato capace di avere una visione prospettica degli avvenimenti di cui è stato protagonista e che abbia voluto, attraverso la scrittura, renderne partecipi sia i suoi compatrioti che gli invasori romani. La sua "Guerra giudaica" fu scritta prima in aramaico per gli ebrei, poi in greco per i gentili. In sostanza lui diceva che la sola cosa rimasta da preservare era l'identità ebraica e che ogni resistenza avrebbe compromesso la stessa sopravvivenza del popolo di Israele.

- Allora pensi che il suo giudizio su Eleazar sia negativo?
- Non del tutto. La vicenda tragica di Masada ha molti aspetti comuni con l'assedio patito dallo stesso Giuseppe Flavi sul monte Tabor. Sarebbe inumano pensare che non debba essersi in qualche modo immedesimato con Eleazar ed i suoi. Tuttavia lui avrebbe voluto evitare quell'ultima, estrema ed inutile carneficina. I tempi poi erano mutati: Gerusalemme era ormai irrimediabilmente caduta ed il Tempio un cumulo di rovine fumanti. Cosa restava da salvare se non le vite e l'identità? Cosa poteva Eleazar contro Flavio Silva e la sua decima legione *Fretensis*? Dopo duemila anni la gigantesca rampa è ancora lì, immane testimone della straordinaria potenza della macchina da guerra romana e della determinazione politica dell'impero. Giuseppe Flavio prova pena, orrore ma anche rispetto ed ammirazione per quei 960 suicidi, donne, uomini e bambini, ed il loro inutile sacrificio.

Scendendo soli sull'ultima corsa della teleferica che oggi collega la base alla sommità di Masada, sorvolando nel crepuscolo invernale le spire del sentiero serpeggiante, Davide cedette immediatamente quando Sarah, in modo apparentemente inatteso, gli cinse i fianchi e lo baciò.

Ma non fu lui a fare il passo.

Sulla via del ritorno a Ein Gedi, verificato l'esito dello scavo della giornata, che concludeva la settimana di perlustrazione, Ephraim, che si era messo alla guida del pick up, conversava tranquillamente con Aaron in ebraico mentre, sul sedile posteriore Sarah e Davide si abbandonavano ad effusioni che non potevano certo passare inosservate. Ad un certo momento Sarah era riemersa dal sedile posteriore per interrompere quel chiacchiericcio solo in apparenza innocente: "*Aaron, repeat please what you said. In English!*" Voleva che Davide potesse capire quanto dicevano tra loro i due ragazzi.

- *Well, ... I said that ... it's the first time ever, that a Roman has conquered a Jewish girl without fighting, without killing or being killed!*

Cosa abbia risposto la donna in ebraico ai due impertinenti, non è dato sapere. Fatto sta che una sua sola frase ridusse i due ragazzi ad un silenzio perfetto fino al loro arrivo a Ein Gedi. Era chiaro che i due dovevano ben conoscere il temperamento del loro capo. Come pure che la storia, nei suoi innumerevoli meandri, è talvolta capace di produrre esiti inaspettati: dell'impero romano si erano ormai perse le tracce da numerosi secoli, mentre il popolo ebraico era ancora vivo e vegeto e da una sessantina d'anni aveva ripreso possesso di quel lembo di terra che, nella geografia del Mediterraneo Orientale, ancora portava il nome di Palestina.

Quella notte al *resort*, due dei quattro giovani non riposarono affatto, ma nessuno di loro ebbe a lagnarsi, in seguito, del sonno perduto.

28

L'indomani la piccola troupe di archeologi rientrò a Gerusalemme per la festività, mentre Davide proseguì da solo verso nord lungo il Mar Morto verso Qumran e Gerico. Strada facendo la sua mente tornava a quelle vicende in qualche modo epiche e a Masada, a quella villa dall'architettura ai limiti del possibile, alla mente che aveva concepito quell'opera visionaria, Erode il Grande. Si ripromise, se ve ne fosse stata l'occasione, di chiedere a Sarah se vi erano altre vestigia di costruzioni erodiane in Palestina. Anzi, sarebbe stato proprio questo suo desiderio di conoscere altri luoghi legati ad Erode l'occasione per contattarla. Si erano scambiati i numeri di cellulare, con l'intesa di risentirsi presto. Davide era rimasto molto scosso dall'incontro con la ragazza, molto colpito dalla sua forte personalità e sensualità. Ma non era affatto sicuro che una cosa analoga fosse accaduta pure a lei. Quando fu sul sito di Tel Gerico, fu tentato di telefonarle per chiederle lumi su quella torre che gli si parava innanzi in fondo ad un profondo scavo ed il cartello posto a fianco segnalava 7.200 – 6.800 A.C., di poco più antica dell'abitato di Çatal Hüyük, la città turca più antica del mondo! Era possibile?

Ma si trattenne.

Invece il pomeriggio, visitando le rovine del favoloso palazzo di Hisham, voleva sapere come mai era costruito in quello stile mai visto prima nel mondo arabo; da dove gli Ommayyadi, nella prima metà dell'ottavo secolo, avevano preso quel gusto per l'ornamentazione floreale e figurativa? Era sbalorditivo scoprire che l'alba del mondo islamico coincideva già con un punto di arrivo nell'arte e nell'architettura. Ma ancora più stupefacente era constatare che tra quell'arte araba e tutta quella successiva, sembrava non esserci alcun collegamento. Doveva pure esserci una spiegazione. Chiamiamo Sarah?

Sì.

Anzi no, meglio di no. Il timore di rompere un incanto prevalse sul desiderio di ottenere risposte alle sue domande.

Ripiegò invece su una piacevole conversazione con l'unico guardiano del sito dopo che lo ebbe individuato mentre questi si prendeva cura della sua piccola piantagione di menta, realizzata proprio dietro alla biglietteria. - *Mint is very good for tea. Would you like to try one?* - esordì gentilmente l'uomo che doveva essere sicuramente arabo, dall'abbigliamento.

Davide accettò volentieri l'offerta del tè alla menta. Mentre il guardiano si affaccendava nel mettere l'acqua sopra una piccola stufetta approfittò per chiedergli notizie sul palazzo. Gli disse che il vero nome del palazzo era Khirbat al-Mafjar ed era maledetto: l'immensa costruzione non era ancora stata ultimata quando il califfo fu assassinato.

- *Hot tea is good when it's cold, but even better in summer when we reach 50 degrees!* - gli assicurò l'uomo. Su questa affermazione Davide manteneva qualche riserva, ma il tè con la menta fresca infusa era veramente squisito.

29

Domenica mattina fece rientro in ufficio dove Pietro lo informò che l'ambasciatore aveva convocato una riunione urgente. - Sai di cosa si tratta? - aveva chiesto sforzandosi di rientrare con la mente nel lavoro interrotto.

- No, ma penso che voglia darci qualche dritta.

Poco dopo si ritrovarono nello studio di de Gregorio con Rosanna.

- Allora ragazzi come andiamo col lavoro?

Dopo uno scambio di occhiate, Pietro fece il punto: - Stiamo elaborando un piano operativo. Se non ci saranno intoppi, per la settimana prossima dovremmo già essere in grado di fissare i primi colloqui informali.

- Bene. Avete idea di come procedere?

- Sì. Se lei è d'accordo, la nostra idea sarebbe quella di avviare incontri separati. Solo una volta raggiunta una posizione che entrambi riconoscono, almeno in linea di massima, possiamo pensare di farli sedere al medesimo tavolo.

- E' sicuramente preferibile. Se una parte dovesse bloccarsi su una pregiudiziale, è bene che l'altra parte non lo sappia. O meglio, è preferibile che lo sappia nei modi e nella forma debiti.

- E' appunto sui rischi legati alle pregiudiziali che abbiamo ancora dei dubbi. Lei cosa suggerisce?

- Se fossi in voi, mi muoverei solo quando avrete in mano un piano credibile che possa reggersi anche a livello della comunità internazionale. Dovete scegliere una strategia ottimale per entrambe le parti nel contesto dato: ci saranno sacrifici e concessioni da ambo le parti. Dovete crederci fino in fondo nella vostra strategia, per poterla difendere dagli opposti attacchi. Quindi analizzare tutte le implicazioni che questa comporta. Le dovete sviscerare tutte e risolvere, una per una. Chiaramente alcune, se non parecchie, rischiano di essere delle pregiudiziali per una parte o per l'altra. Dovete calarvi nei panni dei vostri interlocutori, ragionare con la loro testa, sapere quali sono le forze che li sostengono, gli orientamenti di quelli che li avversano. Purtroppo non avrete davanti due parti forti, ma deboli. Dovete procedere per gradi. Ci saranno questioni su cui ogni parte non sarà veramente in grado di decidere. Lo so già. Non dovete spaventarvi.

- D'accordo, - si inserì Davide, - ma le pregiudiziali restano e vanno superate. C'è un metodo migliore per affrontarle?

- Direi che dovete metterle sul tavolo subito e dare tempo alle parti per decidere. Ripeto: su certe cose nessuno è in grado di esprimersi prima di avere valutato globalmente l'offerta e di avere sottoposto l'ipotesi di soluzione complessiva ai propri gruppi di pressione. Chiaramente c'è il rischio che qualcuno faccia del teatro, ma ce ne accorgeremmo. Però offrire un tempo ragionevole è indispensabile. Tenete sempre presente che, nei confronti dei nostri interlocutori, la nostra arma più importante non è l'opportunità di risolvere un problema, ormai di durata biblica, ma piuttosto il rischio politico di vedersi addossare la responsabilità politica del fallimento delle trattative. Tutti temono questo molto più di quanto ambiscano a risolvere veramente la situazione. Il vero tabù politico non è il protrarsi di questo stato di cose per altri anni o decenni, ma essere additati come coloro che hanno impedito al negoziato di evolvere in senso positivo. Mi sono spiegato?

- Ok, è tutto chiaro. Non dovremmo impiegare troppo tempo a mettere in piedi un piano ragionevole e sostenibile. Direi che possiamo cominciare a stendere un piano di lavoro. - concluse Pietro.

- Ancora un momento. La riunione di oggi non era solo per fare il punto della situazione. Avete letto la stampa?

Rosanna, che ancora una volta sembrava quella che ne sapeva più di tutti, mise sul tavolo una copia del quotidiano di Tel Aviv Ma'ariv: cerchiato con l'evidenziatore giallo c'era un grande articolo. Pietro prese in mano il giornale ed iniziò a leggere.

- E' un'inchiesta sulla "minaccia" che incombe sugli Israeliani.

- Sarà la solita storia dell'arricchimento dell'uranio degli Iraniani.

- Sbagliato, Davide: è una questione molto più vicina e più insidiosa. E' la questione demografica. Israele cresce demograficamente, ma i Palestinesi crescono di più.

De Gregorio si inserì per dare la giusta inquadratura alla notizia: - La questione nuova è che chi ha realizzato l'indagine è un insigne professore ebreo di origine italiana, che vive qui dal 1966, docente all'università di Gerusalemme, un demografo di fama internazionale ed anche molto influente sul piano politico, tanto da essere diventato consigliere del governo israeliano. E' lui che ha persuaso qualche anno fa Ariel Sharon ad evacuare le colonie israeliane nella Gaza Strip. Sharon, il "falco" della destra israeliana, si era lasciato convincere che era meglio così. Dovete partire di lì. Dai numeri.

Poi rivolgendosi a Rosanna: - Dovresti procurare in fretta la bibliografia essenziale del professore Della Peruta, emigrato in Israele negli anni sessanta.

- Quanto a voi, suggerirei di leggervi il materiale che Rosanna riuscirà a procurare e quindi di andare a fare una chiacchierata col professore. Credo che lui abbia già delle idee molto chiare sulla via da seguire per una spartizione sostenibile della Palestina. Rosanna vi procurerà un appuntamento. Per il resto, aggiorniamoci a domenica prossima. Voglio vedere una bozza del piano, obiettivi, implicazioni e possibili pregiudiziali. Per ora mi interessa l'architettura, non i dettagli. Se ci sono intoppi, sapete dove trovarmi. Buon lavoro, ragazzi.

La riunione fu sciolta e Rosanna tornò alla sua scrivania già pensando al modo più veloce per reperire i testi di Della Peruta.

Mentre scendevano al loro rifugio protetto, Davide disse: - La sai una cosa a proposito di Sharon, Pietro?

- Cosa?

- E' incredibile, ma in certi momenti storici, gli unici politici che possano imporre alla loro parte decisioni di sinistra, sono quelli di destra. Ma vale anche il contrario, non trovi?

- Hai ragione. Credo sia una questione legata alla gestione del consenso. Una decisione di segno avverso può essere accettata solo se chi te la propone è della tua parte. Il punto però è se questo sia o meno uno di quei momenti. Io lo spero, ma ho dei dubbi.

- Ok, mettiamoci al lavoro, adesso abbiamo un punto di partenza.

Dopo avere concordato le linee del lavoro di ciascuno, si ritirarono nella stanza blindata dove ognuno lavorò per suo conto fino a sera.

Rientrando Davide constatò che Sarah non si era fatta viva e fu nuovamente tentato di chiamarla. Ancora una volta si trattenne. Più passavano le ore più la cosa diveniva difficile, quasi che il passare del tempo, per ciò stesso, contribuisse ad aumentare la distanza tra di loro. Il fatto nuovo, per Davide, era che continuava a pensare a lei, alle ore passate insieme a Masada e ad Ein Gedi.

Aveva avuto diverse storie al liceo e negli anni dell'università, brevi o brevissime, tutte risposte alle pulsioni dei sensi, alla curiosità di scoprire le donne. Invece ora, per la prima volta, provava un desiderio profondo per quella donna in particolare, non altre, e si stupiva di come quella sensazione fosse più ampia, più assorbente, più totalizzante, un pozzo dolce amaro del pensiero in cui irrimediabilmente lasciarsi sprofondare. Anche se era consapevole che erano passate poche ore da che si erano salutati, sentiva dolorosamente la mancanza di Sarah. Ed il pensiero del significato di quella mancanza di contatto seguitava a tormentarlo.

30

Secondo Saheb Erekat, uno dei più autorevoli negoziatori di parte palestinese, "la Palestina non è niente, è una specie di Emmenthal geopolitico dove i buchi sono palestinesi ed il formaggio israeliano". Non può sfuggire la *vis polemica*, neppure sottaciuta, di questa affermazione: chiunque direbbe che detenere il formaggio sia preferibile ai buchi. Ma, al di là della polemica, la prima parte di questa affermazione, "la Palestina non è niente", riflette una realtà storica: negli ultimi cinque millenni, attraverso decine e decine di dominazioni, che si sono succedute incessantemente su quell'estremo lembo costiero del mediterraneo orientale, l'articolazione politica ed amministrativa del territorio ha assunto le più svariate forme, includendo od escludendo ampie porzioni a nord, ad est e a sud est, tanto che non è possibile prendere alcuna configurazione come riferimento. Parte degli ebrei trova logico considerare Palestina il territorio che formava il regno di Re Davide, fase di massimo fulgore del popolo ebraico. Altri vorrebbero che la Palestina si estendesse a tutti i luoghi citati nella Bibbia, includendo perciò anche parte della Transgiordania ossia i territori ad est del fiume Giordano, Mukawir, Pella, il monte Nebo e la decàpoli. Queste ed altre posizioni sono allo stesso modo valide e difficilmente sostenibili. Quel doloroso processo della storia che attraverso secoli di guerre, dominazioni e migrazioni, che in molte aree d'Europa ha portato a definire in modo abbastanza preciso quale territorio appartenga ad una nazione, in Palestina non ha funzionato.

Non esiste un territorio delimitato e preciso che possa definirsi univocamente come "Palestina". Questo sta a significare che, anche in tempi recenti, sono esistite molte linee di demarcazione dei confini della Palestina, la linea del mandato inglese del 1922, quella dell'armistizio del 1949 fissata negli accordi di Rodi, quella dell'armistizio seguito alla guerra dei sei giorni del 1967, quella scaturita dagli accordi di Camp David che definirono la pace tra Israele ed Egitto dopo la guerra dello Yom Kippur del 1973. Nessuna di queste linee, da sola, poteva rappresentare la soluzione.

Ma il vero punto è che nei "buchi" di Saheb Erekat vivono due milioni e mezzo di Palestinesi nella West Bank, compresa Gerusalemme Est e due milioni nella striscia di Gaza, contro sei milioni di Ebrei. Nella West Bank, a complicare ulteriormente le cose, vivono migliaia di Israeliani all'interno di insediamenti protetti dall'esercito israeliano.

Nel corso della settimana i due segretari di legazione gettarono le linee guida per il piano. Mercoledì si recarono alla Hebrew Universty of Jerusalem per parlare col Professor Della Peruta. Ufficialmente l'incontro era motivato dalla necessità di approfondire lo studio dei possibili sviluppi demografici nell'area. Il professore ricevette Davide e Pietro nel suo studio.

- E' la prima volta che l'ambasciata italiana mi chiede un incontro: in cosa posso essere utile?

- Stiamo effettuando una valutazione sulle potenzialità della Palestina nel suo complesso nei decenni a venire. Abbiamo letto dei suoi studi sia in merito alla diaspora ebraica che alla popolazione stanziata in Palestina. Conosciamo le sue conclusioni sui probabili sviluppi demografici nell'area. Quello che vorremmo sapere da lei è quali scenari a livello sociale, politico ed economico lei può prefigurare per quest'area nel futuro prossimo. - disse Davide.

- Quanto tempo avete?

- Tutto quello che occorre.

- Cercherò di essere breve, anche se non sarà semplice. Il primo dato incontrovertibile da cui occorre partire riguarda la tendenza ad una crescita sostenuta della popolazione complessiva stanziata in Palestina: questo porrà con urgenza crescente nei prossimi anni la questione della sostenibilità per il territorio, così povero di risorse idriche, di un numero di abitanti compreso tra i quindici ed i venticinque milioni, a seconda delle ipotesi assunte.

La seconda questione, non meno rilevante, riguarda il rapporto tra il nucleo ebraico e quello arabo di questa popolazione: ammettendo che nei decenni a venire non si verifichino altri eventi esterni capaci di fare confluire in Israele o nei Territori masse significative di nuovi immigrati, ritengo che il bilancio demografico dell'area dipenderà essenzialmente dai tassi di natalità dei Palestinesi da un lato e degli Israeliani dall'altro. Questi tassi sono entrambi elevati, ma quello dei Palestinesi sopravanza quello degli Israeliani in modo netto. Questo stato di cose farà sì che già tra il 2010 ed il 2020, la popolazione musulmana complessiva, comprendendo cioè anche gli arabi israeliani, sopravanzerà quella di religione ebraica. Badate bene che a partire dalla costituzione dello stato di Israele nel 1949 la superiorità numerica della popolazione ebraica si è sempre mantenuta, fino ad ora. Questa previsione, che si riferisce ad un futuro assai prossimo, ha un'altissima probabilità di rivelarsi corretta: è praticamente una certezza. Inoltre, dopo il sorpasso, è del tutto verosimile che il divario numerico tra i due nuclei di popolazione si accentuerà ulteriormente a vantaggio dei Palestinesi.

- Quindi, se mi permette l'interruzione, lei ritiene che Israele dovrebbe astenersi dall'incorporare nei suoi confini la West Bank e la Gaza Strip, perché, così facendo, si verrebbe a creare uno stato in cui la componente ebraica si troverebbe presto in minoranza.

- Sì, ma la questione non è così semplice. Vedete, se il contesto fosse diverso, potrebbe essere preferibile tendere ad un differente modello di stato e mi riferisco ad un modello federale simile, per intenderci, a quello svizzero. Sotto molti aspetti sarebbe preferibile, in un'ottica di gestione complessiva del territorio, puntare ad uno stato federale in cui convivano due nazioni differenti, quella ebraica e quella palestinese. Pensate ad esempio a quanto accennavo all'inizio, alle problematiche relative allo sfruttamento delle risorse idriche, alla pianificazione dell'uso del territorio per le esigenze abitative, che diverranno davvero pressanti, per le nuove infrastrutture di cui l'area dovrà dotarsi, porti, autostrade, aeroporti, collegamenti con gli stati confinanti e via dicendo, per lo sviluppo di nuovi insediamenti produttivi che saranno ineludibili in vista di dare lavoro ad una popolazione sensibilmente accresciuta. Tutto questo si potrebbe meglio fare in uno stato federale in cui le esigenze di ogni regione devono contemperarsi con quelle delle regioni limitrofe.

- Francamente noi non abbiamo mai pensato a questo modello come un possibile sviluppo politico dell'area.

- Non posso darvi torto. In effetti, visto il contesto storico, politico e religioso, il modello federale, calato nella realtà della Palestina, è solo un esercizio accademico. Considerate che qui il modello di riferimento, tanto per i Palestinesi come per gli Ebrei, è stato per lungo tempo quello della terra unica, indivisibile ed etnicamente omogenea. In parole povere, gli uni avrebbero volentieri spazzato via gli altri per avere un predominio completo ed assoluto sull'intero territorio. Il guaio è che sia gli uni che gli altri si sono adoperati per decenni con guerre, attentati ed altri orrori simili nel tentativo di mettere in atto il loro proposito. Tutto questo non può essere ragionevolmente dimenticato solo perché ora ci si accorge che sarebbe meglio cooperare piuttosto che combattersi. Quindi ritengo che la sola soluzione ragionevolmente percorribile in concreto sia quella di creare due stati nazionali distinti, anche se il modello di stato nazionale ha mostrato tutti i suoi limiti in tante parti del mondo. Nello stato di Israele poi, continuerebbe a vivere una significativa minoranza di arabi israeliani che optasse per mantenere la cittadinanza israeliana. In questo quadro, quello di un Israele stato nazionale è ben possibile la presenza di una minoranza araba, a condizione che la sua consistenza numerica non cresca oltre un certo limite.

- E in questa ipotesi, quale pensa che dovrebbe essere la linea di demarcazione dei confini? Quella del 1967? O piuttosto quella esistente sul terreno oggi e rappresentata dal tracciato della barriera di sicurezza?

- Quando negli anni scorsi il governo ha deciso, con l'appoggio della maggioranza degli Israeliani, di realizzare la barriera, il suo tracciato è stato rivisto più volte e, se fate attenzione, a parte il discorso di Gerusalemme Est, il suo tracciato effettivo non differisce granché dal confine del 1967. Se fate un'analisi attenta, ad oggi soltanto poche migliaia di Palestinesi sono state inglobate nel territorio al di qua della barriera. In ogni caso il confine effettivo dovrebbe dipendere da negoziati bilaterali con l'Autorità Palestinese.

- E gli insediamenti israeliani all'interno della West Bank che fine farebbero?

- Anche qui occorre vedere bene sul campo di cosa si tratta. A parte la cittadina di Ariel che si trova molto all'interno della West Bank, tutti gli altri insediamenti sono periferici. Delle due l'una: o a livello negoziale si trova un accordo per includere entro Israele questi territori in cambio di corrispondenti concessioni allo stato Palestinese di porzioni di territorio abitate in prevalenza da arabi israeliani, oppure andrebbero abbandonate. La cosa che potrebbe sorprendervi è che recentemente si è condotto un sondaggio sugli arabi israeliani che vivono in zone limitrofe alla West Bank ed è emerso che solo una piccola minoranza opterebbe per perdere la cittadinanza israeliana ed acquisire quella del nuovo stato Palestinese.

- Lei crede che quelle aree oggi israeliane oppure palestinesi che domani si dovessero trovare al di là del futuro confine andrebbero sottoposte a referendum?

- Voi siete dei diplomatici e quindi dovreste ricordare quanto sanciva la risoluzione 181 ONU del 1947: questi nuclei residuali avrebbero avuto il diritto di optare o per l'acquisizione della cittadinanza dello stato a cui sarebbe appartenuto il territorio ove risiedevano, o per il mantenimento della loro vecchia cittadinanza. Nel primo caso sarebbero diventati Israeliani o Palestinesi a tutti gli effetti, nel secondo avrebbero acquisito lo status di cittadini stranieri. Questo tipo di opzione, anche oggi, credo sarebbe una soluzione accettabile per quanti si dovessero venire a trovare a vivere oltre i confini del proprio stato di origine.

- E cosa pensa invece della questione di Gerusalemme?

- Gerusalemme, intesa come la Grande Gerusalemme, merita un discorso a parte. Il tradizionale orientamento dell'ONU, che avrebbe voluto per la città un status di extraterritorialità, è stato superato dai fatti e non mi pare oggi più proponibile. Oggi la città conta circa 720.000 abitanti di cui due terzi Ebrei ed un terzo Palestinesi. Per la città si può anche immaginare una sovranità divisa tra Israeliani da un lato e Palestinesi dall'altro. Come sapete esistono zone a netta prevalenza degli uni e degli altri: ogni quartiere dovrebbe essere governato dalla sua maggioranza mentre occorrerebbe poi un'autorità congiunta di coordinamento dell'intera area metropolitana della Grande Gerusalemme. Solo in questo modo si potrebbe pensare ad una pianificazione organica del suo futuro sviluppo che, in una prospettiva di pace e di stabilizzazione, potrebbe essere incentrato in primo luogo sul turismo, religioso e non.

- Sì, ma in concreto, il territorio cittadino dovrebbe far parte di Israele o dello stato Palestinese?

- Non credo che una totale sovranità Palestinese sia ora immaginabile. Penso però che la città non possa e non debba essere divisa al suo interno da un confine fisico così come è accaduto, per ragioni belliche, a Berlino, a Gorizia o a Nicosia. Una soluzione chiara ed univoca non esiste e, ritengo, questo sia uno dei motivi fondamentali per cui il conflitto israelo-palestinese ancora non è cessato.

31

Giovedì sera salirono da de Gregorio per illustrargli la strategia e le principali conseguenze che da questa discendevano.

L'ambasciatore diede una letta al prospetto riassuntivo e chiese: - Perché avete lasciato aperte delle possibilità? Come pensate di giocarvele?

- Crediamo di avere individuato una piccola zona di stabilità dell'accordo complessivo. In altri termini l'equilibrio non è in un punto preciso, ma in una piccola zona all'interno della quale, qualunque punto può andare bene. Questi modesti argomenti negoziali sono quanto pensiamo di lasciare come margine di trattativa alle parti: se le aggiudicherà che punterà i piedi in modo più fermo - rispose Davide.

- Capisco. La cosa difficile sarà fare digerire a ciascuno la sua quota di sacrifici indispensabili. Tuttavia, quello che non mi persuade, in questa prima, è la posizione della Siria: nel vostro piano la Siria è un perdente netto.

- Ambasciatore, si ricorda? - chiese Davide.

- Cosa?

- Il tour d'istruzione che mi ha mandato a fare in giro per il paese …-

- Ebbene?

- Tra le destinazioni c'erano pure le alture del Golan. Ora, se uno fa il giro del lago di Tiberiade, nella parte orientale deve entrare nelle alture: chi controlla le alture, controlla non solo il lago, ma anche tutta la Galilea: un cannone piazzato sulla parte alta del pendio può colpire agevolmente Tiberiade, Qiryat Shmona e Zefat; un missile di medio raggio può arrivare facilmente ad Haifa. Quindi: non c'è alternativa a lasciare le alture in mano israeliana. Sono troppo rilevanti militarmente.

- Non avete pensato alla possibile creazione di una zona extraterritoriale e smilitarizzata sotto il controllo dell'ONU?

- Si, ma l'abbiamo scartata. La ragione principale è che dobbiamo puntare in alto, ad un equilibrio che regga nel medio lungo termine. Se ipotizzassimo di creare una zona cuscinetto, non potremmo immaginare di mantenerla così in eterno. Le truppe ONU, presto o tardi, se ne devono andare. E dopo a chi attribuiremmo la sovranità? La risposta più naturale è alla Siria, perché prima del 1967 questi erano territori siriani. Ma questo riproporrebbe il problema della sicurezza del nord di Israele. Insomma, la zona smilitarizzata oggi servirebbe solo a rinviare un problema serio al futuro, col rischio che la questione apparentemente risolta possa esplodere di nuovo, di qui a qualche anno.

- Io però non scarterei l'idea di una striscia extraterritoriale, con sovranità sospesa a tempo indeterminato e sotto il controllo ONU. E' più accettabile per la Siria ... - soggiunse l'ambasciatore con un tono che tradiva incertezza.

- E se anche fosse, quali truppe ONU possono ragionevolmente formare una forza di interposizione? Non quelle arabe, troppo invise ad Israele, non quelle Americane, troppo invise alla Siria e al mondo arabo. Non restano che gli europei, Tedeschi, Italiani, Francesi, Inglesi meglio di no, Spagnoli, ... : un'armata Brancaleone senza un vero capo. Ambasciatore, mi permetta, quanto tempo pensa che potrebbero restare? Un anno? Sicuramente. Cinque anni? Forse. Dieci anni? Sicuramente no. E se per caso la situazione dovesse in qualche momento diventare critica, assisteremmo ad un fuggi fuggi generale, con le scuse più varie ... E dopo, chi prenderebbe la posizione? Il più lesto a muovere le truppe, probabilmente Israele, e ci troveremmo nuovamente nella situazione attuale. Se poi dovessero riuscire i Siriani, apriti o cielo! - concluse Pietro con enfasi.

- Insomma, voi dite che per il mantenimento della pace è indispensabile che Israele controlli le alture del Golan. Quindi tanto vale assegnargli la sovranità da subito. Sul piano militare sono d'accordo con voi. Ma bisogna riconoscere qualcosa alla Siria. Occorre una significativa contropartita politica.

- E per quale ragione? La Siria ha perduto quelle terre nella guerra dei sei giorni. Ha provato a riprendersele a tradimento nel 1973 e non vi è riuscita. Per quale ragione mai dovrebbe oggi pretendere la sovranità?

- Non mi sono spiegato. Se la Siria fosse stata d'accordo di lasciare il Golan ad Israele, a quest'ora sarebbe giunta da un pezzo ad un accordo di pace con Israele, così come la Giordania ha fatto rinunciando alla West Bank. Questo però non è successo. Anzi, la Siria non perde occasione per rivendicare ufficialmente le alture.

Oggi voi andate da loro e chiedete che riconosca Israele come stato e che rinunci per sempre a questa parte del suo territorio a vantaggio di Israele. Qualcosa dobbiamo offrire.

- Pietro, hai qualche idea?

- No. Non vedo delle contropartite significative che possano essere messe sul piatto. Tuttavia proporrei alla Siria la logica che ha portato la Giordania a rinunciare alla West Bank. Nella West Bank c'erano due milioni e mezzo di abitanti ancora con la cittadinanza giordana. Poi un fatto essenziale: Gerusalemme Est, con tutto il centro storico, fa parte della West Bank. A tutto questo la Giordania ha rinunciato apparentemente in cambio di nulla, semplicemente in vista della possibile nascita di uno stato Palestinese, che a tutt'oggi ancora non esiste, e di giungere alla pace con Israele. Dobbiamo pensare che Re Hussein sia stato uno sprovveduto? Sicuramente non è così. La verità è che esiste il dividendo della pace. E la Giordania ha iniziato ad incassarlo dal 26 ottobre 1994 quando a Wadi Araba ha firmato la pace con Israele, Re Hussein con Yitzhak Rabin. Per rendersene conto basta guardare il tasso di sviluppo della Giordania e confrontarlo con quello della Siria.

Nel Golan poi, abita una popolazione ridottissima. Per giunta si tratta in maggioranza di Drusi. Per la propaganda siriana ha un valore prevalentemente simbolico, perché per tentare di riprenderselo hanno combattuto la guerra del Kippur, e l'hanno persa. Ma sono passati quasi quarant'anni! E cosa hanno ottenuto i Siriani dal mantenimento della belligeranza con Israele? Crescita asfittica, grandi spese militari, e molta povertà. Se la Siria vuole affermarsi nella regione, dopo essersi decisa a liberare il Libano dal suo abbraccio mortale, la mossa giusta per acquistare credibilità come interlocutore di pace è quella di rinunciare al Golan.

- Pietro, credi veramente che il presidente a vita Bashar al Assad sia in grado di recepire il tuo ragionamento?

- Forse sì. E' solo una questione di buon senso. Il padre di Bashar, Hafez, ha impiegato trent'anni di governo per stabilizzare il paese internamente e per fare accettare alla maggioranza sunnita il potere della sua minoranza alauita. Bashar ha ereditato uno stato abbastanza stabile internamente e laico, in cui tutte le minoranze, etniche e religiose, sono rispettate. Non voglio dire che quella siriana sia una democrazia nel senso che intendiamo noi, ma comunque è un paese e che potrebbe crescere parecchio se solo riuscisse a stabilizzare i suoi rapporti con Israele che è il vero motore economico della regione. Credo che il Presidente Assad, pur avendo ereditato la sostanziale ambiguità del padre, sia sufficientemente avveduto da comprendere che l'idea di fare crescere il paese solamente in termini militari, come media potenza regionale, è del tutto tramontata e che se vuole radicare il suo consenso interno, deve consentire che l'economia ed il reddito disponibile per la popolazione crescano. E' solo una questione di buon senso. E di convenienza - concluse Pietro.

- Hai mai riflettuto su quali siano i reali gruppi di pressione sul presidente Assad? Guarda che la cosa è tutt'altro che chiara. Pensi che la guerra civile in Libano corrispondesse solo ad interessi siriani?

- No, nel Libano c'erano sicuramente interessi iraniani, come ancora esistono nel movimento di Hezbollah. Ma io sono convinto che l'apparente legame che unisce gli sciiti iraniani coi siriani sia stato dettato in passato solo da interessi contingenti. Oggi il solo punto di contatto tra iraniani e siriani è l'odio contro Israele e, di riflesso, contro l'occidente che l'appoggia.

- E ti pare poco? Come puoi pensare di trattare con un paese che ti odia?

- Non ho detto che dobbiamo trattare con gli Iraniani, che non sono direttamente coinvolti a livello territoriale con la questione Palestinese. Ho detto che a mio parere l'asse Siria - Iran può essere spezzato.

L'introduzione del fattore Iran nel discorso aveva dirottato la conversazione su un binario morto. A partire dalla rivoluzione degli Ayatollah del 1979, i rapporti tra paesi occidentali ed Iran si erano fatti sempre più complessi e difficili. Poi, da quando Mahmud Ahmadinejad era diventato Presidente, quello iraniano era assurto al problema dei problemi nell'ambito delle relazioni internazionali.

- Ho l'impressione che ci stiamo arenando davanti ad un falso problema. - si inserì Davide. - Se riuscissimo ad ottenere il consenso dalle due parti direttamente coinvolte, lo portiamo alla Siria dicendo che le cose stanno così e basta. Se i Siriani sapranno capire che è meglio cedere la sovranità sul Golan in cambio della pace con Israele bene, altrimenti il resto del piano può egualmente andare avanti permanendo l'occupazione israeliana del Golan. Non sarà questo il migliore dei mondi possibili, ma il controllo militare del

Golan Israele già lo ha, e della pace con la Siria può fare a meno, se la Siria non sarà disponibile. Non ha detto proprio lei che dobbiamo fare leva sul fatto che nessuno vuole essere tacciato come responsabile del fallimento?

- Hai ragione Davide, ma ricorda che se è vero che lasciare aperta la questione del Golan non preclude il resto dell'accordo, è vero anche che rimarrebbe come spina nel fianco per gli anni a venire. Ad ogni modo concordo con te, se la Siria non vuole la pace con Israele è giusto che venga messa di fronte a questa responsabilità. Tuttavia vi invito a riflettere ancora, prima di gettare la spugna, se esistano delle possibili contropartite da offrire - concluse l'ambasciatore.

- E il resto del piano le pare praticabile? - chiese Pietro.

- Credo che non ci siano molte alternative. Il dubbio maggiore riguarda come gestire la spaccatura in atto tra Fatah che controlla la West Bank e Hamas che controlla la Gaza Strip ... Qualche idea? -

- La spaccatura non l'abbiamo prodotta noi. Ce la troviamo davanti. Io tratterei solo con Fatah, che rappresenta formalmente il governo dell'autorità palestinese. Se riusciamo ad avere il loro consenso, Hamas verrà messo di fronte alla possibilità di aderire al processo di pace oppure di non aderire. A loro la scelta, - disse Pietro.

- Può andare, sì, direi che può andare. Lasciamo che sia Ismail Hanyeh a spiegare ai suoi che lui ha precluso agli abitanti assediati a Gaza la possibilità di ottenere uno stato proprio, riaprire i varchi con Israele e ottenere un corridoio diretto con la West Bank ... . Se non sono pazzi i Palestinesi della Strip dovrebbero sbranarlo! Per il resto direi che il piano si regge piuttosto bene. In particolare condivido la vostra impostazione di fondo: non chiamiamo gli interlocutori a cercare per conto loro un livello di possibile accordo. Noi presentiamo un accordo possibile e praticabile con vantaggi e sacrifici per entrambi: prendere o lasciare, salvo minime modifiche. Adesso dovete mettere a posto i dettagli, che non sono pochi. E valutare tutte le potenziali pregiudiziali che potrebbero essere sollevate. Mi raccomando non dovete mai trovarvi impreparati innanzi a possibili obiezioni dei vostri interlocutori: appena quelli sollevano una questione, voi dovete avere già la risposta pronta. Una risposta sensata, equa ed accettabile.

In quel momento il cellulare di Davide si mise a vibrare. Diede una rapida occhiata al display per sapere che era Sarah. Poi guardò de Gregorio dalla cui espressione si capiva che non apprezzava quella

interruzione. Ma Davide doveva assolutamente rispondere a quella telefonata. Erano troppi giorni che l'aspettava. Si alzò e si allontanò dal tavolo, per quanto possibile. - Ciao Sarah! No, sono in riunione, col capo. - ... - Dove? - ... - D'accordo, ti aspetto. A domani.
- Scusi, ma era una cosa importante, - disse Davide al capo, arrossendo imbarazzato.
- Questione di cuore? ... se permetti la domanda.
- Diciamo di sì.
- Bene, voglio essere chiaro con tutti e due: la vostra vita privata deve restare fuori dalla porta, è chiaro? Sul lavoro pretendo che vi occupiate solo del lavoro, d'accordo? Prima vi abituate a scindere la vostra esistenza in due parti, meglio è. Non devono esserci contaminazioni col vostro privato qui dentro e col vostro incarico là fuori. Mai. Badate bene che questo è importante non tanto come vostro dovere d'ufficio, ma come garanzia per la vostra sicurezza. Ho la netta impressione che non vi rendiate pienamente conto di quanto sia veramente delicata la faccenda di cui ci stiamo occupando.
- Ma è stata una telefonata di trenta secondi! - esclamò Pietro venendo in soccorso del collega.
- Non mi sono spiegato: non sono i trenta secondi o i trenta minuti di lavoro perso. E' la commistione mentale dei piani che non va bene. Se oggi è stato possibile parlare del fine settimana dal lavoro, domani potrebbe essere possibile parlare di lavoro nel fine settimana. La commistione è pericolosa. Tenete a mente che la vostra sicurezza in primo luogo, ed in subordine l'esito della missione Shalòm, risiede nel semplice fatto che nessuno pensa che noi stiamo facendo quello che stiamo facendo. E nessuno lo pensa perché è inverosimile che sia stato affidato a noi questo compito. Ma nel momento che qualcosa dovesse trapelare all'esterno, la nostra sicurezza sarebbe subito messa a repentaglio e non siamo attrezzati, né lo saremo, a gestire questo tipo di scenario. Per vostra informazione, sappiate che i servizi italiani in Israele sono praticamente inesistenti. Dovete abituarvi a procedere per compartimenti stagni. Lo pretendo. Se ci sono delle emergenze, i vostri cari possono raggiungervi al centralino dell'ambasciata. Il vostro cellulare che deve restare spento durante il lavoro. Chiaro?
- D'accordo, non succederà più, - disse Davide che era così felice per la telefonata che si sarebbe volentieri cosparso il capo di cenere

pur di compiacere de Gregorio. Più tardi, mentre guidava verso Netanya, si trovò a riflettere per la prima volta sulle parole del capo e a vedere se stesso come possibile facile bersaglio.

Poi il pensiero che l'indomani Sarah sarebbe passato a prenderlo per andare insieme a Megiddo prese il sopravvento e sentì il cuore gonfiarsi di dolci aspettative. Se Sarah era causa della sua malattia, ne sarebbe stata pure la terapia.

32

Sarah si era presentata puntuale all'appuntamento ed ora procedevano sulla macchina di lei, diretti verso la Galilea. Quando Davide caricò nel baule dell'utilitaria la sua piccola borsa da viaggio fece fatica a trovare un posto dove riporla: il vano era ingombro di ogni attrezzo di scavo, gettato alla rinfusa. Cera anche una cassetta di pronto soccorso ed una pistola dentro la fondina.

- Vedo che non ti manca nulla per avviare uno scavo in grande stile! - esclamò Davide.

- Ah, il baule: non ti avevo detto che era pieno. La borsa, mettila sul sedile posteriore, se non ci sta. Ho un sacco di roba, perché troppe volte mi è capitato che mi mancasse qualcosa che serviva per il lavoro. E' tutta roba mia. Serve per fare piccoli assaggi. Quando ci muoviamo con l'università per una campagna è tutta un'altra storia, abbiamo un camion e tre fuoristrada.

- E anche sul fronte della difesa personale, vedo che sei attrezzata.

- Ma taci! Ho imparato a sparare durante il servizio militare. Poi mio padre mi ha regalato quella pistola che hai visto. Dice che è più tranquillo sapendomi in giro con quella. Ma io neppure mi ricordo di averla. Devo avere sparato una ventina di colpi quando me l'ha regalata, poi più. Non amo molto le armi e vorrei vivere in un paese dove non servono mai. Da voi com'è la situazione?

- In Italia, se sei una persona onesta, è molto difficile detenere legalmente un'arma da difesa, se non è per la caccia o l'uso sportivo. Questo, che dovrebbe ridurre i rischi di conflitti a fuoco, in realtà non serve molto: le mani sbagliate sono egualmente armate e sono tante. E' difficile spiegare cosa sia la nostra criminalità organizzata. Hai letto Saviano?

- Chi? Quello di Gomorra?

- Proprio lui. Se leggi Gomorra avrai un'idea più precisa. Ma non ti piacerà ... il contenuto, dico, perché il libro è molto coraggioso, ma inquietante.

Sarah era uscita da Netanya ed aveva imboccato la litoranea. Arrivata ad Hadera aveva svoltato a destra, verso l'interno della Galilea.

- Sarah, cosa mi dici della nostra destinazione, Megiddo?

- Tel Megiddo, ... Megiddo, ... Har-Megiddo, Harmageddon: la collina di Megiddo, Megiddo, la città biblica, il monte di Megiddo, da cui l'Armageddon: la battaglia finale tra le forze del bene e quelle del male. E' questo che ti aspetti di vedere?

- No, non credo in questo passo dell'Apocalisse più di quanto non creda nei libri dei profeti.

- Davide, l'Apocalisse appartiene al Nuovo Testamento, le *vostre* sacre scritture. O sei un Romano che osserva ancora i vecchi culti politeistici o che magari è rimasto fascinato dal culto di Mitra?

- Giochi a provocarmi? Le cose sono un pochino cambiate a Roma negli ultimi duemila anni. Quel politeismo, che poi era di paternità greca più che romana, se n'è andato da un pezzo. Oggi i politeisti romani adorano il potere, il denaro, il controllo e altre deità minori come il dossieraggio, la corruzione, il ricatto e la mistificazione. I seguaci di Mitra sono scomparsi e forse è stata una perdita.

- Credi davvero che non lo sappia? No, dico parlando seriamente.

- Io ... non credo in Dio, né in quello degli Ebrei, né in quello dei Cristiani, ammesso che abbia veramente senso questa distinzione, visto che quest'ultimo è solo una derivazione del primo. Ma questo non significa affatto che non abbia un'etica che mi impone di rispettare chi crede in questo o in quel Dio, se la sua fede è sincera. Da qualunque credente però, pretendo il medesimo rispetto per la mia posizione.

La giornata di sole, l'aria, già tiepida, sembravano volere fornire un anticipo di primavera. Il traffico sulla strada era scarso e questo permetteva ai due di sostenere una discussione impegnativa.

- Non ti stavo provocando. Solo che non capisco come un Romano, nato e vissuto all'ombra della sede mondiale della cristianità, possa così facilmente rifiutare la sua fede.

- Vedi, la differenza tra me e te è che tu sei ebrea, ti piaccia o no. Io sono italiano, il che non vuole dire necessariamente che sia cattolico. Se lo fossi, lo sarei per scelta, non per nascita. Tu non puoi rifiutare ciò che sei, dalla nascita. Credo che questo sia il punto.

- Quindi, secondo te, tutti gli israeliani sono ebrei allo stesso modo? Se la pensi così, credo tu sia parecchio fuori strada.

- Vediamo di non finirci noi, fuori strada: guarda dove vai! - esclamò Davide preoccupato per l'avvicinarsi del *guard rail*. In effetti Sarah si era lasciata trasportare dal discorso e l'auto procedeva a zig zag.

- Non sto dicendo che tutti vivano la vostra fede allo stesso modo. Ci sono ebrei ortodossi, varie scuole di pensiero rabbinico, ebrei più laici, non strettamente praticanti, però siete tutti parte di uno stesso popolo che si riconosce nella Torah e che grazie a questa radice comune è stato capace, unico nella storia, di superare la diaspora, persecuzioni di ogni genere per secoli e secoli e di ritrovarvi sulla stessa terra dove la Torah è stata scritta.

- Allora pensi che siamo noi i diversi!

- Certo, e sono convinto che voi stessi pensate di esserlo. E' la Torah che vi qualifica come popolo "eletto". Ma ritengo che questa vostra diversità sia un punto qualificante. Io ammiro molto gli Ebrei per quanto di geniale sono riusciti a produrre nella storia, nelle arti e nelle scienze a beneficio dell'umanità.

- Sarà, ma non sono molto convinta che questa sia una caratteristica qualificante, come dici tu. E' vero che ciò che ha permesso al popolo di Israele di ricostituirsi sulla sua terra duemila anni dopo l'inizio della diaspora è la sua identità che è fortemente radicata nella Bibbia. Tuttavia questa prerogativa, che ha permesso agli Ebrei di ritrovarsi, è anche il suo limite. Gli Ebrei infatti se, da un lato, hanno dimostrato nei secoli una grande capacità di adattarsi a vivere in mezzo ad altri popoli, magari facendo gruppo, formando comunità nei ghetti, non sono mai stati capaci di integrarsi veramente nelle popolazioni ospiti, e, quando questo è successo ad alcuni di essi, hanno cessato di essere Ebrei: l'integrazione piena implica la perdita dell'identità, perché la piena integrazione comporta, alla fine, l'assimilazione. Per converso, gli abitanti di Israele sembra che siano incapaci di integrare pienamente gli arabi, anche quelli che hanno passaporto israeliano. E' quindi vero anche il contrario: per integrarsi in Israele occorre essere Ebrei. Da qui deriva la sostanziale impossibilità di risolvere il problema palestinese mediante l'integrazione degli Arabi entro Israele, e questo non perché gli Arabi non siano disposti ad integrarsi, ma per l'incapacità degli Israeliani di incorporare in sé nuclei di popolazione che non siano ebrei, perché la loro assimilazione è impossibile: un Arabo musulmano non potrà mai essere un Arabo ebreo, è un controsenso in termini.

- Non avevo mai visto la questione in questo modo.

- E poi c'è un altro limite fondamentale che ci deriva dall'essere quegli Ebrei di cui parla la Torah: noi siamo un popolo per discendenza di sangue, per linea materna. E' questo fatto che rende necessario il radicamento in Palestina, perché questa è sicuramente la terra da cui noi abbiamo cominciato a partire dopo il 70 D.C.

- E dove sarebbe il limite?

- Il limite sta nel fatto che la terra è questa e solo questa, non ne possiamo avere un'altra.

- E' per questo che un certo pensiero ebraico sostiene che gli Arabi non hanno titolo per occupare la Palestina?

- Se intendi dire che gli Arabi sono venuti dopo di noi, non mi pare che ci siano molti dubbi, è la storia che lo dice: noi eravamo già qui duemila anni prima che qualcuno si inventasse l'Islam.

- No, questo lo sanno anche i sassi. Intendevo dire che c'è una parte dell'opinione pubblica israeliana che non accetta il fatto che qui abitino anche degli Arabi, come se il loro possesso di queste terre, che risale magari a secoli fa, non fosse un titolo valido per ottenere di rimanere e vivere qui dove sono nati.

- Vedi, la questione non è giuridica: non interessa se il loro titolo di proprietà sia valido come il nostro. La questione è che nelle nostre scritture il Tempio è uno. Un popolo e un Tempio, a Gerusalemme. Il Tempio di Salomone. Lo abbiamo costruito sul colle che oggi i musulmani chiamano la spianata delle moschee. Già questo te la dice lunga di come la vedano loro la questione. Il nostro Tempio serviva a contenere le tavole della Legge, date da Dio in persona. Nabucodonosor II° lo ha raso al suolo nel 586 A.C.. Lo abbiamo ricostruito. Il vostro imperatore Tito lo ha raso al suolo un'altra volta nel 70 D.C. e, non contento, ha stabilito anche che gli Ebrei non potessero più abitare a Gerusalemme, dando inizio alla diaspora. Dopo di allora a nessuno è mai più venuto in mente di ricostruire il Tempio, perché l'unico posto dove lo si può fare è lì.

- Beh, ora sarebbe un'impresa veramente difficile! Adesso ci sarebbero due moschee da abbattere per liberare tutta l'area. E se mai vi venisse in mente di farlo, temo che un miliardo di musulmani vi salterebbe addosso!

- Non ce le abbiamo messe noi, quelle moschee, né alcun musulmano si è preso la briga di chiederci il permesso per edificarle!

- Ma che ragionamento! Loro controllavano il paese quando le hanno realizzate. Voi dove eravate finiti?

- Ovunque nel mondo. Però su una cosa sbagli. Nonostante l'editto di Tito, è provato che a Gerusalemme la presenza continuativa degli

Ebrei non si è mai interrotta, dal 70 D.C. a oggi. Quindi il permesso avrebbero potuto chiederlo. Ma la questione mi pare sia un'altra: l'Islam, come anche il Cristianesimo, entrambe nelle loro molteplici declinazioni, sono religioni che io chiamo "pandemiche".

- Come malattie infettive?

- Sì: sono religioni in qualche modo violente, d'assalto. Fedi da conquista. Religioni concepite per dominare le coscienze del maggior numero possibile di uomini. Dietro una patina di benevola tolleranza del diverso, predicano il proselitismo e la conversione come un valore da raggiungere da parte di ogni fedele. Hanno in sé il germe della sopraffazione. D'altra parte mi pare ben documentato che questo precetto è stato assunto molto seriamente dalla chiesa Cattolica nei secoli andati, e ancora oggi è così, non è vero?

- E' vero, questo è un brutto aspetto di entrambe le fedi, ne convengo. L'Ebraismo effettivamente, non ha mai cercato di fare proseliti.

- No, perché Ebreo o nasci o non nasci. Per noi le conversioni sono fatti molto rari ed anche un po' contraddittori: come fai a diventare una cosa per scelta, quando quella cosa la erediti solo per nascita? Ma non c'è solo questo. Il Cristianesimo, che per me è una versione riveduta e violenta dell'Ebraismo, lo si può praticare ovunque. L'Islam pure. L'Ebraismo no, perché la casa di Dio è solo a Gerusalemme, la santa.

- Parli come un'invasata.

- No, credimi, sono tutt'altro che un'invasata. Probabilmente sono un'Ebrea poco osservante, ma pensante sì. Quindi, visto che al mondo siamo oggi una ventina di milioni, mentre i Cristiani e i Musulmani sono miliardi, mi vuoi spiegare perché non possiamo rivendicare un modesto pezzo di terra che è quello da cui veniamo e dove sta il nostro luogo di culto?

Il cellulare di Davide si mise a squillare interrompendo la conversazione: - Sì? … Ah, ciao Pietro … Sì, sono con Sarah, … come? Ora glielo chiedo.

- Sarah, è Pietro, un mio collega di lavoro. Lui e sua moglie vorrebbero conoscerti e ci invitano da loro a cena, domani sera a Tel Aviv, puoi?

- Me lo puoi passare?

- Ma stai guidando!

- Ok, ora mi fermo, ecco, là c'è un distributore.

La macchina svoltò verso l'area di servizio e si arrestò a fianco della pompa della benzina.

- Te la passo Pietro, vuole parlarti lei.

- Pietro? Si, sono Sarah. Piacere! … Per domani sera? Si, è molto carino da parte vostra, … molto volentieri. Cosa portiamo? Vino? … OK. Ah, un'ultima cosa: lavori all'ambasciata italiana a Tel Aviv? … OK, a domani sera, alle otto. Ciao! - Poi, rivolgendosi a Davide: - Puoi fare benzina? Devo andare alla toilette un momento.

Davide scese dalla macchina, riempì il serbatoio che era asciutto nel profondo, pagò alla cassa e si rimise al suo posto. Quando la ragazza risalì sulla vettura non poté trattenersi: - Ma, Sarah, perché sei andata a chiedere a Pietro se lavora davvero all'ambasciata? Cosa ti è saltato in mente?

- Meglio sentirla da due voci la stessa storia che da una sola! Si chiama controllo delle fonti. In fondo, se posso dire di conoscerti biblicamente, non altrettanto posso dire di conoscerti come persona.

- Ho forse messo in dubbio il tuo lavoro?

- No, ma io ti ho dimostrato sul campo cosa faccio. Mi hai conosciuto mentre lavoravo con quei due colleghi. Mi pare che tu non possa avere poi molti dubbi su di me.

- E la benzina? Se non chiamava Pietro a quest'ora saremmo rimasti già a piedi!

- Hai ragione! E' che sono distratta, mi faccio prendere dalle situazioni e mi dimentico delle cose più stupide. Ma non ti spaventare: se tu avessi vuotato il baule, avresti trovato anche una tanica per la benzina … Vuota? Devo controllare se l'ho riempita dopo l'ultima volta che sono rimasta a piedi nel Negev.

- Ma dove hai la testa? Il Negev è un deserto!

- Vuoi che non lo sappia? E' per questo che porto la tanica per la benzina.

- Ma se è vuota!

- Ti assicuro che prima era piena!

- Lasciamo perdere, è come parlare con un sordo!

L'auto si era rimessa in movimento e, poco dopo, raggiunse la deviazione per Tel Megiddo.

33

Pietro stava facendo la coda alla cassa del supermercato dove aveva fatto la spesa per la cena del sabato e rimuginava sul lavoro: enclave, porzione di territorio che non è direttamente collegata alla madrepatria. Ma Gaza può dirsi esattamente un'enclave palestinese in territorio israeliano? Ha un lato libero sul mare, ma lì c'è l'embargo navale israeliano. E un altro breve confine con l'Egitto. Sì, nella sostanza concluse che si trattava di un'enclave. E la West Bank? La Cisgiordania può definirsi come un'enclave palestinese in territorio israeliano, con un bordo libero verso la Giordania? No, forse no. E comunque quando mai s'è visto uno stato nascere composto da due pezzi distinti di territorio, siano essi enclavi oppure no, entrambi densamente popolati?

Nel 1870 la Città del Vaticano e Castel Gandolfo? Ma che diavolo di stato era mai quello? Uno scherzo della storia, ad essere benevoli.

- Signore è tutta sua questa roba? Vuole altre sporte?

La cassiera riportò Pietro sulla terra. Il suo turno alla cassa, alla fine era arrivato. Pagò ed uscì sul piazzale dove caricò tutto in macchina. La lista della spesa gliel'aveva preparata Daniela; lui in cucina era un vero disastro. Lasciato a se stesso in casa, sarebbe morto di fame prima di cucinarsi qualcosa da mangiare. Lei, invece, era brava e cucinare le piaceva. Solo non poteva fare la spesa settimanale perché lavorava anche il venerdì all'agenzia di viaggi. Non si trovava male a Tel Aviv, ma non era ancora riuscita a stringere delle vere amicizie. Quella cena aveva diversi obiettivi, oltre a quello di familiarizzare con quel collega del suo compagno, di cui lui parlava così spesso. Lo aveva già incontrato, ma non tanto a lungo da potersene fare un'idea precisa. E Pietro era così sfuggente su tutto quello che riguardava il suo lavoro in ambasciata! Lei credeva che quello fosse un noiosissimo lavoro d'ufficio e che lui non gliene parlasse perché c'era ben poco da dire. E poteva anche essere così: in fondo era solo all'inizio della carriera. Per quanto la riguardava sarebbe andata bene così. Il lavoro doveva piacere a Pietro, non a lei. D'altronde lo stipendio era buono, anche se la città era carissima. Daniela aveva seguito Pietro nella sua scelta di vita errabonda pensando che le prospettive di carriera e di stabilità erano molto buone. I rischi? Non si era mai posta il problema, ingenuamente convinta che non ve ne fossero.

Al supermercato aveva preso anche il giornale. Vi diede un'occhiata. C'era stato un altro lancio di razzi qassam dalla striscia verso Ashqelon. Uno aveva ferito una signora che si trovava a casa sua. Un'Ebrea russa, che non parlava ancora una parola di ebraico, in Israele da un mese: scappata da un oscuro, freddo villaggio ai confini con la Bielorussia per venire a prendersi il suo razzo qassam che le aveva spappolato una gamba, senza neppure potere capire il perché, ammesso che ve ne fosse uno. Forse aveva ragione de Gregorio, il loro era proprio un lavoro da pazzi. Chi avrebbe potuto spiegare all'attivista di Hamas, quello che aveva lanciato l'ordigno, che il futuro avrebbe potuto essere differente dal suo drammatico passato e presente? Cosa sarebbe rimasto a quell'uomo se la storia avesse davvero cancellato l'ideologia folle e omicida che quel giorno aveva armato la sua mano e l'aveva trasformata in uno strumento di morte? Ma, soprattutto, chi quell'ideologia folle manovrava, avrebbe davvero potuto rinunciare ad usarla, per controllare quei miliziani?

Vero era che la storia, enorme tritasassi di ogni cosa, buona e cattiva, di ideologie ne aveva già sepolte parecchie. Ideologie per le quali generazioni e generazioni di persone si erano battute, avevano sofferto, erano morte. Forse il loro lavoro poteva inserirsi proprio in uno di quei sani periodi in cui la storia fa pulizia dei pensieri, degli interessi e degli atti più insani dell'umanità? Forse.

Perplesso, Pietro caricò i sacchetti della spesa e si infilò nel traffico di Tel Aviv. Quella cosa era vera: giorno o notte che fosse, Tel Aviv non dorme mai ed il traffico è la prova di questa insonnia metropolitana. Giunto a casa scaricò e ripose tutto quanto in ordine. Accese la televisione. Il notiziario trasmetteva le immagini sulla rappresaglia israeliana sulla striscia scattata automaticamente in risposta all'attacco del giorno prima: due elicotteri avevano colpito un magazzino che si riteneva contenesse armi di Hamas. Del magazzino si vedevano solo le macerie fumanti, ma due bambini, che non dovevano essere lì, davanti all'edificio, erano morti nel suo crollo. Ma chi aveva messo dei bambini a guardia delle armi? Delle due l'una, pensava Pietro, o gli Israeliani avevano preso un abbaglio sulle armi, oppure i Palestinesi avevano messo i bambini lì apposta, proprio perché, se gli Israeliani avessero colpito, il mondo avrebbe visto quei morti innocenti. Erano lì per essere immolati.

Come mettere fine a quello scempio?

34

Sarah, scesa dall'auto prima di Davide, gli si fece incontro sorridente e allegra. Ancora una volta lo sorprese incollandogli un lungo bacio. Era fresca, spontanea, profumava di Mediterraneo. Nel piazzale poche erano la auto parcheggiate. Il sole si era alzato ed aveva reso l'aria piacevolmente tiepida. Lei lo precedette incamminandosi verso la biglietteria, dove armeggiò con lo zainetto per estrarne qualcosa che persuase il guardiano del sito non solo a farla passare senza pagare, ma anche a flettersi in un mezzo inchino che stava tra il deferente ed il simpaticamente galante. Lei fece cenno a Davide con la mano di raggiungerla: lui era suo ospite.

- Mi avevi chiesto perché ti ho portato a Tel Megiddo?
- Sì, e non ricordo che tu mi abbia risposto.
- Beh, sai, il discorso ci ha portati altrove. Allora, dopo Masada sei stato a Tel Gerico, non è vero?
- Sì, ho visto Qumran, Tel Gerico e il palazzo di Hisham, come mi avevi suggerito.
- Bene. Qumran e l'Hisham *palace* sono due siti molto semplici, sul piano archeologico voglio dire. Ma di Gerico cos'hai capito?

Davide si sentì arrossire. Cosa doveva risponderle? La verità? Che era stato tentato dal chiamarla, ma che non l'aveva fatto? Poi pensò che, se mai quella storia fosse durata, avrebbe dovuto raccontarle un mare di fesserie per nascondere il suo vero lavoro. Così parlò rivelandole la pura verità.

- *Silly boy! Silly boy*! Dovevi chiamarmi se avevi voglia di sentirmi. Tel Gerico è sempre là e, se vorremo, potremo anche andarci insieme, ma quella giornata, tua e mia, è andata, per sempre.
- Lo so. Ma avevo paura.
- Paura di che?
- Paura di averti persa.
- Sciocchino! Non hai ancora finito di conquistarmi e già pensi di avermi persa.
- Ma tu non mi avevi ancora chiamato.
- Perché, scusa, tu mi hai mai chiamata? Non mi pare proprio di ricordare!
- Ma per te è diverso, io non ti voglio perdere.

- Ma neppure io ti voglio perdere. Però non voglio più sentire storie del tipo: volevo chiamarti, ma non l'ho fatto per questo e per quest'altro, d'accordo?

- D'accordo. Non succederà più. Chiamerò.

Davide era felicissimo di essere stato così redarguito. Ora sapeva che qualcosa di più consistente esisteva, non solo nella sua mente, ma anche nella realtà. E come gli era successo sulla terrazza di Erode, lassù a Masada, si sentì nuovamente del tutto immerso in una piacevole ed avvolgente coltre protettiva fatta di grandi aspettative. Davide, rapito, si lasciò docilmente guidare da Sarah, per ore, su e giù per Tel Megiddo.

- Hai presente una confezione di sottilette? Immagina 26 sottilette impilate.

- Ok, e cosa ci faccio?

- Adesso immagina che in certe zone ci siano meno di 26 strati, o perché vi sono degli avvallamenti nella superficie che rendono visibile uno strato inferiore, sarebbero dei buchi nel formaggio, o perché, in altre zone mancano gli strati inferiori o alcuni strati intermedi. Ci sei?

- Faccio un po' fatica a seguirti.

- Ci sono quasi al punto. Ora immagina che lo strato più basso sia anche quello che è stato deposto per primo, gli altri sopra, a seguire. Il punto è che se tu ora apri la confezione, in cima al pacchetto, troverai in larga misura il formaggio del 26° strato ma, in mezzo, vi saranno anche affioramenti di diversi strati inferiori, tutti egualmente in superficie, ma appartenenti ad epoche diverse. Ci sei?

- Più o meno ... Ma perché parli sempre di 26 strati?

- Perché a Tel Megiddo siamo riusciti a datare 26 diverse fasi edificatorie, dal 7000 A.C. al 500 A.C. Chiaro?

- Abbastanza ... Ascolta, a Tel Gerico, quando volevo chiamarti, ero in alto, non sulla sommità della collina, ma quasi, quando, dentro ad un pozzo fondo forse una decina di metri, ho visto una rudimentale torre cilindrica, molto integra, ... il cartello la datava tra il 7200 ed il 6800 A.C. Mi chiedevo come fosse possibile.

- Sì, la datazione con quattrocento anni di *range* è quella data del carbonio 14 applicata alla paglia che si trova in mezzo alla malta che lega i mattoni della torre. E' proprio un esempio di quello che volevo spiegarti: quella torre appartiene sicuramente allo strato più antico di Tel Gerico. Era una delle torri del sistema difensivo nella cinta muraria antica. La città dell'epoca era molto piccola, poco più di un palazzo fortificato, per questo la torre è vicina alla parte sommitale del Tel. La torre però era anche un'opera che ha mantenuto la sua funzione anche quando la città si è allargata, almeno fino ad un certo momento.

- Mi stai dicendo che quella torre, costruita dagli abitanti del 7000, è stata ritenuta utile anche da quelli successivi e che, per questo, non l'hanno abbattuta?

- Esattamente. L'hanno mantenuta in piedi, anche se, con l'allargamento del diametro della città, essa non era più in posizione perimetrale, ma un po' più interna; mi segui?

- Sì.

- Bene. Proprio per questa sua storia, la torre appartenente poniamo allo strato 1 ha continuato ad essere affiorante anche quando intorno a lei sono sorti edifici più recenti, appartenenti a strati successivi. Ora considera però che 9000 anni sono un arco di tempo immenso per un edificio. Bene, ad un certo momento, la città di Gerico, in una delle sue numerose ricostruzioni, era diventata così grande in rapporto a quella del 7000, e forse anche così alta, che la torre del 7000 non svolgeva più la sua funzione originaria, o perché era diventata troppo interna alla nuova planimetria, o perché era diventata troppo bassa in rapporto ai nuovi edifici oppure le due cose insieme. Insomma, ad un certo momento la torre non serviva più al suo scopo originario.

- Ma se non serviva più, perché non l'hanno demolita?

- Vedi, è proprio qui che sta la difficoltà nel ricostruire cosa possa essere successo ad un edificio antico. Immagina in quella fase che la torre avesse la base già coperta da qualche metro di sedimenti. Anche questo aveva contribuito, nei secoli, ad abbassarla, non dall'alto, ma dal basso.

- E perché hanno lasciato che si posassero i sedimenti e che la torre si abbassasse?

- Davide, i sedimenti sono spesso macerie, resti di edifici che crollano per un incendio, per una distruzione o un terremoto. Oggi se in un paese crollano degli edifici, si prende la pala meccanica e si portano via le macerie, ma allora no! Chi voleva ricostruire, a mano spianava in qualche modo il terreno dalle vecchie macerie dove voleva costruire un nuovo edificio. Così le macerie o i sedimenti delle vecchie costruzioni finivano per interrare le basi dei vecchi edifici o quanto restava di essi. Mi segui?

- Faccio fatica. Ma arriva al punto della torre di Tel Gerico. Fino ad una certa epoca è rimasta in uso ed era affiorante, e poi, com'è finita nel pozzo dove l'ho vista?

- Ad un certo momento la torre si era abbassata di molto, non perché si fosse accorciata, ma perché il piano di calpestio nella zona dove sorgeva, si era gradualmente innalzato. Inoltre la posizione della torre era diventata troppo interna rispetto alla nuova pianta della città, sempre più ampia al passare dei secoli. Ad un bel momento qualcuno ha deciso che la torre non serviva più. Probabilmente ne ha demolito la parte sommitale che ancora si innalzava fuori terra, e vi ha costruito sopra qualcos'altro. E' chiaro?

- Credo di sì. Quindi, secondo te, la torre che ho visto, che poniamo appartenesse allo strato 1, è poi stata ricoperta da uno strato successivo, magari il 3 o il 4.

- La logica è questa, ma il divario tra gli strati, e tra le epoche, è molto più ampio di quello che hai detto.

- Allora la torre si è conservata solo perché il Tel è cresciuto?

- Esattamente. Chi ha deciso che non serviva più, in realtà ne ha stabilito la conservazione per 9000 anni, fino ad oggi.

- E' veramente curioso. E magari i nuovi edifici costruiti sopra la torre, molto più recenti, non hanno resistito quanto la torre!

- E' proprio quello che è successo lì e in mille altri punti di Tel Gerico. O di Tel Megiddo, di Tel Azor o di qualunque altro Tel.

- Anche a Troia è successo lo stesso?

- Sì, in piccolo, perché gli strati di Troia sono solo 9.

- Sai Sarah che fai proprio un bel lavoro?

- Sì, ne sono convinta. L'archeologia, in fondo, è un modo raffinato per imparare a investigare la storia che non è stata scritta.

- E i siti sono come dei libri?

- Sì, sono dei libri, non scritti, ma molto preziosi, perché ne esiste un solo esemplare!

Rimasero a gironzolare su e giù per Tel Megiddo tutta la giornata. Ad un certo momento dallo zainetto di Sarah spuntarono dei provvidenziali panini che sul fare del pomeriggio servirono per sedare la fame. Con lei a fianco, Davide poté apprezzare fino in fondo quel luogo che era stato testimone di cento battaglie, che aveva vigilato per migliaia di anni sui traffici commerciali che si incrociavano lungo la *Via Maris*, che era passato più volte di mano, dai Cananei agli Egiziani, agli Assiri, agli Ebrei, ai Romani, ai Bizantini, agli Arabi, fino agli Ottomani.

La sera si fermarono a dormire in un piccolo albergo vicino ad Afula. Anche quella seconda notte non poté definirsi di riposo ma, a differenza della prima, Davide e Sarah trovarono modo anche di parlare di loro. Così Davide comprese che quello della sua compagna era un fuoco che ardeva, come il suo. Ma, secondo lui, a differenza del suo, non esisteva alcuna garanzia che seguitasse a farlo.

Sarah era calda e appassionata, una donna viva, diretta, totalizzante. Trasmetteva emozioni potenti, e pulsanti; era impossibile resistere al vortice di sensazioni in cui era capace di immergerlo, non solo sul piano fisico, ma anche su quello del pensiero. Per lei sembrava non esistere che il presente. Pareva che il futuro fosse troppo per essere ipotecato con un duraturo impegno di fedeltà.

Il mattino seguente Davide si destò prima di lei e rimase nel letto a contemplarla nel chiarore che filtrava dalle tende accostate. I ricci dei lunghi capelli corvini scendevano a coprire la parte alta della schiena. Più in basso una elegante linea curva comprendeva la vita e fianchi perdendosi sotto al lenzuolo.

Comprendeva che non avrebbe potuto chiederle quello che avrebbe desiderato, di legarsi a lui in modo pieno ed esclusivo. L'essenza della bellezza di quella donna era proprio legata alla sua sincera ma effimera spontaneità. *Hic et nunc.*

35

Fecero colazione in albergo. Era ancora una bella giornata, simile alla precedente.

- Dove mi porti oggi?
- Oggi andiamo in un posto che non è lontano: Beit Shearim.
- Beit Shearim? Mai sentito. Non intendi Beit Shean?
- No, Beit Shean è una grande città romana. Questo è un posto molto diverso. Non è una città di voi gentili.

Il paesaggio si era fatto collinare: stavano avvicinandosi alle propaggini del monte Carmelo. Sarah arrestò la macchina in una valletta i cui versanti erano occupati prevalentemente da uliveti. Non aveva l'aria di essere un sito archeologico. Si incamminò lungo un viottolo in lieve pendenza: - Vedi, questa è una necropoli. Anche se la valle non è molto incavata, è una necropoli rupestre per la modalità di realizzazione delle camere funerarie, scavate nella roccia. E' unica nel suo genere.

- Ah sì? E perché?
- Per molte ragioni: in primo luogo unisce sepolture familiari a catacombe collettive; in secondo è ebraica; in terzo questo è il luogo dove gli ebrei si fecero seppellire dopo l'avvio della diaspora e dove si trasferì il Sinedrio nel 70 D.C. E' sufficiente?
- Credo di sì. Ma proviamo ad entrare lì dove c'è quella facciata con tre archi.
- Quella è la grande catacomba.

Entrarono dall'ingresso posto sotto l'arco centrale. C'era una porta, con le ante in pietra, i cardini pure di pietra, alla maniera licia, erano infitti in basso nella soglia e in alto nel grande architrave lavorato. Dentro si apriva un ambiente molto ampio, rischiarato dalla luce artificiale, dalle pareti molto irregolari, lavorate grossolanamente. C'era una grande discrepanza tra la facciata con gli archi in rilievo, finemente rifinita e l'interno rozzo e approssimativo. Dentro la grande camera era ingombra di una quantità impressionante di sarcofagi messi più o meno alla rinfusa. Sembravano il prodotto di tante mani diverse e provenire da luoghi o da epoche diversi. Sarah illuminava con una torcia i particolari che le parevano più significativi: dettagli scultorei sui sarcofagi, grandi *menorah* incise sulle pareti, false colonne in altorilievo, basamenti lavorati. Su quel primo grande ambiente si aprivano piccoli cunicoli ed altri corridoi ampi: altri sarcofagi, come i precedenti, di diverse fatture, altre camere ingombre di altri sarcofagi, arcosoli e nicchie si aprivano alle pareti in modo disordinato, caotico, tumultuoso. Davide seguiva Sarah che lo precedeva mostrandogli il cammino con la torcia e pensava che dall'esterno si sarebbe detto che struttura dovesse avere dimensioni contenute e proporzioni ordinate, invece questa si apriva inaspettatamente dentro il ventre della collina in una miriade di meandri labirintici. Quando completarono il loro giro e tornarono finalmente a vedere la luce Sarah chiese a Davide quali fossero le sue impressioni.

- Non ho mai visto niente di simile. E sì che a Roma siamo pieni di catacombe. Ma questa non è una catacomba! O sbaglio?

- No, non sbagli. La si chiama così perché la struttura ricorda quella di una catacomba, ma la sua funzione fu assai differente. Intanto non serviva come luogo di raduno e di culto di fedeli, come avveniva a Roma per i primi cristiani. No, la definirei piuttosto una immensa tomba collettiva che però conteneva sepolture individuali.

- Ma com'è nata questa forma particolare di sepoltura?

- In parte sono cose certe, che sappiamo da fonti storiche, in parte si tratta di dati archeologici ed in parte di congetture. Le cose dovrebbero essere andate più o meno così.

Mentre Sarah parlava avevano ripreso il sentiero che proseguiva sul fianco della valletta. Altre facciate di tombe si aprivano ad intervalli più o meno regolari.

- Queste che vedi non sono catacombe, ma tombe di un singolo nucleo famigliare … dicevo … nel 70 Tito caccia gli ebrei da Gerusalemme, non dalla Palestina. I Romani sono esasperati da molti anni di continue rivolte, vogliono reprimere con una durezza tale da impedire qualunque nuova possibile insurrezione. L'ultima puntata l'hai già vista a Masada, col suicidio di massa. Ma lì siamo già nel 73. A Gerusalemme la minaccia dell'esercito è terribile: molte, moltissime famiglie decidono di scappare. Chi aveva qualche legame parentale con persone nei villaggi vicini a Gerusalemme si è fermato lì. Altri saranno andati un po' più lontano, fino a dove non trovassero un posto dove stanziarsi e ricominciare. Per farla breve, lo shock migratorio generato dall'editto di Tito, dovette produrre una distribuzione della popolazione ebraica di Gerusalemme di densità decrescente all'aumentare della distanza dalla città ...

- Non avevo mai pensato a come si fosse prodotta la diaspora. Siamo abituati a sapere che gli ebrei sono sparsi per il mondo, sono come il prezzemolo, diciamo, ma non siamo abituati ad immaginarci come ci sono arrivati e quando.

- Grazie per il paragone con il prezzemolo, davvero lusinghiero.

- Non volevo offenderti, è un modo di dire italiano. Siccome il prezzemolo si usa un po' in tutti i piatti, dire che una cosa è come il prezzemolo significa che è molto comune, diffusa.

- Avevo capito che era qualcosa del genere. Ma dov'ero rimasta?

- Parlavi dell'inizio della diaspora.

- Beh, possiamo dire qualcosa dell'inizio della diaspora, quando la popolazione di Gerusalemme ha iniziato a migrare. Più difficile è stabilire come e in che proporzioni si è gradualmente insediata in altre parti dell'impero romano. Ad ogni modo nel 70 D.C. anche il Sinedrio deve fare i bagagli. Il Tempio è bruciato e ciò che non è bruciato è stato demolito. E' comprensibile che in quelle fasi concitate neppure le autorità religiose sapessero come comportarsi. Bene, decisero di stabilirsi qui a Beit Shearim: era un posto tranquillo, non troppo vicino né troppo lontano da Gerusalemme. Qui il Sinedrio si riorganizzò in attesa di capire se sarebbe stato possibile fare ritorno a Gerusalemme quando le acque si fossero calmate. Le persone che avevano abbandonato la città, avrebbero voluto almeno esservi sepolte da morte. Ma questo non era possibile. Quindi, siccome il Sinedrio rappresentava la massima autorità religiosa, scelsero di farsi seppellire qui, dove stava il Sinedrio. Le famiglie più ricche riuscirono a costruirsi delle tombe autonome. Quelle meno ricche no. Quella gran confusione di stili, quella mescolanza che hai visto nella grande tomba comune è proprio l'effetto di tante sepolture, provenienti anche da distanze considerevoli, tutte risalenti alla fine del primo e al secondo secolo.

- Se le cose sono andate così, è una storia toccante. Si sente la nostalgia dell'esilio.

- E' così in effetti.

Si fermarono a mangiare qualcosa nel chiosco situato vicino alla biglietteria. Era sabato e l'unica alternativa sarebbero stati i panini residui dello zaino di Sarah. Invece spizzicarono del pane arabo con dell'ottimo *hummùs* condito con l'olio d'oliva.

- Dobbiamo ricordarci di prendere del vino per questa sera.
- Non sarà facile trovare un negozio aperto oggi.
- Passiamo da Netanya. Dovrei avere qualche bottiglia di vino italiano in casa.

36

Daniela aveva preparato una cena emiliana in grande stile in onore degli ospiti. Aveva cucinato tutto il giorno. Pietro invece si era occupato della tavola che era apparecchiata con gusto. Era curioso di conoscere la fidanzata di Davide: lui ne parlava così poco ed in modo così evasivo … voleva capire il perché. Stava sistemando i salatini per l'aperitivo quando finalmente il citofono suonò.
- Ah eccovi, finalmente!
- Ciao Daniela! Questa è Sarah! Ma dov'è Pietro?
- Eccomi! … Sarah, tanto piacere davvero! Entrate, accomodatevi.
Sia Pietro che Daniela rimasero favorevolmente impressionati da Sarah: alta, slanciata, mora e riccia, incarnato olivastro e poi lo sguardo, così intenso, vivace, quasi pungente. Era brillante, simpatica, e molto diretta. Mentre gli ospiti si accomodavano nel piccolo salotto arredato da Daniela in modo essenziale con mobili Ikea, ma con gusto, Pietro era intento a preparare l'aperitivo.
- Grazie! Cos'è questo drink? - domandò Sarah in inglese con una punta di diffidenza.
- Bellini, mai provato? - le rispose Pietro in ebraico.
- Ah no! - si intromise Daniela, - La lingua ufficiale è l'inglese, Pietro: non potete tagliarci fuori.
- Ha ragione, Pietro. Solo inglese, mi raccomando - sentenziò anche Davide.
- Ok. Allora … il Bellini è un cocktail fatto con due terzi di spumante secco ed un terzo di succo di pesca bianca. Gustoso, fresco, poco alcolico, è l'ideale come aperitivo.
- Ma Bellini non è un autore d'opera italiano?
- Sì, ma il riferimento non è a quello. Il cocktail fu inventato da un barman dell'Harris bar di Venezia. Il colore gli ricordava una tela di Giovanni Bellini, il grande pittore veneto del cinquecento.
- Caspita: come sei preparato, Pietro!
- E questo non è niente - disse riempiendo nuovamente i bicchieri.
- Allora continua a stupirmi con effetti speciali, Pietro: di che cosa vi occupate effettivamente voi due all'ambasciata?
Daniela, che si era ritirata in cucina, sentendo quella domanda che lei stessa avrebbe voluto sapere rivolgere con tanta semplicità, si

affrettò a raggiungere gli altri. Pietro era visibilmente imbarazzato, si scambiò uno sguardo perso con Davide, che di rimando lo guardò senza fornirgli indicazioni utili, poi provò a rispondere: - Mah, ci occupiamo di tante cose … dei rapporti con Israele, della tutela dei cittadini italiani in Israele, del miglioramento delle relazioni economiche tra i due paesi, del rilascio dei passaporti, del voto degli italiani all'estero, cose di questo genere.

La risposta fu tutto sommato abbastanza fluente, ma assai lontana dall'essere persuasiva.

- Non intendevo questo, volevo sapere in cosa consiste la vostra azione diplomatica nel mio paese.

- L'ambasciata mette in atto le linee di politica estera che arrivano dal ministero degli esteri. - aggiunse Davide come se stessero parlando ad una conferenza stampa.

- Ragazzi, se non ne volete parlare, ditelo, ma non venitemi a raccontare cose banali che non sappia chiunque! - concluse Sarah.

- Ha ragione: anch'io ne vorrei sapere di più. Ad esempio, Pietro, perché mi hai detto che lavori quasi sempre con Davide? Cosa cavolo fate insieme in ufficio? - incalzò Daniela.

I due ragazzi non erano preparati a quel fuoco di fila. Nonostante fosse facile immaginare che prima o poi quelle domande sarebbero state poste, non avevano mai pensato di dovere difendere il loro delicato incarico dalla normale curiosità di chi stava loro vicino. Erano stati così assorbiti e concentrati su ogni dettaglio della loro complicata problematica che avevano completamente trascurato di accordarsi su come coprire la loro missione all'esterno. Non sarebbe stato difficile costruire una copertura concordata, se solo ci avessero pensato. Possibile essere messi nel sacco da poche domande quasi innocenti? Possibile. L'unica via d'uscita dall'*impasse* in cui si erano impantanati fu quella di trincerarsi dietro un "*no comment*", quell'infelice ed irritante modo di esprimersi che non afferma e non nega, ma che, nel non dire, in qualche modo ammette.

- In dettaglio … non possiamo dirlo, sono questioni riservate!

- Ah, sono proprio contenta: sono venuta dall'Italia a Tel Aviv, ho mollato la mia vita per seguirti qui e non posso sapere di cosa ti occupi?

Sarah ridacchiava. Aveva intuito che dietro la reticenza con cui Davide trattava del suo lavoro doveva esserci qualcosa di riservato o di segreto. Ed ora, ecco la plateale conferma. Ridacchiava per quello e per il Bellini bevuto. Rideva: quanto poco diplomatici erano questi diplomatici! Una domanda importuna era bastata a scoprire che esisteva un altarino. O, chissà, un altarone.

La tensione si ruppe provvidenzialmente quando l'orologio del forno annunciò trillando che le lasagne erano pronte. Quelle fumanti e saporite zolle di Emilia al forno, tanto buone quanto caloriche, servirono a sviare dallo spinoso tema e a riportare la serata ad un clima di allegro convivio. L'attenzione passò sul lavoro e sulla famiglia di Sarah che invece non nascondevano segreti o bugie.

La famiglia Rothbart si era trasferita a Gerusalemme da Lubecca prima della guerra. Il padre di Sarah, Abraham, era nato a Gerusalemme e faceva l'orologiaio. Aveva un negozio nella città vecchia ed ancora era capace di riparare gli orologi meccanici che erano la sua vera passione. L'abitazione era sopra al negozio, ma Sarah era uscita di casa dopo che era stata assunta dell'università: abitava in un monolocale poco distante dalla città vecchia, in una zona contigua alla porta di Jaffa.

37

- Il nostro piano ha avuto l'assenso di massima dalla Farnesina: possiamo procedere alla stesura definitiva, siamo operativi! - esordì de Gregorio visibilmente soddisfatto mentre si sbottonava la giacca a doppio petto del completo blu di Armani e sedeva al grande tavolo del suo studio dove gli altri lo stavano attendendo da diversi minuti.

- Suleiman Buda: questo è il vostro contatto nell'autorità Palestinese per iniziare la trattativa. Vi attendono lunedì in tarda mattinata - concluse Rosanna quando de Gregorio le chiese quale fosse il negoziatore designato.

- E per la parte Israeliana?

- Non me l'hanno detto. Ho solo concordato un appuntamento per giovedì a Gerusalemme ... ad un indirizzo vicino alla Knesset. Tra l'altro mi hanno richiamato loro, quando ho spiegato l'argomento di cui avremmo parlato ... Ho avuto come l'impressione che volessero sincerarsi che era effettivamente l'ambasciata italiana a contattarli.

- Questo può essere e si spiega: la nostra richiesta sarà parsa loro quanto meno inattesa. Ma hai chiesto a chi dovessero rivolgersi i nostri?

- Certo che l'ho fatto ... ho anche insistito, entro certi limiti, ma tutto quello che ho ottenuto è stato l'appuntamento per giovedì prossimo, al pomeriggio.

- Cosa c'è di strano? - si inserì Davide.

- C'è che non sappiamo con chi andremo a parlare, tutto qui. Non è corretto, esula dal protocollo, non mi piace ... E coi Palestinesi dove si incontreranno?

- Non me l'hanno detto. Riceveranno i nostri lunedì mattina all'ultimo check-point prima di Ramallah, che è controllato dalla polizia palestinese.

- Direi che l'incertezza regna sovrana. Comunque, noi siamo in qualche modo intoccabili fintantoché ci manterremo su posizioni equidistanti e giocheremo pulito, come è nostro dovere - aggiunse Pietro.

- Infatti. Sarebbe ora che qualcuno cominciasse a fidarsi. Evidentemente non ispiriamo tutta quell'idea di neutralità e quella equidistanza che pensavamo: quelli non ci dicono dove avverrà l'incontro e quegli altri non ci dicono con chi negozieremo. - concluse de Gregorio.

- Come dobbiamo organizzarci? - domandò Rosanna che si sentiva parte integrante di quella piccola task force diplomatica.

- Rosanna, tu preparerai tre copie originali della proposta di negoziato, completa di mappe a colori, su carta dell'ambasciata italiana. Poi dovrai predisporre le loro credenziali che io firmerò e che voi consegnerete ai vostri interlocutori. Voi andrete ad entrambi gli appuntamenti insieme e dovete rimanere insieme qualunque cosa succeda. Chiaramente, per via della lingua, sarà Davide a gestire il contatto palestinese e Pietro quello israeliano, ma il fatto di essere in due vi aiuterà nei momenti critici dei colloqui: avrete sempre da tradurre al compagno quanto vi diranno. Sono norme di bassa pratica, ma servono. Così potrete prendere tempo e confrontarvi prima di dare delle risposte difficili. Ritengo possiate fare affidamento sul fatto che nessuno comprenderà l'italiano, ma dovete sincerarvene prima di scambiarvi opinioni riservate. Non fatevi trascinare su una lingua terza: loro devono esprimersi nella loro madre lingua. Solo così potrete cogliere le sfumature, le riserve mentali, le espressioni gergali, insomma tutti quegli elementi da cui si può cercare di capire il vero pensiero, quello inespresso, o i dubbi celati.

- Che tipo è questo Suleiman Buda? -, domandò Davide.

- Mi dispiace, non lo conosco. Sicuramente sarà un esponente di Fatah. Mi pare non abbia preso parte ad altri negoziati, ma controllerò prima che lo incontriate. E' possibile che sia una figura nuova, messa lì proprio per non compromettere un negoziato di cui i Palestinesi non conoscono ancora alcuno dei termini - rispose de Gregorio.

- Come dobbiamo muoverci una volta che avremo spiegato i termini del piano?

- Dovete fare attenzione ad una cosa soltanto: deve assolutamente figurare che l'iniziativa di pace è italiana e proviene dal MAE. Potrete ammettere, perché è nella logica delle cose, che l'Italia ha ottenuto un nulla osta informale ad avanzare la sua proposta dai suoi tradizionali alleati europei e dagli Americani. Nelle vostre credenziali questa cosa non potrà essere scritta, ma anche questo, credo, potranno accettarlo come fatto normale. L'importante è che non rovesciate i termini della questione, rivelando che l'iniziativa è degli Stati Uniti e che l'Italia si è prestata. D'altra parte è pur vero che l'amministrazione americana ci ha chiesto di muoverci, ma non ci ha imposto nulla sul come farlo, ha fissato l'obiettivo, non i mezzi per raggiungerlo. Capisco che dovrete nascondervi dietro una foglia di fico, ma questa foglia, soprattutto per i Palestinesi è fondamentale che ci sia: se dovessero fraintendere che tutta la regia è Americana, il negoziato perderebbe almeno la metà delle sue possibilità di successo, che già non sono molte. Mi sono spiegato?

- Sì, è chiaro - disse Pietro.

- Chiunque sia il vostro interlocutore - proseguì l'ambasciatore, - avrà bisogno di tempo per riferire, vagliare, controllare e, si spera, alla fine decidere favorevolmente. Credo non dovrete preoccuparvi di come sganciarvi dall'incontro perché saranno loro a congedarvi quando riterranno di avervi fatto tutte le domande per le quali sarete in grado di fornire risposte utili.

- C'è altro?

- Sì. Per qualunque tipo di obiezione in merito al piano, alle sue modalità o tempi attuativi o per ogni pregiudiziale su cui siete preparati a rispondere, rispondete. Ma se vi fanno richieste insolite, inaspettate o semplicemente che esulano dalla materia su cui vi siete preparati, prendete tempo e riservatevi. Anche voi avete un capo e questi deve rispondere a sua volta. Vi sto invitando a stare in guardia da possibili trabocchetti che potrebbero tendervi per mettervi alla prova o per compromettere la vostra offerta. In particolare state in guardia ed evitate di cedere alla tentazione di rivelare alcunché circa quanto è emerso nel dialogo con la controparte. Questo vale per gli Israeliani, che vedrete dopo i Palestinesi. Lasciamoli al buio per ora. Dovete solo dare l'impressione di rispettare entrambe le parti come interlocutori legittimati e, per fare questo, dovete tacere di qualunque cosa siate venuti a conoscenza dalla controparte: solo così darete la necessaria impressione di serietà e di equidistanza.

- E se ci chiedono di trattare direttamente col nostro ambasciatore?

- Riservatevi.

- E se dovessero porre delle pregiudiziali assolute, prima di avviare il colloquio?

- Consegnate il piano, fate loro capire che così facendo rischiano di addossarsi il naufragio del negoziato prima ancora di iniziare e riservatevi di riferire. Quindi, alzate i tacchi.

- Pietro, è inutile che cerchiamo di prevedere tutte le situazioni possibili, perché ce ne sarà sempre qualcuna che ci sfugge. Mi pare che le cose essenziali siano ben chiare, per il resto penso che dovremo improvvisare.

- Sì, Davide ha ragione. Ragazzi, fatevi coraggio! Siete preparati, sono settimane che lavorate sul piano. L'avete creato voi, lo conoscete in ogni dettaglio. Per il resto credo che, come in ogni cosa, occorra un briciolo di fortuna perché il piano vada a buon fine. Ci sono elementi che resterebbero imponderabili anche se rimaneste a studiare per altri sei mesi. Nel frattempo però la situazione rischierebbe di evolvere per conto suo modificando le basi di partenza, fatto che ci obbligherebbe come minimo a rivedere il piano. No, credo che siate pronti e che sia arrivato il momento dell'azione. Rosanna preparerà tutto per domenica sera. Il materiale lo controllerete personalmente prima di sigillarlo voi stessi. Viaggerete con valigia diplomatica con serratura a combinazione. Se vi fermassero ad un check point e chiedessero di visionare il contenuto della valigia dovete rifiutarvi e chiamarmi subito. Nessuno ha titolo per aprire una valigia diplomatica. Potranno trattenervi, ma non obbligarvi ad aprire la valigia. Per nessuna ragione, sia chiaro, il contenuto della trattativa deve finire in mani diverse da quelle dei diretti interessati, fossero anche quelle di una forza di polizia, mi raccomando.

38

Il lunedì mattina la valigia diplomatica d'alluminio riposava sul sedile posteriore, legata con una catenella d'acciaio ad una maniglia interna della vettura dell'ambasciata. Pietro guidava, mentre Davide faceva da navigatore, la cartina sulle ginocchia.

- Nervoso? - domandò Davide a Pietro.

- Sì, parecchio. A volte mi viene da pensare chi me lo ha fatto fare.

- Non sei convinto della tua scelta?

- Non è quello, la carriera diplomatica l'ho scelta perché mi piaceva. Ma ci sono tanti modi per portare a casa onestamente lo stipendio. Forse mi sono lasciato trascinare da Daniela.

- Ma se non sapeva neppure di cosa ti occupi, come può averti trascinato?

- Lei vuole un figlio e dice che per abitare qui senza avere i problemi della terza settimana, bisogna che io progredisca nella carriera. Non ha tutti i torti. Ho pensato che la strada più veloce per anticipare una promozione fosse quella di assumere un incarico operativo importante. E rischioso. Non mi sembrava così nei giorni in cui abbiamo lavorato insieme al piano, ma adesso è diverso, ho paura.

- Non sarei tanto pessimista, se fossi in te. In fondo siamo due diplomatici ed è improbabile che qualcuno osi farci del male.

- Sarà. In certi momenti ho l'idea che siamo come due agnelli che si muovono tra branchi di lupi!

- Sarà pure così. Ma siamo un boccone indigesto.

- Pensi che ci sia sfuggito qualcosa?

- E' possibile, anzi, è quasi sicuro. Hai mai pensato a quanti cervelli si sono spremuti per venire a capo di questo conflitto?

- No, ma ora che mi ci fai pensare, devono essere stati parecchi. - concluse Pietro mentre guidava l'automobile attraverso il traffico di Tel Aviv. Ancora poco ed avrebbero preso l'autostrada per Gerusalemme. L'accordo però prevedeva che arrivassero a Ramallah non dall'autostrada ma prendendo la strada assai più tranquilla che passava da Beit Horon.

- Bene, e credi proprio che tutti questi cervelli fossero inferiori ai nostri?

- Non metterei la questione in questi termini. Ogni negoziatore in passato ha fatto del suo meglio. Non per niente ci siamo studiati tutti i piani di cui abbiamo avuto notizia.

- E come starebbe allora la questione?

- Direi che, nella maggior parte dei casi, i fallimenti sono stati ascrivibili a fattori esterni alla bontà intrinseca dei piani proposti: l'avidità di una o di entrambe le parti che spingeva ciascuno a rilanciare sempre più per spuntare condizioni migliorative, attentati portati da frange minoritarie oltranziste, l'inserirsi subdolo nel negoziato di qualche paese che si sentiva messo da parte, l'azione di gruppi di pressione su singoli dettagli che hanno fatto crollare l'intero edificio ... Insomma, Davide, i fallimenti fanno parte della storia. Noi siamo qui per fare il nostro tentativo, pulito, ragionevole e senza riserve mentali, come dice il capo.

Intanto avevano lasciato l'autostrada e seguivano ora la strada che dolcemente saliva verso le colline della Giudea. Prima di entrare nella West Bank furono fermati ad un grosso check-point israeliano. Si limitarono a controllare i loro documenti personali e quelli dell'auto. Quando capirono che si trattava effettivamente di un'auto dell'ambasciata italiana, li lasciarono passare senza fare domande.

- E questa è andata, - sospirò Pietro.

- Rilassati. Lo sai quanti check-point dovremo passare prima di questa sera?

- No, e non ci voglio pensare.

- Hai detto qualcosa a Daniela?

- Solo che sarei stato fuori per la giornata e che non sapevo quando sarei rientrato.

- Ti sei smarcato meglio tu di me.

- Come mai? Sarah vive a Gerusalemme e tu a Netanya: che difficoltà avevi?

- Nessuna in effetti. Ma ieri sera mi ha chiamato per invitarmi ad un concerto di musica classica domani sera a Gerusalemme. Quella donna è più acuta della punta di un coltello!

- L'ho notato anch'io. Ma non dirmi che ti sei lasciato sfuggire qualcosa sui nostri impegni!?

- No, ovviamente, non le ho detto niente. Ma a lei basta sentire il tono della mia voce per intuire cose che devo nasconderle.

- Ad esempio?

- Ha capito che ero teso, inquieto per qualcosa ... Ha iniziato a farmi domande a cui non potevo rispondere ... E alla fine, a forza di *no comment*, ha capito che sicuramente il mio stato d'animo aveva a che fare col lavoro.

- E al concerto ci andrai?

- Devo. Lei si era talmente preoccupata che voleva venire da me ieri sera stessa. Ho dovuto prometterle che la porterò a quel benedetto concerto e che mi fermerò da lei a dormire.

- E che cosa vai a sentire di bello?

- Israel in Egypt! Un oratorio di Haendel.

- Mi sembra molto in tema, non trovi?

- Lascia perdere: ormai questa faccenda mi esce dalle orecchie. Ci mancava l'oratorio!

- Soggetto a parte, non mi pare ci siano grossi problemi: tanto giovedì dovremo incontrare gli Israeliani a Gerusalemme: vorrà dire che tu sarai già lì e che passerò a prenderti.

- Infatti, anch'io pensavo di fare così.

Intanto avevano percorso i trenta chilometri di strada normale che li dividevano da Ramallah, erano ormai alle porte della cittadina quando un altro check-point si parò loro innanzi. Era palestinese. Era quello giusto.

Riconosciuta la targa del mezzo, li fecero parcheggiare a lato della strada e scendere dall'automobile, spiegando che li avrebbero portati loro al luogo dell'incontro. Prima però dovevano consegnare i cellulari e farsi perquisire. Prima di consegnare il telefono, Davide chiamò brevemente l'ambasciata per segnalare la loro posizione e che sarebbero stati irraggiungibili per alcune ore; ma de Gregorio, contrariamente a quanto aveva detto, non c'era; così Davide riferì a Rosanna le novità. La perquisizione fu meticolosa ed avvenne in un piccolo prefabbricato che si trovava a lato del check-point. La valigia non fu oggetto di ispezione. La perquisizione personale ovviamente non diede esito, ma quella era la procedura. Poi furono fatti salire, con la valigia, su una vecchia Mercedes 190. Nell'attesa che arrivasse l'autista, Davide notò come anche quella macchina fosse stata fornita di coprisedili di pelo finto in tinta unita, mentre il volante, pure peloso, fosse leopardato; una moltitudine di ninnoli era appiccicata al cruscotto, mentre altri pendevano dallo specchietto retrovisore. Si chiese da dove venisse quel cattivo gusto che era così diffuso tra le popolazioni arabe del Medio Oriente e perché mai in paesi caldi sentissero tutto quel bisogno di contatti pelosi. Le sue osservazioni furono bruscamente interrotte quando arrivò l'autista che fece loro indossare due cappucci di tela nera pesante, avendo poi cura di allacciarli in modo che non potessero vedere nulla. Pietro, che si era legato al polso la valigia diplomatica, sedeva accanto a Davide sul sedile posteriore. Un altro uomo, che non poterono vedere, sedette sul sedile anteriore a fianco dell'autista. Finalmente la macchina si mosse. I due davanti si misero a chiacchierare. L'auto percorse un tratto di strada rettilineo, ma poi iniziarono le curve, le svolte, le salite e le discese. Era impossibile capire dove stessero andando.

- Cosa dicono? - chiese ad un certo punto Pietro.
- Non riesco a capire bene … : parlano un dialetto locale. Ma mi pare che siano questioni private, familiari. Parlano di un matrimonio … Sì, qualcuno si deve sposare. Forse è la figlia dell'autista.
- Non è che la cosa ci riguardi più di tanto. Pensavo parlassero di noi.
- No, sarei portato ad escluderlo.
- Credi che questi sappiano cosa siamo venuti a fare?
- Non penso. Immagino abbiano detto loro il minimo indispensabile.

Dopo una buona mezz'ora di giri più o meno a vuoto, l'auto si fermò. L'uomo a fianco del guidatore scese lasciando aperta la portiera. Tre colpi secchi, gli ultimi due ravvicinati, sembravano indicare che avesse bussato ad una porta metallica. Subito dopo si udì il rumore di una saracinesca cigolante che veniva issata. L'uomo risalì a bordo e l'auto entrò dentro ad un edificio prima di spegnere il motore. Quindi la saracinesca fu abbassata alle loro spalle.

- Possiamo levarci questi cappucci?
- Ora chiedo.
- No, ce lo diranno loro quando possiamo.

Intanto due persone avevano aperto le portiere posteriori dell'auto. Davide e Pietro scesero e furono guidati lungo un corridoio fin dentro ad una stanza dove furono fatti accomodare su due sedie. Fu loro quindi consentito di togliersi i cappucci mentre venivano lasciati soli. La stanza silenziosa era priva di finestre ed aveva un soffitto basso; l'illuminazione era affidata a due tubi al neon che emettevano un'asettica luce azzurrina ed un ronzio fastidioso. Solo la luce era asettica: lo scarso arredo, un grande vecchio tavolo di legno in stile che occupava la porzione centrale dell'ambiente, le vecchie sedie scompagnate tutto attorno, un paio di vecchi classificatori di compensato contro la parete più lunga, un'angoliera in legno e vetro, tutto da tempo non aveva conosciuto uno straccio per la polvere. Forse però quella stanza non era realmente sporca. Sporco è un concetto ampiamente soggettivo e differenziale: qualcosa che sia meno pulito rispetto al resto che lo circonda, ma nulla lasciava intendere che gli altri ambienti del medesimo edificio, non visibili, ma immaginabili, dovessero possedere un maggiore livello di igiene. Dopo un po' di tempo che si bazzica per i paesi arabi non si percepisce più lo sporco, perché non c'è nulla che sia realmente pulito. E se nulla è pulito, tutto è pulito e nulla è realmente sporco. Alle pareti erano appesi dei drappi di stoffa coi colori rosso, nero e verde della bandiera palestinese; anche questi erano egualmente polverosi. Un diffuso ed indefinibile odore di stantio completava il quadro.

- Cosa ne pensi del trattamento? - domandò Pietro guardandosi intorno.

- Credo che siano normali misure di sicurezza; non mi pare che …

Davide fu interrotto dall'ingresso di un uomo più alto e più robusto della media palestinese. Poteva pesare un centinaio di chili. Portava barba brizzolata non troppo lunga ed era vestito all'occidentale, con un completo gessato scuro di cattivo taglio e una camicia rosa senza cravatta. Un vistoso anello quadrato d'oro spiccava sulla sua mano destra. Poteva avere una quarantina d'anni, forse meno.

- Suleiman Buda?

- Sì, sono io. I vostri nomi e documenti?

Gli consegnarono i documenti. Pietro aprì la valigetta e ne trasse le credenziali. Lui lesse tutto con lentezza e attenzione.

- Gradite un tè? - chiese restituendo i documenti e trattenendo le credenziali.

- Molto volentieri. - rispose Davide sorridendo, sapendo che il rito del tè nel mondo arabo è una manifestazione di ospitalità e che è necessario per intavolare qualunque tipo di trattativa, anche la più semplice. L'uomo comandò il tè a qualche piantone che, evidentemente, doveva trovarsi a tiro di voce dietro la porta della stanza. Solo dopo che il tè fu servito fumante nei bicchierini tradizionali, la conversazione poté entrare nel vivo.

- Allora, ci è stato riferito di questa vostra iniziativa. C'è qualcosa che dovrei sapere prima di analizzare le carte, ad esempio chi vi manda?

- E' un'iniziativa italiana. Chiaramente prima di avanzare una proposta globale sulla questione palestinese, ci siamo sentiti coi nostri alleati, che ci hanno garantito il loro appoggio.

- Quali alleati?

- I paesi del Patto Atlantico.

- Cioè gli Stati Uniti?

- Non ci sono solo gli Stati Uniti nel patto Atlantico, c'è il Canada, la Francia, la Germania, la Turchia ...

- Va bene, gli Stati Uniti e la Gran Bretagna!

- Anche.

- Amico, chiariamoci subito: se questo piano è stato scritto a Washington, non ci metteremo molto ad accorgercene: gli Stati Uniti, quantunque ultimamente si prodighino molto, forse troppo, sono piuttosto incapaci come esportatori di pace.

- Veramente cercavano di esportare la democrazia. Ma, convengo con lei, che si sono rivelati non del tutto all'altezza del loro proposito.

- "Non del tutto all'altezza" mi pare parecchio generoso. Un disastro completo è più adeguato, ma lasciamo perdere: è ovvio che voi dobbiate presentare la questione in modo diverso. Il piano lo avete elaborato voi oppure lo avete ricevuto già confezionato?

C'era qualcosa nell'atteggiamento di Suleiman Buda che lasciava intendere come lui fosse del tutto persuaso che l'ambasciata italiana fosse il mero latore di un progetto nato molto lontano da Roma, a Londra o forse a Washington.

- No, lo abbiamo creato noi, qui all'ambasciata di Tel Aviv.

Il fatto di sentirsi dire che il piano fosse addirittura frutto dell'ambasciata in Israele lo spiazzò completamente.

- Tel Aviv ..., non Roma?

- No a Tel Aviv. Roma l'ha solo avallato.

- Tel Aviv, va bene, non fermiamoci qui. Perché hanno scelto due uomini così ... giovani?

- Perché no? Le pare che i diplomatici di lungo corso abbiano combinato molto negli ultimi decenni?

- No, assolutamente, e non solo loro, purtroppo. Osservavo solo che è insolito puntare su giovani presumibilmente con poca esperienza, senza offesa, si intende.
- Nessun problema. Non credo di rivelarle un segreto di stato se le dico che anche noi siamo rimasti sorpresi quando l'ambasciatore ci ha dato l'incarico di studiare un piano.
- Vi avrà dato dei vincoli, immagino.
- A dire il vero, l'unico vincolo che ci ha dato è che il piano dovesse essere equilibrato per entrambe le parti.
- Quindi vi siete mossi in libertà?
- Sì. Le vere condizioni sono date dalla realtà sul territorio e dalla storia recente.
- Avete già presentato questa ipotesi di negoziato agli Israeliani?
- No, non ancora. Lo faremo prossimamente.
- Pensate di attendere di conoscere il nostro orientamento oppure di presentarla prima?
- Consegneremo a giorni la medesima proposta agli Israeliani.
- Il testo per gli Israeliani è identico?
- È assolutamente lo stesso testo in inglese. Abbiamo preferito scrivere in inglese anziché redigere un testo bilingue arabo/israeliano proprio per evitare possibili ambiguità o fraintendimenti connessi con la traduzione.
- Bene. Avete un *abstract* della proposta coi punti essenziali? Mi piacerebbe darvi una letta finché siete qua, casomai ci fosse qualcosa da chiarire …
- Sì. È nella prima busta, - Disse Davide spingendo il plico verso Suleiman Buda.
L'uomo trasse a sé il plico, ruppe i sigilli diplomatici, ne estrasse la prima busta, l'aprì e si mise a leggere. Con la mano libera, senza staccare gli occhi dai fogli, si accese una sigaretta da cui aspirava profonde boccate di fumo. La brace incandescente crepitava. Ogni tanto si fermava per bere un sorso di tè, ma subito riprendeva a fumare.
- Cosa ne pensi? È diffidente? - chiese Pietro che era rimasto muto osservatore del colloquio.
- Mi pare che sia normalmente diffidente. Ha fatto delle domande e delle considerazioni logiche per la posizione che occupa.
Seguitando nella lettura ed appuntando a margine delle brevi note in arabo a matita, terminata la prima sigaretta, Suleiman Buda ne

accese una seconda. Poi una terza. Sembrava proprio intenzionato a leggere tutta la presentazione o a finire il pacchetto di sigarette, prima di lasciarli andare.

- Sei ancora nervoso? - domandò Davide per spezzare quell'attesa silenziosa.

- Molto meno di prima. Mi pare che abbiamo davanti un negoziatore con gli attributi. Penso che abbiano preso seriamente la nostra iniziativa e questo è già un passo nella giusta direzione.

Quando l'uomo ebbe finito di leggere e di soppesare lo schema della proposta, posò i fogli sul tavolo e rimase ancora qualche istante a riflettere, poi si accese l'ennesima sigaretta ed esordì: - E con Hamas come pensate di muovervi?

- Non pensiamo di coinvolgere Hamas nella trattativa, - rispose secco Davide.

- Bisognerà farlo prima o poi, non credete?

- La nostra intenzione è quella di svolgere la trattativa in modo segreto tra l'autorità Palestinese ed Israele. Solo se questo processo porterà ad un accordo, allora pensiamo di coinvolgere quelli di Hamas invitandoli a firmare l'accordo raggiunto che potrebbe così estendersi automaticamente anche alla striscia di Gaza.

- Questo è l'accordo: prendere o lasciare?

- Qualcosa del genere. Siamo convinti che il coinvolgimento di Hamas nella trattativa porterebbe al suo immediato fallimento.

- Cosa ve lo fa pensare?

- Diverse ragioni. In primo luogo Hamas non rappresenta l'autorità Palestinese; in secondo non potrebbe essere riconosciuto da Israele come interlocutore perché giudicato gruppo terrorista; in terzo luogo è del tutto verosimile che Hamas avanzerebbe delle pretese irragionevoli ...

- ... irragionevoli ...- ripeté Suleiman Buda, -... sì, anch'io la penso allo stesso modo ... - proseguì accendendosi un'altra sigaretta ed usando per la prima volta la prima persona singolare.

Nella stanza chiusa e dal soffitto basso ormai si era stratificata una uniforme coltre di fumo la cui quota progressivamente andava abbassandosi. La luce dei neon ora faticava a farsi strada tra il fumo, contribuendo a creare un'atmosfera densa in cui i contorni delle cose e delle parole apparivano meno netti, meno definiti. Pietro, che non capiva nulla della conversazione, cercava di analizzare la mimica facciale del negoziatore e la sua gestualità per farsi un'opinione sullo svolgimento del colloquio: l'unica cosa che gli era chiara era che il loro interlocutore stava prendendo la faccenda con molta serietà.

- Quali margini di modifica esistono? -, riprese Buda dopo una lunga pausa.

- Minimi. I punti elencati sono tutti congiuntamente essenziali: toglierne uno significherebbe fare crollare tutta l'architettura. - rispose Davide.

- Capisco. Ma qui ci sono cose difficili da accettare ...

- Ce ne rendiamo conto. Ma ve ne sono altrettante a carico di Israele. La forza del piano sta appunto nel bilanciamento simmetrico dei sacrifici e dei benefici.

- D'accordo, ho capito. Ovviamente dobbiamo analizzare il piano nei dettagli, prima di fornire una risposta o avanzare delle obiezioni.

- Naturalmente.

- Quanto tempo abbiamo?

- Un mese.

- Un mese da oggi?

- Sì.

- Come pensate di approcciare gli Israeliani?

- Esattamente come abbiamo fatto con voi.

- Perché avete voluto incontrarci per primi?

- Non c'è alcuna ragione, semplicemente ci avete ricevuto per primi.

- Chi siamo e quanto ci siamo detti è strettamente confidenziale.

- Naturalmente.

- Niente giochini?

- Niente giochini.

- D'accordo allora, ci faremo vivi quando avremo una risposta.

- Entro un mese?

- Entro un mese! Ahmed!

L'uomo che aveva servito il tè entrò nella stanza ed aiutò Pietro e Davide a rimettersi i cappucci. Quando si alzarono in piedi ed immersero le teste là dove il fumo era più denso, l'aria diventò irrespirabile. Ma presto furono ricondotti sull'auto.

Dopo un tempo che sembrò perfino più lungo di quello dell'andata, si ritrovarono al check-point dove avevano lasciato la loro macchina. Era già buio. Quando Davide riebbe finalmente il suo cellulare chiamò subito de Gregorio per segnalare che il pacco era stato recapitato senza inconvenienti. L'indomani avrebbero commentato l'incontro. Poi si mise alla guida, accompagnò Pietro a casa sua e finalmente si diresse verso Netanya. Durante il viaggio Pietro avrebbe voluto sapere cosa avesse domandato Suleiman Buda, ma Davide, esaurita la carica di adrenalina che lo aveva tenuto in tensione durante tutto l'incontro, non aveva voglia di parlare. Una volta a casa si concesse una lunga doccia nel tentativo di lavare via l'eccitazione che lo aveva seguito per tutta la giornata, quasi che l'acqua avesse il potere di sciogliere e di portare via qualunque cosa.

39

Il mercoledì mattina fu indetta una riunione estemporanea nell'ufficio dell'ambasciatore. C'era anche Rosanna che appariva insolitamente nervosa. Davide sintetizzò l'incontro con il negoziatore palestinese, soffermandosi sulle domande che questi aveva avanzato. Riferì anche la sua impressione sulla sua preparazione e serietà. De Gregorio aveva mostrato una certa soddisfazione perché era stato un confronto aperto in cui erano stati per lo meno visionati tutti i punti rilevanti della proposta e non era stata avanzata alcuna pregiudiziale iniziale.

Pietro invece riferì delle modalità con cui si era svolto il loro incontro in una località indefinita.

Ora anche l'ambasciatore aveva cose da riferire: - Due cose. Negative. Primo: - Ho sentito il nostro ambasciatore a Beirut, Nicolosi, ed anche quello del Cairo, Ambrosetti, e adesso vorrei non averlo fatto. Nessuno dei due ha mai sentito il nome di Suleiman Buda ed entrambi si sono inopportunamente incuriositi per la faccenda. Ho raccontato loro la medesima plausibile storia, ma ho l'impressione che non se la siano bevuta. Sono amici, intendiamoci, e stiamo dalla stessa parte del campo. Tuttavia non vorrei che inavvertitamente diffondessero la voce che qui ci stiamo muovendo. Secondo: mi assicurate di non avere fatto parola con nessuno della vostra trasferta a Ramallah?

- Per me posso garantire, - confermò Pietro.

- Anch'io non ho detto niente a nessuno, - ribadì Davide.

- Bene. Rosanna, vuoi dirci cos'è successo ieri?

- Poco prima di mezzogiorno ha chiamato il centralino un certo Ibrahim Ben Ammar, dell'ambasciata giordana. Chiedeva con insistenza di uno di voi due, quindi hanno girato a me la chiamata. Ho chiesto il motivo della telefonata, ma inutilmente. Voleva parlare solo con uno di voi. Allora gli ho domandato il numero da richiamare quando foste rientrati. Mi ha dato il numero dell'ambasciata giordana qui a Tel Aviv e ha riagganciato. Pensando che quella telefonata fosse piuttosto strana, ho subito riferito all'ambasciatore.

- Voi conoscete questo Ibrahim Ben Ammar?

- Io no, - disse Pietro
- Neppure io, - aggiunse Davide.
- Lo immaginavo, - soggiunse de Gregorio.
- E allora? - domandò Davide a cui sfuggiva il motivo della contrarietà del capo.
- Allora ho chiamato l'ambasciata giordana, dove, come temevo, non esiste alcun Ibrahim Ben Ammar, né è mai esistito. Anche a loro ho raccontato una storia, cioè che un mitomane si era presentato da noi come loro dipendente. Non so se se la sono bevuta.
- Che lingua parlava? - chiese Pietro a Rosanna.
- Inglese, senza accento. Poteva essere un arabo ma anche un israeliano, insomma, chiunque. - rispose la ragazza.
- Quale spiegazione dà lei di questo fatto? - chiese Pietro, allarmato per l'importanza che de Gregorio sembrava attribuire allo strano episodio.
- Non ne ho nessuna. Immagino che chi chiamava volesse avere conferma del fatto che voi eravate fuori sede perché, evidentemente, ne aveva il sospetto. E questo risultato lo ha raggiunto. Tanto basta per inquietarmi. Per il resto ne so quanto voi, potrebbe essere chiunque.
- Forse era veramente qualcuno che voleva parlare con noi, ma non voleva dire chi era. Forse richiamerà, - ipotizzò Pietro speranzoso.
- Me lo auguro, ma non ci conterei, - commentò de Gregorio - Temo invece che nel giorno in cui abbiamo iniziato a coinvolgere una parte nella trattativa, ci sia già qualcuno che è sulle vostre tracce.
- Potrebbero essere gli Israeliani che si nascondono dietro un nome arabo. In fondo loro sanno di doverci incontrare per avviare un negoziato. - aggiunse Pietro.
- Potrebbe essere, ma mi pare troppo ovvio! E poi gli Israeliani li vediamo giovedì. Direi piuttosto che sono davvero degli arabi, ma non saprei dire quali, - ribatté Davide.
- Ragazzi, con la dietrologia non si arriva da nessuna parte. La cosa in sé non è grave, ma lo diventa alla luce dell'operazione "Shalòm". Se questo episodio fosse successo solo due settimane fa, non vi avrei dato alcuna importanza, ma è successo ieri, esattamente mentre voi eravate a Ramallah con Suleiman Buda. Vi invito a tenere gli occhi bene aperti, a non parlare con nessuno per nessun motivo. Se la chiamata di ieri non significa nulla, lo capiremo in seguito, altrimenti ho idea che avremo altri segnali.

La riunione venne sciolta in un clima ben diverso da quello con cui era iniziata. Ognuno era consapevole del fatto che l'operazione Shalòm potesse toccare una miriade di interessi piccoli e grandi che coinvolgevano molti governi, molti gruppi militanti, religiosi e non, ma nessuno avrebbe mai detto che, ancora prima di essere avviata potesse avere già risvegliato curiosità inopportune oltre che occulte. Di più, nessuno aveva una spiegazione plausibile di come quella informazione potesse essere trapelata all'esterno e questo inevitabilmente insinuava in ciascuno, se non sospetti veri e propri, almeno riserve mentali sulla piena onestà o sull'accortezza degli altri partner. E tanto bastava per sentirsi in balìa.

40

I sontuosi cori a quattro voci del grande oratorio haendeliano eseguivano con grande potenza e filologica precisione le iperboli musicali tracciate nella partitura, mentre l'orchestra sparava tempi da mitragliatrice muovendosi con perfetta sincronia, senza quasi guardare gli attacchi che con foga impetuosa impartiva il direttore dell'Israel Camerata Orchestra quella sera alla YMCA Hall a Gerusalemme.

Tuttavia Davide non poteva apprezzare tanta bellezza perché un'inquietudine per lui nuova si era impossessata della sua anima. Andando a prendere Sarah, aveva fatto il possibile per dissimulare il suo reale stato d'animo ma ora, mentre la musica scorreva vorticosa, non poteva più impedire alla sua mente di seguire il flusso dei pensieri che lo portava invariabilmente a temere per il loro appuntamento dell'indomani. Già era un incarico molto difficile per la situazione complicata e per la mutua diffidenza delle parti in causa. Ora elementi esterni iniziavano ad interferire col loro delicato lavoro. Ma erano poi veramente elementi esterni? Possibile sospettare di Rosanna? Di de Gregorio? Di Pietro? Difficile. Ma se non da loro da chi poteva essere trapelata la notizia della loro trasferta presso l'Autorità Palestinese? Da qualcuno che già li teneva d'occhio? Quest'ultimo scenario non era meno inquietante del primo. Davide era entrato in diplomazia per occuparsi di politica estera, non per subire azioni di spionaggio. Non era preparato a questo, se di ciò veramente si trattava.

Alla fine del concerto cercò consolazione nella prospettiva di passare la notte a casa di Sarah. In fondo era la prima volta che si fermava da lei e la cosa non poteva che essere gradevole. Però Sarah aveva antenne troppo sensibili per non accorgersi che qualcosa non andava e intelligenza troppo viva per non comprendere che, se qualcosa impediva a Davide di confidarsi con lei, doveva trattarsi di qualcosa veramente importante. In alternativa la scala dei valori doveva necessariamente essere rovesciata e doveva essere lei non abbastanza importante per Davide per fare breccia nel suo segreto. Comunque fosse la questione, anche nella sua mente aveva ora trovato posto un fastidioso dubbio.

La serata quindi si concluse ben al di sotto delle aspettative, ognuno arroccato nei suoi foschi pensieri e nella sua metà del letto. La notte che seguì portò un sonno agitato e poco riposo ad entrambi. Il mattino seguente Sarah uscì presto lasciando Davide ancora a letto senza una parola. Doveva recarsi a Beersheva per una lezione all'università del Negev. Sentendola uscire di casa Davide silenziosamente maledisse il suo lavoro e se stesso. Poi si vestì ed uscì di casa senza una meta precisa. Aveva tempo: l'appuntamento con Pietro era solo nel primo pomeriggio.

41

Vi sono città, non molte, a dire il vero, che per qualche motivo, che è difficile spiegare compiutamente, ti entrano per sempre nel cuore in un modo speciale, dopo che le hai conosciute. E non è affatto detto siano le stesse per tutti. Così, ad esempio, per qualcuno potrebbero essere Roma o Istanbul, Bruges o Gerusalemme. Per altri Praga o Lisbona, San Gimignano o Arles. Puoi tornare in questi luoghi quante volte vuoi nella vita, puoi anche viverci: non ne sarai mai sazio. Ogni volta che torni, la magia si ripete identicamente. Non è per via di qualche straordinario monumento, di qualche scorcio particolare che ti esalta, di qualcosa che, da solo, valga il viaggio: no, è la loro capacità evocativa, particolare e pervasiva, che riesce in qualche modo a toccare le corde giuste del nostro animo e a farle vibrare di emozioni profonde ed inattese. E' questo che ci intriga, questo ci coinvolge ed ce le fa amare per sempre.

La bellezza non esiste in sé, ma è in chi è capace di riconoscerla.

Sul crinale di dolci colline che divide due mondi così diversi, quello relativamente verde e coltivato della Samarìa e della Giudea da quello arso, inospitale e desertico del mar Morto, sta Gerusalemme la santa. Per Gerusalemme nei secoli sono divampate guerre di conquista: dall'occupazione egizia, che portò alla deportazione di massa degli ebrei, all'invasione Assira nel settimo secolo avanti Cristo, che causò la distruzione del primo Tempio, alla presa romana, che culminò con la cancellazione del secondo Tempio e mai riuscì a sedare completamente i focolai di rivolta di vari gruppi religiosi, alla conquista araba a cui si deve la costruzione della cupola della roccia sulla spianata del Tempio. Per Gerusalemme si sono organizzate per la prima volta nella storia quelle poderose coalizioni di eserciti di nobili cavalieri, semplici soldati, ferventi cristiani, miseri pezzenti, farabutti approfittatori ed anche indifesi bambini che furono le crociate. La città fu tenuta per un secolo dai cristiani e persa nuovamente a vantaggio dei Musulmani prima, dei Mamelucchi e degli Ottomani poi. Ognuno ha lasciato il suo segno nella città vecchia che così vede accostati, sovrapposti o fusi edifici appartenenti alle più diverse epoche, stili e culture. A Gerusalemme puoi improvvisamente incontrare una piccola scala a lato della via che ti conduce qualche metro al di sotto dell'abitato attuale: puoi scoprire così il decumano della città bizantina, una porta che risale a Re Salomone, i mosaici di una villa romana imperiale o una fortificazione di Re Davide. Al di sopra, magari, c'è una chiesa medievale, un palazzetto Mamelucco o una costruzione ottomana. Lì buona parte del possibile è impilato senza un ordine apparente. Ogni commistione architettonica si realizza a Gerusalemme, oriente ed occidente si toccano, si affiancano, si fondono . Ed è forse anche questo che la rende unica.

Davide, dopo avere fatto colazione in un locale *kasher*, si incamminò a piedi verso il centro della città fino a che gli si parò innanzi la Porta di Giaffa munita, a lato, dal castello della torre di Re Davide che ne protegge l'accesso. La città vecchia porta ancora completa la cinta muraria eretta da Solimano il Magnifico nel 16° secolo. Le porte di Damasco e di Jaffa sono le più belle e le meglio conservate. Tutta la cinta è segnata da un camminamento di ronda che oggi è una via ottima per vedere l'abitato da un'angolazione differente, tra terra e cielo.

Davide però aveva una meta precisa: voleva vedere prima di tutto la spianata delle moschee. Così camminò a passi svelti nel meandro di strade, stradine e vicoli fino a che, superato un posto di controllo dove un ebreo nero gli chiese i documenti, giunse, quasi inaspettatamente, alla piazza che è limitata da un lato dal Muro del pianto. Come ogni giorno molti ebrei praticanti, gli uomini da un lato e le donne dall'altro, rivolgevano le loro preghiere volgendo lo sguardo verso quei blocchi cubitali che Re Davide aveva posato, quasi tremila anni fa, per realizzare, al di sopra, la spianata del Tempio.

Nonostante nella piazza vi fossero molte persone c'era il silenzio delle cattedrali.

Rimase fermo alquanto ad osservare quei fedeli Ebrei che pregavano il loro Dio, gli uni vicini agli altri, ma ciascuno stabilendo un suo contatto individuale con l'Essere Supremo. Certi portavano quelle lunghe giacche nere di foggia largamente superata e i cernecchi; altri in abiti moderni avevano la *kippah* sul capo. Alcuni dondolavano debolmente il busto nella preghiera, altri, prima di abbandonare quel luogo di devozione, infilavano dei piccoli foglietti di carta nelle fessure presenti tra i blocchi cubitali. Dal 70 D.C., quando il Tempio fu nuovamente distrutto dai legionari di Tito, era questo il modo di pregare di un popolo.

Lì, inesplicabilmente, sentì la calma austera di quel luogo prevalere sul suo turbamento interiore, la sua tensione allentarsi, la paura sciogliersi nel pensiero consolatorio che avrebbe saputo trovare in sé le risorse, il coraggio e la forza per fronteggiare le difficoltà.

Poi sentì il desiderio di salire alla spianata del Tempio, quel luogo simbolo dove gli Ebrei non osavano avventurarsi per timore di compiere il sacrilegio di calpestare il punto proibito dove si trovava il *Sancta Sanctorum* che aveva contenuto le tavole della legge di Mosè e dove solo i Musulmani ed i gentili erano soliti salire. Superati altri controlli di sicurezza dei militari israeliani, percorse la breve rampa e sbarcò sulla grande spianata. Lì l'atmosfera era affatto differente: intanto c'erano quasi solo Arabi, che parevano essersi materializzati lì sopra dal nulla, senza avere mai attraversato la piazza sottostante, la piazza del Muro, unico accesso alla spianata. Poi c'era movimento, gente che andava e veniva dall'accesso alla bianca moschea di Al Aqsa e da questa a quella della cupola della roccia. Ed anche il raccoglimento non era lo stesso.

Non entrò nelle moschee, limitandosi a fare un'ampia passeggiata attorno ad esse, ad ammirarle e ad immaginare quali imponenti strutture dovessero essere esistite ben prima ed al posto di esse.

Per tornare indietro percorse la Via Dolorosa. Alla sua mente si riaffacciò l'immagine di Gesù, lacero e sofferente, che si incammina verso il Golgota: visione tragica, ma umana, di un disgraziato mandato in croce per le sue pericolose farneticazioni. Non lo avrebbero fatto se solo avessero potuto presagire il seguito.

PARTE TERZA

ARCANA IMPERII

42

Pietro arrivò puntuale all'appuntamento davanti alla solenne porta di Damasco. C'era un grande vociare ed un via vai di gente variopinta che entrava ed usciva dalla città vecchia; molti erano arabi.

- Hai portato tutto? - domandò Davide appena salito in macchina.
- Tutto.
- Novità dell'ultima ora?
- Nessuna.
- Ti ha seguito qualcuno?
- No, non credo.
- Non credi o lo sai?
- Davide, non ci ho badato: mi sembra che tu sia diventato paranoico!
- Pensala come meglio credi.
- Ma dai, per una telefonata un po' strana. Non credi di stare esagerando?
- Sarà anche solo una telefonata strana: se c'è stato dell'altro, noi non ce ne siamo accorti. Per questo ti invito a tenere gli occhi aperti. Tutto qui.
- Ok. Ma adesso pensiamo al nostro incontro con gli Israeliani. Speriamo che l'accoglienza sia più amichevole.
- Se fossi in te non mi farei illusioni.
- Ma cos'hai oggi? Problemi con Sarah?
- Lasciamo perdere, che è meglio.
- Ok. Ecco la Knesset, dev'essere la via lì dietro.

Non fecero a tempo a trovare un posto dove lasciare l'auto che una figura maschile scese dal marciapiede e fece loro segno di fermarsi. Quindi salì in macchina con loro occupando il sedile posteriore, spostando la valigetta diplomatica. Senza presentarsi né fornire spiegazioni, in inglese diede le indicazioni stradali necessarie. Il tipo guidò i due fuori dal centro di Gerusalemme, ma fece compiere un percorso tanto tortuoso che per loro, non pratici della città, fu impossibile comprendere in che direzione stessero realmente andando. Ad un certo punto il tipo disse di accostare e, una volta sceso, fece loro cenno di seguirlo verso un altro veicolo, una specie di furgone dai vetri oscurati, il cui portellone posteriore si spalancò quando i ragazzi furono vicini. Un altro uomo ed una donna, molto giovane, una ragazza sulla ventina si sarebbe detto, stavano all'interno e li fecero salire insieme al primo uomo. Poi il furgone partì, guidato da qualcuno che era invisibile da dietro. Il viaggio in furgone durò una ventina di minuti, durante i quali nessuno parlò, gli uni perché avevano questa consegna, gli altri perché temevano che ogni domanda sarebbe stata inutile. Solo la ragazza rivolgeva loro, di tanto in tanto, occhiate indagatrici. Erano in ballo e bisognava ballare.

Quando finalmente il mezzo si fermò ed il portellone si aperse, scoprirono di trovarsi in un anonimo cortile di un palazzo moderno ma non nuovo. Gli uomini e la donna li scortarono attraverso una piccola porta di ferro che si richiuse rumorosamente dopo il loro passaggio. Furono accompagnati in una stanza che sembrava una sala per gli interrogatori: un piccolo tavolo al centro, con attorno quattro sedie, tutte le pareti spoglie, un lungo specchio che occupava più della metà di un lato ed aveva tutta l'aria di essere finto, una sola porta; fissata al soffitto faceva mostra di sé, una telecamera che sicuramente era collegata ad una apparecchiatura per registrare i colloqui. Li lasciarono soli per un quarto d'ora buono. Nessuno cedette alla tentazione di dire qualcosa. Finalmente la porta si aprì e comparve il negoziatore israeliano, un uomo che poteva avere quarantacinque anni, di corporatura robusta ma atletica e dallo sguardo severo. L'uomo si sedette innanzi a loro e li spiazzò completamente presentandosi laconicamente, in un italiano perfetto e privo di accenti: - Sono Yehouda Cohen, ed ho l'incarico di ricevervi oggi.

Pietro, memore della raccomandazione del capo, gli rispose in ebraico, tentando così di portare la conversazione su questa lingua.

- Chi noi siamo, credo lei lo sappia già. Abbiamo una proposta negoziale per voi che ha l'obiettivo di permettere la costituzione dello stato Palestinese e di garantire una pace durevole nell'area.

- Anche questo già lo sappiamo - disse secco Cohen che subito proseguì in italiano: - Quello che invece vorremmo capire è perché voi e perché ora.

- D'accordo … E' un'iniziativa del nostro ministero degli esteri e, quanto al momento, credo lei convenga che in questo periodo non esistono fattori che impediscano di intavolare una trattativa, non ci sono conflitti in atto, la situazione mediorientale, ad esclusione dell'Iraq, è tutto sommato relativamente tranquilla ... - rispose Pietro tentando di tenere testa a quell'uomo il cui modo di fare era a dir poco indisponente.

- Insomma, voi dite, perché non provare, cosa mai abbiamo da perdere, magari gli Israeliani abboccano.

- No, non mi sono spiegato: la nostra proposta è equa e non è una trappola ordita contro di voi o altri ... - tentò di chiarire Pietro.

Davide che si stupiva per il tono arrogante usato dal loro interlocutore che insinuava chissà quali iniquità nella loro proposta di mediazione, si inserì nella discussione in italiano: - Mi perdoni, ma come fa a giudicare sconveniente una proposta prima ancora di conoscerla?

- Qui lei si sbaglia.

- In che senso?

- Nel senso che so perfettamente di cosa si tratta.

- Non è possibile: gli incartamenti sono sempre rimasti sotto chiave e non ne esistono copie!

- Questo è quello che lei pensa, ma continua a sbagliarsi.

- Vuole dire che lei è in possesso della nostra documentazione originale!?

- No, non possiedo un originale, ma questo non mi ha impedito di valutare la vostra proposta e di avanzare delle riserve.

- Vorrebbe essere più preciso?

- Mi dispiace, non posso.

La scoperta che il loro piano, uscito dall'ambasciata italiana a Tel Aviv solo due giorni prima, era già in possesso degli Israeliani creò un comprensibile imbarazzo negli Italiani. Non era neppure chiaro per quale motivo venisse loro rivelato questo fatto grave, che sarebbe stato molto semplice, da parte degli Israeliani, nascondere. Davide allora aprì la valigetta diplomatica, ne estrasse il plico sigillato da consegnare, ruppe il sigillo ed estrasse la mappa complessiva relativa all'ipotesi di accordo.

- Bene, allora ci spieghi che cosa c'è che non va.

- In primo luogo non va il fatto che tutta la Cisgiordania passerebbe ai Palestinesi, compresi gli insediamenti ebraici, con tutto quello che vi abbiamo costruito, case, strade, quartieri, scuole, ospedali, oltre naturalmente alla striscia di Gaza.

- Quanto alla Striscia di Gaza non mi pare quella grande concessione e poi, ciò che di sano vi era costruito sopra, vi siete premurati di demolirlo coi bombardamenti ... - sentenziò polemicamente Davide.
- *"Vim vi repellere"* signor Mancini, mi pare abbiano scritto proprio i vostri antenati. - rispose Yehouda Cohen sarcastico.
- Mi perdoni, ma qui è lei a sbagliarsi, signor Cohen, - lo interruppe Pietro - La questione non è certo la Gaza Strip, la questione è quella di Gerusalemme est, che resterebbe israeliana, nonostante la sua popolazione sia prevalentemente palestinese.
- Gerusalemme non è mai stata oggetto di negoziato, - rispose Cohen con sufficienza.
- Questo lo dice lei. Per i Palestinesi è materia eccome. Provi a domandarglielo!
- Sapete benissimo che nessuna ipotesi di spartizione della Palestina potrebbe poggiare sull'attribuzione di Gerusalemme est ai Palestinesi, tanto è vero che anche nella vostra proposta la attribuite a noi. Quindi è inutile che cerchiate di venderci questo fatto come se si trattasse di una grande concessione agli Israeliani.
- Potremmo allora parlare delle alture del Golan: per queste non sta scritto da nessuna parte che siano israeliane, eppure, nel nostro piano vi vengono attribuite in modo definitivo, con piena sovranità, - ribatté Pietro con enfasi.
- Anche a questo proposito devo correggervi: le alture del Golan sono sotto il controllo militare israeliano ininterrottamente fin dal 1967. Le abbiamo conquistate con una guerra e nessuno è riuscito a togliercele neppure con la guerra successiva: sono già nostre e voi non fate altro che attribuirci ciò che è già nostro. Se proprio credete, posso riconoscere che nel vostro piano ci viene attribuita una piena sovranità, riconosciuta dalla comunità internazionale, ma si tratta solo di un cambiamento formale. La sostanza non cambia. Resta poi il fatto che la vostra risposta alla mia prima domanda rimane alquanto insoddisfacente.
L'indisponenza del mediatore israeliano, oltre ad essere irritante, sembrava preventivamente orientata ad affossare il dialogo e a determinarne una rapida conclusione. Al momento infatti, il suo atteggiamento intransigente non rivelava alcun argomento che potesse essere oggetto di interesse da parte israeliana e dunque suscettibile di mediazione: niente di niente. A Davide venne in mente di chiedere al loro ospite di potere conferire a tu per tu con

Pietro per qualche minuto allo scopo di valutare come spendere le ultime risorse in quel primo colloquio che stava rivelandosi come un vero disastro. Ma poi, pensando alla presenza di altre persone all'ascolto, dietro al finto specchio e che la conversazione fosse sicuramente registrata, soprassedette. Si decise quindi a prendere l'iniziativa nel tentativo ultimo di rovesciare i termini della discussione.

- Lei è libero di credere o di non credere che siamo qui per iniziativa della nostra ambasciata. Possiamo a questo proposito aggiungere che la nostra mediazione è stata avallata dai nostri alleati europei e dagli Stati Uniti. Va da sé che se Israele riterrà unilateralmente la proposta da rigettare, la cosa resterà riservata, non finirà sui giornali. Però è inevitabile che tutti i Ministri degli Esteri dei paesi membri della Nato ne saranno informati.

- La interrompo subito. Non ho mai detto che la vostra proposta sarà rigettata da parte di Israele. Questa è una conclusione affrettata che voi avete voluto leggere nelle mie parole: io non l'ho mai affermato. Ho detto solo che le concessioni che dovremmo fare ai Palestinesi sono molto gravose ed ora posso anche aggiungere che non ho potuto vedere, nei punti che secondo voi sarebbero delle concessioni fatte ad Israele, dei reali vantaggi rispetto alla situazione sul campo. Tra dire questo ed affermare che rigettiamo la proposta in questo momento, mi perdoni, ma ce ne passa. Detto questo, se permettete, continuo ad avere delle perplessità circa il fatto che siate voi ad avanzare la proposta: i rapporti tra l'Italia ed i paesi arabi ed organizzazioni filo palestinesi se non addirittura con gruppi terroristici mediorientali negli ultimi decenni non mi paiono tali da potere porre il vostro paese, con riferimento alla materia del conflitto israelo-palestinese, al di sopra di ogni sospetto. Inoltre il vostro governo, a parole nostro amico, come può esserlo contemporaneamente della parte avversa? L'equidistanza, ammesso che possa davvero esistere, preclude un'amicizia troppo stretta con entrambe le parti. E non sto facendo accademia.

Pietro e Davide si scambiarono uno sguardo che rivelava sorpresa, indignazione e la necessità di riportare l'interlocutore a più miti consigli. Poi Pietro riprese in mano il bandolo del discorso, seguendo l'impostazione che vi aveva impresso Davide.

- Sia come sia, signor Cohen, il piano è quello che abbiamo appena consegnato a lei e che nei giorni scorsi abbiamo trasmesso anche all'Autorità Palestinese. Così come lei ha voluto essere franco con noi, altrettanto vogliamo fare noi con lei: premesso che la questione è molto complessa, noi abbiamo fatto delle ipotesi ragionevoli che tengono in considerazione una miriade di fattori, dallo stato di fatto sul terreno, alla distribuzione delle popolazioni sui territori, ai fattori demografici, ai rapporti con gli stati confinanti dal Libano all'Egitto, alla questione di Gerusalemme e via dicendo.

Abbiamo lavorato sodo, onestamente e a fondo. Tutto può dirsi del nostro piano fuorché sia approssimativo, superficiale o tendenzioso: contempera opposte esigenze ed è tale da potere essere ragionevolmente accettato anche da buona parte della comunità internazionale. La nostra proposta è sostanzialmente ultimativa, non perché noi siamo qui ad imporla a voi come ai Palestinesi, ma perché rappresenta un bilanciamento tra interessi contrapposti, tra sacrifici e benefici attesi che ogni parte dovrà affrontare. Se lei ritiene che questo piano non sia credibile perché negli anni ottanta l'Italia lasciò fuggire un terrorista palestinese che aveva sequestrato una nave da crociera dove un Ebreo americano era stato assassinato, faccia pure. Non possiamo cambiare la storia per divenire più credibili ai suoi occhi. Tuttavia invitiamo il suo governo a sottoporre il piano ad un esame attento prima di rigettarlo, perché questo potrebbe significare altri decenni di precarietà nell'area, fattore che, al di là delle ovvie implicazioni per la sicurezza interna di Israele, non giova neppure alla sua economia.

- Signor Rabaglia, la credibilità si costruisce attraverso lunghi decenni di comportamenti coerenti, e si perde per una singola decisione sbagliata. Comunque vi ringrazio della franchezza e posso assicurarvi che la proposta verrà presa nella dovuta considerazione dal nostro governo. Vi invito tuttavia a mantenere nei fatti quella equidistanza che avete dichiarato.

Detto questo, Yehouda Cohen si alzò come ad indicare che il colloquio era giunto al termine.

- Ancora una cosa: le ricordiamo che il tempo disponibile è di un mese da oggi. Entro quel termine desideriamo conoscere la vostra posizione ufficiale. E' accettabile?

- Sicuramente è un tempo ragionevole per soppesare tutti gli aspetti. Ci faremo vivi in ogni caso.

- Noi siamo disponibili per qualunque chiarimento e sa dove trovarci.

- Certamente. Prego, vogliate seguirmi.

Ripercorsero il corridoio e si ritrovarono nel cortile, ora completamente buio e silenzioso. La luce dei fari del furgone indicò loro la strada. Salirono dal portellone posteriore, come avevano fatto all'andata. Dentro però ora c'era solo la giovane donna di prima che richiuse lo sportello alle loro spalle, quindi si accomodò.

Durante il tragitto, inaspettatamente, la donna attaccò a parlare in ebraico: - Com'è andata?

- Bene! - rispose Pietro che non riteneva fosse corretto parlare dell'argomento con quella sconosciuta, che probabilmente sapeva già tutto in dettaglio.

- Mi pare una risposta di circostanza.

- In effetti, la è. Come la domanda, non crede?

- Giochiamo a fidarci?

- Dovremmo?

- Credo di sì. Non dovete formalizzarvi davanti ad una certa ...

- Diffidenza?

- No, diciamo piuttosto ... prudenza.

- Va bene, prudenza, se crede.

- Dobbiamo essere prudenti. Ma non vorremmo che questa prudenza fosse presa per qualcosa di diverso.

- Diciamo che in altre occasioni siamo stati trattati meglio.

- Non ne dubito. Magari a Ramallah?

- Non ho detto né dove né quando, ma mi pare che la conversazione non sia di grande utilità, visto che lei conosce già tutte le risposte.

- Non tutte, purtroppo.

- La cosa non ci riguarda. Tuttavia posso dirle che, seguitando ad inseguire fantasmi, forse correte il rischio di vederne anche là dove non ce ne sono: a volte, forse inaspettatamente, le cose sono proprio come appaiono e pensare che non sia così può condurre a conclusioni e a decisioni errate. - stigmatizzò Pietro.

- Messaggio ricevuto! - concluse la donna sorridendo.

Davide, immaginando che la donna non parlasse italiano chiese poi conto a Pietro di quello scambio di battute. Quando ebbe capito di cosa si trattava, gli confermò che anche lui avrebbe risposto circa nello stesso modo. Mentre Pietro e la donna discorrevano Davide si chiedeva come mai lei non avesse aperto bocca all'andata ed ora fosse diventata così ciarliera, come mai Yehouda Cohen li avesse ricevuti in modo quasi rude e questa donna facesse ora l'amicona, come mai gli Israeliani avessero mantenuto l'appuntamento con loro se già erano in possesso dell'accordo; per quanto girasse intorno a queste domande non riusciva a venirne a capo. Intuiva però amaramente che vi era ben poco in quei comportamenti di una normale relazione diplomatica tra paesi diversi. Quando finalmente il furgone si fermò in prossimità della loro auto, la donna aprì il portellone per farli scendere. Quindi li salutò inaspettatamente in un italiano perfetto e senza accenti: - Allora arrivederci al prossimo incontro!

- Arrivederci, le auguriamo buon proseguimento! - chiosò Pietro in ebraico, quasi a dimostrare che non era da meno.

Il teatrino era finito. Davide si limitò ad alzare il braccio, in segno di saluto.

Poi finalmente risalirono sulla loro vettura. La situazione, nella sua viscosa opacità, era talmente chiara che nessuno dei due proferì un commento sull'incontro. Ripresero la via di Tel Aviv sull'auto di servizio con le insegne diplomatiche. Gli Israeliani erano molto più malfidenti di quanto nessuno avesse potuto lontanamente immaginare. Li avevano controllati, studiati, interrogati come e quanto avevano voluto. La loro trasferta a Gerusalemme era stata sostanzialmente inutile: la proposta l'avevano già in copia. Come se la fossero procurata rimaneva un mistero. Pensare che i Palestinesi gliel'avessero passata era una pura assurdità. Sia come sia, gli Israeliani volevano usare l'incontro faccia a faccia per carpire qualunque dettaglio, espressione o parola che potesse fornire loro ogni informazione aggiuntiva o conferma del convincimento che avevano già maturato. Pietro accompagnò Davide all'ambasciata, dove aveva lasciato la sua vettura e lì, esausti, si salutarono.

43

Giunto tardi a casa sua a Netanya, dopo avere mangiato qualcosa tratto a caso dal frigorifero, finalmente si sdraiò sul divano sperando di riuscire a liberarsi dai suoi foschi pensieri e dai dubbi che lo avevano assillato durante quella lunga giornata. Ma, invece di rilassarsi, la sua mente lo riportò ad analizzare i fatti della giornata, iniziata male e finita, forse, peggio. Poi ripensò con nostalgia al suo periodo di formazione, a Roma, al suo appartamento, alla signora Lina, alla signora libanese con cui aveva studiato l'arabo e a sua madre. Poi pensò a Sarah e al conflitto generato dal suo lavoro. Forse che un'unione con una donna presupponeva un'assoluta onestà intellettuale, una piena condivisione d'intenti, una completa confidenza, una profonda complicità?

Gli parve di potere concludere che si raccoglie quello che si semina; Sarah avrebbe meritato tutto questo da lui, ma lui non era in grado di poterlo offrire, non perché non volesse, ma semplicemente perché aveva scelto un lavoro che implicava una serie di rinunce e solo ora si rendeva conto di quale potesse essere il prezzo da pagare per quelle rinunce che aveva accettato così, senza riflettere, accecato dal sogno idealistico di potere contribuire a cambiare in meglio le cose, di potere lasciare un segno, un mondo migliore. Ma, alla luce del rischio concreto di fallire, che solo ora si configurava come una eventualità tutt'altro che remota, aveva ancora senso il suo voto? Non era forse diventato un inutile sacrificio sull'altare dell'idealismo? Riconosceva adesso in sé l'ostinazione di perseguire allo stesso tempo due obiettivi che sempre più apparivano inconciliabili: avere con Sarah una relazione piena e vera e, contemporaneamente, mandare in porto un negoziato che doveva rimanere segreto, quando già si era dimostrato che tale non era più: la telefonata del lunedì e poi quel figlio di buona donna di Yehouda Cohen. Sapeva di non potere ricucire con Sarah raccontandole una bella storia: era troppo intelligente, troppo acuta per accontentarsi di una finzione. Troppo avida di vivere completamente il suo presente per potere rinunciare di conoscerne una parte importante. Non era Daniela. A Sarah non si bastavano effimere apparenze, lo aveva già dimostrato. E se anche fosse stato possibile, sentiva di non volere ricucire un rapporto in cui avrebbe dovuto recitare una parte, fingere e mentire, così come il suo compagno di viaggio Pietro. L'unica possibilità per costruire una relazione profonda era dirle la verità, violando l'obbligo di riservatezza. E poi aveva ancora senso farsi scrupolo della riservatezza se due fonti, apparentemente non coincidenti, già conoscevano dell'esistenza della trattativa? Forse mantenere il segreto sulla trattativa era ormai una consegna inutile, svuotata di valore . Forse il suo sacrificio sarebbe stato comunque inutile. E poi quale era il rischio che Sarah, a sua volta, divulgasse informazioni riservate? Se il rapporto con lei avesse funzionato, questo rischio era molto modesto, quasi trascurabile. Diversamente, se si fosse deteriorato, se in seguito si fossero lasciati ... lei avrebbe avuto a disposizione un'arma per colpirlo. Però, col passare del tempo l'efficacia di quest'arma si sarebbe sensibilmente ridotta. Di lì ad un mese, o poco più, si sarebbe capito chiaramente quale sarebbe stato l'esito della trattativa. Dopo, che si sapesse del coinvolgimento italiano oppure no, non avrebbe più avuto una grande importanza, comunque fossero andate le cose. Perché tacere con lei allora?

Dal divano si trasferì al letto, sperando di riuscire a gettarsi la giornata dietro le spalle. Prese in mano il libro che stava leggendo in quel periodo. Yehouda Cohen entrò nella stanza senza bussare e si accomodò in poltrona. C'era qualcosa di incongruo perché si muoveva come se conoscesse benissimo l'ambiente ed avesse preso alla lettera l'espressione ospitale "Fa come se fossi a casa tua!"

- Mi dispiace dovere renderle visita in un momento così inopportuno, ma era necessario chiarire in fretta alcuni dettagli molto importanti.

- Non c'è problema, prego, mi dica di cosa si tratta.

L'uomo sembrava impacciato, forse non si attentava a dire ciò per cui era venuto. In ogni caso il suo atteggiamento era assai differente rispetto a quello diretto, risoluto e spiccio mostrato al pomeriggio a Gerusalemme. Ora appariva in imbarazzo sì, ma deferente, quasi a volere fare ammenda.

- Oggi ho dovuto essere molto brusco, lei mi capisce, ... perché c'era quell'altro, il segretario di legazione.

- Intende riferirsi al dottor Rabaglia?

- Rabaglia, sì, ... appunto.

- In che modo la presenza del mio collega poteva mai condizionarla? Non capisco, mi spieghi meglio, se può.

- Certo, mi condizionava. Perché lui sicuramente andrà a spifferare tutto ... il suo collega.

Davide non capiva se Yehouda Cohen fosse veramente serio come appariva, oppure se lo stesse in qualche modo prendendo in giro. Non sapeva quindi come comportarsi.

- Mi perdoni, è ovvio che il mio collega, come il sottoscritto d'altronde, dovrà riportare ai superiori il nostro colloquio. Non capisco cosa vuole dirmi.

- Ma no, cos'ha capito! Dicevo che il suo collega andrà sicuramente a riferire tutto a quelli di Hamas e a quelli di Ezbollah!

- Credo proprio che lei abbia preso un abbaglio! Non è proprio possibile che il dottor Rabaglia ... No, lei si sbaglia!

- Ma come fa a dirlo! Come fa a garantire ciecamente per il suo collega?

- Le dico che è impossibile: lavoriamo tutti i giorni fianco a fianco, me ne sarei accorto!

- Vedo che lei continua ad illudersi! Passa con lui tutto il tempo ? Anche le notti? E i fine settimana? Senta, mi dia retta, - tagliò corto Yehouda Cohen - Noi sappiamo ... noi abbiamo le prove che Rabaglia ... noi possiamo provare che Rabaglia fa il doppio gioco.

- E come fareste ad avere queste "prove"?

- Vi controlliamo, vi pediniamo e vi intercettiamo da tempo.

- E' impossibile.

- Lei si ostina a negare la possibilità che accadano cose che le sembrano inverosimili, ma non ha nessun argomento oggettivo che dimostri che questi fatti non possano verificarsi. Invece deve credermi.

- E quali sarebbero queste prove ?

- Sappiamo che quelli di Hamas hanno chiamato alla vostra ambasciata per avere conferma che stavate recapitando il piano a Fatah. Evidentemente volevano testare l'attendibilità del loro delatore. Sappiamo che lei frequenta una giovane archeologa dell'università di Gerusalemme, anche se non è ancora chiaro se abbia dei secondi fini. Per ora pare di no. E sappiamo anche che il suo collega informa puntualmente sia Hamas che Ezbollah dell'andamento delle trattative. Le basta?

- Quello che lei dice è assurdo! E' pazzesco!

- Sarà pure pazzesco, glielo concedo, ma fatto sta che è vero.

- Non posso crederci.

- E allora non ci creda, non è un problema mio. Il motivo per cui ho voluto incontrarla nuovamente è un altro: volevo dirle che la bozza di piano che avete preparato va sostanzialmente bene; sarà oggetto di un esame approfondito, dopo di che vi forniremo le nostre proposte di modifica che, ripeto, non verteranno su questioni sostanziali. Inoltre sappiamo che anche da parte di Fatah ci sarà un sostanziale accoglimento della proposta.

- Scusi se la interrompo, ma come fate a sapere voi come la pensa Fatah su un piano che ha ricevuto appena due giorni fa?

- Lei non deve preoccuparsi di sapere come lo sappiamo, le basti sapere che lo sappiamo per certo. Dicevo …?

- Che Fatah sarà sostanzialmente favorevole …

- Ah sì. La questione seria è che né Hamas né Ezbollah lo saranno e che dobbiamo attenderci atti volti a fare naufragare la trattativa.

- Mi perdoni ma, se ho capito bene, il negoziato potrebbe arenarsi perché due parti, estranee alla trattativa, si oppongono? E come?

- Vedo che lei è giovane. Mi ascolti: il suo collega oggi mi ha detto che la proposta di mediazione è stata avanzata adesso perché il clima non è dei peggiori, ricorda?

- Assolutamente.

- Bene, non occorre uno sforzo di fantasia eccessivo per immaginare che ciascuna di queste due forze è in grado di modificare questo clima in peggio. Se dovessero accadere fatti gravi e diffusi che rendano indispensabile una reazione forte del governo israeliano, lei crede che sarebbe ancora possibile qualunque ipotesi di negoziato?

- Per questo noi ci siamo sforzati di mantenere segrete queste trattative!

- Non mi pare che abbiate compiuto chissà quale sforzo per mantenere il segreto, se chi tradisce è proprio un vostro uomo di prima fila! Ad ogni modo, a questo non è possibile porre rimedio, perché ormai tutti sanno e voi siete bruciati. Anche se doveste rimuovere la mela marcia dal suo incarico, ormai i gruppi terroristi sanno che vi siete mossi e quindi la vostra azione è, per ciò stesso, divenuta inutile. Avete fallito.

- E perché viene a raccontarmi questa storia adesso ?

In quel mentre Davide avvertì la diffusa e sgradevole sensazione di perdere l'equilibrio e di cadere. D'un tratto non vedeva più Yehouda

Cohen, che era scomparso o forse non riusciva più a scorgerlo dalla sua nuova posizione. Fu come se la terra, senza rumore alcuno, si fosse aperta sotto i suoi piedi ed ora lo inghiottisse nelle sue calde viscere, con una caduta lenta ed inesorabile, di cui lui aveva per ora colto soltanto l'inizio. Una voragine cava, buia ed apparentemente senza fine seguitava inghiottendolo verso il basso, senza mai raggiungere il fondo. La caduta era irrimediabile ed il buio totale. Fu a quel punto che si destò urlando, ansimando e sudando. Erano le quattro passate. Era nel suo letto. Vestito. La luce nella stanza era ancora accesa. Sul petto il libro di racconti di Buzzati aperto a "La corazzata Tod".

44

Il mattino seguente, era venerdì, si svegliò tardi. Nonostante avesse dormito, il sonno non era riuscito a lavare via l'impronta di quel sogno inquietante. Si preparò un caffè forte e accese il computer. Lesse la posta: c'era solo una mail da Markus Liebetanz con la consueta partita di scacchi, a cui rispose. Ultimamente aveva dato delle soddisfazioni a Markus, che vinceva la maggior parte delle partite. La sua attenzione, la sua mente ad altro erano rivolte. Poi scrisse a de Gregorio una breve mail di sintesi dell'incontro con gli Israeliani. Infine rimase seduto davanti allo schermo a riflettere: forse c'era davvero qualcuno che tradiva vicino a lui e poteva essere chiunque. Poteva anche essere Pietro, come aveva sognato? Per quanto girasse intorno a questa cruda possibilità, non riusciva ad immaginare e neppure a supporre l'esistenza di indizi a carico suo o di qualcun altro. Tuttavia il sogno della notte metteva in evidenza quale fosse il suo inconscio convincimento ed anche quale fosse la sua visione di un possibile futuro esito del suo lavoro. Ma vi era un modo, una qualche strategia per modificare quella trattativa già avviata per garantirle maggiori possibilità di successo? Non gli veniva in mente niente di efficace. L'unica cosa utile per capire quanto fondate fossero le sue preoccupazioni era quella di imprimere al negoziato la massima accelerazione possibile in modo che potesse giungere a conclusione prima che le parti avverse si organizzassero con sistematiche azioni destabilizzanti.

E nel frattempo guardarsi dai nemici.

E dagli amici.

Giunto a queste conclusioni, non proprio tranquillizzanti, il suo pensiero corse a Sarah che sapeva a Beersheva: un nodo alla gola si strinse al pensiero di poterla perdere. Questa volta non ebbe esitazioni: prese il mano il telefono e la chiamò sul cellulare.

- Ciao, sono io. Come va?

- Benone. E tu?

- Sono stato meglio. Sei già tornata a Gerusalemme?

- No, sono nel deserto, nella riserva di Ein Avdat e tu?

- A casa.

Dal tono di entrambi pareva che le incomprensioni di due sere prima si fossero sciolte come neve al sole.

- Sei sola?

- Non proprio.

- Chi c'è con te?

- Ma cosa hai capito, scemo! Sono con Ephraim ed Aaaron, mi hanno assistito nella lezione di ieri, ma tra un po' se ne tornano a casina loro. Hai voglia di farti un giretto nel Negev?

- Certo che ne ho voglia: dove ci troviamo?

- Fra due ore al memoriale di Ben Gurion a Sdé Boqér. Sai arrivarci?

- No, ma mi arrangerò!

- Portati da bere e da mangiare!

- E tu, hai fatto benzina?

- Ne ho per tornare a Gerusalemme, credo. Poi ho la tanica nel baule.

- Piena o vuota?

- Non ne ho idea, ma la tanica ce l'ho.

- Sei la solita! Vorrà dire che gireremo con la mia macchina.

- Ok. Ti aspetto. Se hai problemi, chiamami.

- Va bene. Cercherò di non averne.

- Mi pare che tu ne abbia già abbastanza ... -

- E' così ... ma ne parliamo dopo. Ok?"

- Va bene, ma non sperare di potermi evitare!

- Lo so. Non ti avrei chiamata se avessi voluto evitarti, ti pare? Ne parliamo dopo.

- Ok.

45

Raccolto quanto di utile aveva trovato nel frigorifero e riempita una piccola borsa col necessario per restare fuori una notte, Davide salì in macchina e imboccò la strada per l'aeroporto Ben Gurion: voleva evitare di trovare traffico attraversando tutta Tel Aviv per andare a sud. Proseguì per Ramla, di lì a Quiryat Gat e poi a Beersheva. Man mano che si inoltrava verso il meridione le nuvole scure che coprivano il cielo di Natanya andavano dissipandosi, scoprendo un sole sempre più caldo. Sapeva che questo cambiamento non era dovuto ad un miglioramento del tempo, ma solo al fatto che stava avvicinandosi al deserto: in pochi chilometri il clima era diverso e pure il paesaggio, sempre più brullo, più roccioso e meno abitato. Beersheva sembrava essere l'ultimo avamposto dell'umanità prima del nulla. Così almeno se lo era figurato fino a quel momento. L'espansione delle attività agricole nel Negev, che era stata un fiore all'occhiello dei primi decenni dopo la costituzione dello stato, ora non appariva più come un traguardo nazionale essenziale, perché l'economia del paese si era trasformata, da agricola in industriale e da industriale in post industriale, seguendo da vicino quanto accadeva negli altri paesi avanzati. All'epoca pionieristica dei primi *kibbutz* risaliva l'impianto a Sdé Boqér, in pieno deserto, dell'università del Negev, fortemente voluta da Ben Gurion che aveva finito per esservi poi sepolto. Giunto in anticipo con l'auto a Sdé Boqér, non fece fatica a trovare il memoriale dello statista, che era ben segnalato. Scese dalla macchina a gustarsi quel sole già rovente, anticipo dell'estate. Sarah ancora non era arrivata. Oltre il monumento funebre di David Ben Gurion il vasto piazzale affacciava su una grande vallata rocciosa e desertica. Il giallo ocra era il colore dominante oltre all'azzurro intenso e uniforme del cielo. Il deserto si estendeva ondulato a perdita d'occhio in ogni direzione. Si sedette sul muretto ad ammirare quello spettacolo al tempo stesso desolato e coinvolgente, pauroso ed intrigante. Aveva accettato l'invito di Sarah non perché pensasse di trovare nulla di interessante nel Negev, ma solo perché voleva spiegarsi con lei.
Dopo una decina di minuti ecco la macchina di Sarah parcheggiare. Era sola.

- Ciao! Ephraim ed Aaaron dove li hai smarriti?
- Credi lo abbia fatto per te? Dovevano tornare per lo Shabbat. Li ho messi su un Egged bus per Gerusalemme.
- Mi ero illuso.
- Quei ragazzi sono dei buoni diavoli, ma lavoro con loro tutti santi giorni!
- E poi a Gerusalemme avranno pure qualche fidanzata …
- Cosa vuoi sapere tu delle loro fidanzate. Non sarai geloso di quei due!?
- Non so più cosa pensare di nessuno …
- Neppure di noi? Vieni, andiamo, parliamo in macchina, dobbiamo arrivare prima del tramonto.
- Dove mi porti questa volta? Il deserto è tutto uguale.
- Non dire fesserie. Tu il deserto lo hai visto solo sulla carta geografica.
- Ok, se lo dici tu.
Sarah trasbordò i suoi effetti sulla macchina di Davide che presto fu in marcia verso sud, sulla strada per Eilat. La via era sgombra, rari i veicoli che incrociavano in senso opposto. Ad un certo punto, alla loro destra, cominciarono a succedersi degli strani cartelli di pericolo che vietavano la svolta e pure la sosta.
- E questi cosa sono? Perché non ci si può fermare? Siamo in pieno deserto.
- Il territorio ad ovest è un poligono di tiro: sparano coi grossi calibri.
- Cosa intendi per grossi calibri?
- Artiglieria pesante, cannoni da 305 millimetri, credo. Fanno un cratere grosso come un'automobile dove cadono i colpi.
- Hai fatto il servizio militare in artiglieria?
- No, ma sono cose che si sanno da noi; da voi no?
- Da noi insegnano che è meglio non avere a che fare con le armi.
- Anche da noi, ma ci spiegano che è meglio saperle usare, per non doverle usare.
- *Si vis pacem, para bellum*!
- Sì, infatti. I Romani predicavano bene.
- E razzolavano male! E quelli laggiù cosa sono?
- Sono i nostri carri. I ragazzi devono imparare a sparare in movimento su terreno accidentato: si stanno addestrando, non c'è da fare troppo assegnamento su dove cadono i colpi!

- Miseria! Vuoi dire che potrebbero colpire anche la strada?
- Ma no. C'è una zona di rispetto, in cui però, è bene non addentrarsi. Questo dicono i cartelli.
- E se avessi una mezza idea di fermarmi a fare pipì.
- Dove sta scritto che devi fare pipì verso ovest? A est non è la stessa cosa?
- Lasciamo perdere. Mi è passato lo stimolo.
- Meglio così. Non abbiamo molto tempo prima che il sole tramonti.
- Ma si può sapere dove stiamo andando?
- Non ancora.
Superato il piccolo abitato di Mitzpe Ramòn, Sarah diede indicazione a Davide di proseguire ancora un poco e poi di fermarsi in un ampio piazzale a lato della strada, prima che questa iniziasse a scendere. Ormai il sole si stava coricando a occidente incendiando di rosso le pietre, le rocce, la sabbia.
- Ecco, siamo arrivati, scendi!
- Arrivati dove? E' tutto deserto!
- Vieni e guarda coi tuoi occhi!
Innanzi a loro si apriva un inaspettato immenso ripido dirupo, uno strapiombo molto profondo, una grande arida vallata, dalle rive altissime e scoscese il cui versante orientale aveva colori caldi, dall'ocra all'indaco sotto gli ultimi raggi del sole al crepuscolo.
- Hai davanti il Maktesh Ramòn! Volevo che tu vedessi questo spettacolo della natura alla luce della sera. Non è meraviglioso!?
- Sì lo è davvero, ma cos'è? Una gola profonda?
- *Maktesh* vuol dire cratere, ma non è un vulcano. E' il più grande dei cinque *makteshim* presenti in Israele. E' lungo quaranta chilometri e, in questo punto, è largo otto e profondo mezzo. E' un libro aperto della storia geologica di questa regione. Cinquecento metri di strati sovrapposti.
- Un po' come il Grand Canyon in America?
- Sì. Ma la differenza è che quella valle è stata scavata dal fiume Colorado.
- E questa? Se non è stato un fiume chi l'ha scavata?
- No. Qui è stata una gigantesca subsidenza: c'erano rocce più dure, calcari e dolomie che sovrastavano strati più teneri di arenarie friabili. Queste sono state dilavate ed erose dalle piogge che oggi sono quasi nulle, ma soltanto diecimila anni avanti Cristo, erano copiose anche qui. Disgregandosi, le arenarie hanno fatto venire

meno il sostegno agli strati sovrastanti che sono collassati. Così, lentamente, si è formata la voragine.

- Ma si può visitare o dobbiamo limitarci a vederlo dall'alto?

- Ci sono dei percorsi molto interessanti giù per questa parete che arrivano fino al fondo, ma richiedono cinque ore di cammino e un'attrezzatura che oggi non abbiamo.

- Magari ci torniamo?

- Certo. Possiamo tornarci in inverno. E' l'unica stagione in cui è praticabile.

- Figuriamoci d'estate!

- D'estate ci sono anche più di cinquanta gradi. Per domani avevo un altro programma da proporti.

- E adesso dove pensi di andare a passare la notte?

- Tranquillo: ho già prenotato nell'albergo più insolito che tu abbia mai frequentato.

- Guarda che ho dormito anche nelle dimore trogloditiche di Matmata.

- Vedo che hai viaggiato. Beh, questo hotel è diverso, ma non è da meno.

Ripresa la strada verso Mitzpe Ramòn, questa volta attraversarono l'abitato, imboccarono una stradina che ben presto divenne sterrata. Le ultime luci del giorno si erano spente ad occidente e le prime stelle si andavano accendendo ad oriente. Dopo qualche chilometro in cui Davide si era impegnato nella guida, domandò: - Ma si può sapere dove cavolo stiamo andando? Qui c'è solo buio pesto e deserto.

- Vai avanti ancora un po', uomo di poca fede.

Ormai si erano addentrati per alcuni chilometri in quell'inospitale deserto di altura. L'abitato di Mitzpe Ramòn non era più in vista da un pezzo e la strada seguiva sinuosa le ondulazioni del terreno, ora salendo, ora scendendo su e giù per dolci aridi pendii. A parte i fari che fendevano la notte, il buio era totale. Finalmente Sarah fece segno a Davide di arrestare il veicolo. La stradina sembrava proseguire e non vi era alcuna indicazione che servisse a distinguere quel luogo da quelli che lo avevano preceduto.

- Ma dove diavolo mi hai portato? - fece Davide dopo essere sceso dal mezzo ed avere dato un'occhiata nei dintorni. - Non c'è niente qui.

- Siamo arrivati! Puoi prendermi la mia borsa dal baule?

- Ma … arrivati dove?

- All'albergo, naturalmente.

- Sarah se pensi davvero che io possa passare la notte in mezzo a questi sassi, che non si sa bene cosa nascondano, ti sbagli di grosso!

- Scorpioni, Davide. Sotto i sassi ci sono gli scorpioni, che, di notte, escono per cacciare.

- Scorpioni?! Ma dov'è l'albergo?

- E' qui intorno. Vieni, seguimi.

- Ma tu sei tutta matta! - rispose poco convinto e seguendola di mala voglia.

In breve arrivarono ad una specie di capanna, sostenuta di pali di legno, chiusa da stuoie e ricoperta di canne. Una porta si aprì ed una luce fioca rischiarò l'ingresso.

Una figura femminile di mezz'età si affacciò.

- *Hi, Sarah, how are you? And who is he? Your new boyfriend, I guess!*

- *Fine thanks, and you? This is David.*

- *Hi David!*

- *Hi Miss …*

- *This is Daniela Peterson, from New York.*

- *Hi Daniela! Did you come from New York to live in the Negev desert?*

- *Just a few months a year, then I come back. But this is my real home. Please, come in!*

A Davide non era sfuggita l'allusione della donna al fatto che lui doveva essere il "nuovo" fidanzato, segno che Sarah era già stata lì con altri fidanzati; tuttavia preferì non dire nulla in proposito. L'albergatrice non era meno alternativa dell'albergo. Indossava un variopinto abito leggero che sembrava preso ad una figlia dei fiori del '68 californiano. In testa portava un nastro di stoffa che le legava i lunghi capelli. E sandali aperti ai piedi. Entrarono in quella che sembrava essere la sala da pranzo: un grande tavolo quadrato molto basso occupava il centro. Le sedie mancavano del tutto, sostituite da ampi cuscini dai colori sgargianti dei beduini. Alle pareti erano appesi grandi *kilim* e delle vecchie selle per dromedari in stoffa grezza colorata. La donna quindi li accompagnò alla loro *suqqah*. Le poche camere, sei in tutto, erano ricavate ciascuna in una *suqqah*, ossia la tenda tradizionale dei beduini, che erano distribuite ad una certa distanza l'una dall'altra lungo una piccola valletta distante una cinquantina di metri dalla "hall". C'era anche una *suqqah* speciale che conteneva le docce. L'acqua disponibile per lavarsi era pochissima e veniva portata ogni giorno da Mitzpe Ramòn, con la jeep.

Per l'uso del bagno, veniva consigliata una breve passeggiata nel deserto: qualunque direzione andava bene. Fuori il buio pareva completo ma, col passare del tempo, la vista si abituava. La signora mostrò loro la *suqqah*, spiegando come accendere la piccola luce, alimentata da pannelli solari e batterie, come ci si poteva preparare un tè sul fornelletto da campo ed illustrando i non molti comfort di cui disponeva ogni *suqqah*. Il letto era a terra. Terminato che ebbero di sistemare le loro cose, Davide e Sarah tornarono alla "main *suqqah*" per la cena. Oltre a loro c'era una coppia di americani: lui faceva lo scrittore mentre lei gestiva una galleria d'arte contemporanea a Boston. Loro, come altri ebrei americani, erano soliti trascorrere ogni anno una o due settimane nel deserto, per ritrovare se stessi, come dicevano. Fu una cena piacevole, quasi in famiglia, a base di *cous cous*. Davide si chiedeva se questi americani non avessero altri posti più vicini a loro dove ritemprarsi: fare ogni anno ottomila chilometri per finire nel Negev e altri ottomila per tornare gli pareva una cosa un po' eccessiva, per non dire assurda. Sarah invece pareva avere un'opinione differente: tutti gli ebrei della diaspora, anche quelli dall'altra parte del mondo, erano per lei come dei lontani parenti, anche se non spiccicavano una sola parola in ebraico; ed era del tutto naturale che, ogni tanto, questi lontani parenti volessero tornare a casa nella terra dei padri. La lingua parlata era l'inglese e gli argomenti furono vari, dall'assegnazione del premio Pulitzer ad un giovane giornalista per le sue inchieste al vetriolo sul sistema lobbistico delle case farmaceutiche americane, all'ultimo film presentato dai fratelli Cohen, un western, alla questione del cambiamento climatico. Davide, cautamente evitò di proporre qualunque tema di politica internazionale nel timore di suscitare curiosità inopportune sul suo lavoro che avrebbero potuto sfociare in domande per lui imbarazzanti. Giocò quindi di rimessa.

46

Quando, terminata la cena, Sarah e Davide uscirono al buio per tornare alla loro *suqqah*, un intenso vento caldo, prima assente, aveva preso a soffiare costantemente da sud. Produceva una piacevole sensazione del tutto inattesa. L'aria era cristallina e nel cielo terso andavano accendendosi le stelle.

- E' il ghibli! Vieni, andiamo a fare quattro passi - disse Sarah.

- Sarebbe? - rispose Davide incuriosito per quell'inaspettato aumento della temperatura.

- E' un vento caldo che soffia dal deserto arabico. A volte dura diversi giorni e può portare sabbia, quando è molto forte. Vieni, saliamo fino alla sommità del *wadi*. Si sedettero per terra in cima al crinale arrotondato da cui partiva l'avvallamento in cui erano state erette le *suqqah* e si tolsero le giacche perché la temperatura ora consentiva di stare confortevolmente con la sola maglietta. Contro la nera volta celeste ormai moltissime stelle gareggiavano tra loro in brillantezza, mentre la luna ancora doveva sorgere.

- Allora, ti sei trovato bene in questo albergo?

- Sto sempre bene, quando sono con te.

- Ma dai, non fare il melenso! Ti piace questo posto?

- E' affascinante. Qui sembra che il tempo si sia fermato da milioni di anni. E' una bella illusione.

- Allora, vuoi dirmi che cosa c'è che non va?

- Non c'è niente che non vada con te. Sei la donna migliore che posso desiderare.

- E quindi cos'è? Il lavoro?

- Ti rendi conto che non potrei risponderti?

- Hai un vincolo di segretezza?

- Appunto.

- Ma Pietro non diceva che in ambasciata vi occupate di rinnovare i passaporti, di curare gli interessi italiani in Israele ed di altre simili innocenti funzioni?

- Pietro ha il mio stesso vincolo. Era in imbarazzo. Non poteva rispondere e non lo ha fatto. Tu vuoi che io lo faccia?

- Cosa rischi?

- Se lo scoprono i miei, la carriera.

- Perché c'è qualcun altro che potrebbe minacciarti se parli?
- Temo di sì.
- Allora non insisto. Solo mi dispiaceva che fra di noi ci fossero dei segreti.
- Lo capisco, cosa credi che non ci abbia pensato? Neanche a me piace. Ma dalla sera della cena a casa di Pietro, le cose sono cambiate. ... Se mi assicuri di mantenere la segretezza, alcune cose vorrei che tu le sapessi. Bada che mi devi garantire che non parlerai mai con nessuno, in nessuna circostanza, di quanto ti dirò. Non è prevedibile quali danni potresti farmi qualora tu rivelassi queste cose. Puoi prendere questo impegno?
- Ma certo. Non è un problema.
- No, Sarah, intendiamoci bene, questo è un problema, un **grosso** problema per me. Devi mettere in conto di tacere anche se dovremo lasciarci, anche se tu un domani dovessi provare del risentimento verso di me ... devi impegnarti a non tradirmi non rivelando mai ad alcuno quello che ti dirò.
- Va bene, te lo prometto.
- ... Cosa ... cosa pensi sinceramente della questione palestinese?
- E questo cosa c'entra?
- Tu prova a rispondermi.
- I Palestinesi sono un grosso problema, ma anche certi Israeliani lo sono altrettanto. Non credo che la questione avrà mai soluzione, ormai fa parte del paesaggio.
- Sei molto pessimista. Ma secondo te, quale dovrebbe essere l'esito finale, se mai ci si potesse arrivare?
- Io credo ... che dovremmo lasciare loro le terre occupate con la guerra dei sei giorni. Ma loro dovrebbero riconoscerci come stato, accettare la storia. E, soprattutto, dovrebbero smettere di compiere attentati e di rappresentare una minaccia per noi.
- Bene, devi sapere che Pietro ed io siamo degli *sherpa*.
- Ma va! Non sapevo che faceste i facchini per arrotondare lo stipendio.
- Non c'è niente da ridere. In gergo diplomatico gli *sherpa* sono i negoziatori.
- Spiegati meglio ...
- Lo *sherpa* è colui che porta i carichi degli scalatori in alta quota, in una ambiente così ostile che, senza gli *sherpa*, gli scalatori non potrebbero arrivare in vetta. Ecco, ... Pietro ed io stiamo lavorando

ad un piano di pace e di spartizione del territorio che ha come obiettivi quelli che tu hai detto. Se avremo successo i capi di governo firmeranno gli accordi, mentre noi resteremo sempre nell'ombra.

Sarah si girò verso di lui - E' davvero questo il vostro lavoro?

- Sì. Stiamo già trattando in segreto sia coi Palestinesi che con gli Israeliani.

- Hai paura?

- Prima non ne avevo, ma ora sì. Sembra che ci sia già stata una fuga di notizie.

- In che senso?

- Succedono cose strane. E' probabile che qualcuno già sappia di questa trattativa. Ci tengono d'occhio.

- Vi intercettano?

- Non lo so di preciso. Sicuramente qualcuno di troppo ci controlla ed è venuto a sapere cose che non doveva sapere.

- Come ve ne siete accorti?

- Ce l'hanno detto gli Israeliani, che evidentemente ci controllavano a loro volta.

- Temi qualcosa?

- Pensi che abbia ragione di temere?

- Ho paura di sì. Il Medio Oriente è un ginepraio, lo è sempre stato. Cosa pensi di fare?

- Ho riflettuto: ho idea che per avere le migliori possibilità di successo, ora che il negoziato è partito, dobbiamo accelerarne al massimo i tempi. Ci sono troppi interessi in ballo e troppe parti interessate, ma se facciamo presto e se le due parti coinvolte si mostreranno disponibili, forse potremmo chiudere prima che qualcuno riesca a mandare a monte il nostro tentativo.

- E in caso contrario?

- Diversamente vorrà dire che le parti o anche una sola di esse non sono ancora pronte … Per fare un matrimonio occorre essere in due … Ma la possibilità di un fallimento di questo tipo l'ho sempre messa in conto … fa parte del gioco …

- Cos'altro pensi possa mettersi di traverso?

- Non ne ho idea, ma non ci vuole troppa fantasia per immaginare che se la temperatura nell'area dovesse salire per qualsiasi ragione, verrebbero meno le condizioni per negoziare: è un equilibrio molto precario.

- Credi che qualcuno potrebbe prendersela con voi?

- Penso di no, ma chi può garantirlo? I pazzi qui non mancano ... Begin non l'hanno sistemato i vostri?

- Non me ne parlare ... è una vergogna. Quell'omicidio ci ha riportati indietro di vent'anni.

- Adesso sai. Credo tu possa comprendere ...

- Grazie di avermi rivelato chi sei. Sapevo che c'era dell'altro, ma non potevo immaginare tanto.

Sarah non aggiunse più nulla, ma lo abbracciò e lo baciò. Scesero in quel buio imperfetto, in quella tenue luce argentea, fino alla *suqqah*. Uno falce di luna aveva intanto fatto il suo ingresso nel cielo rischiarando il paesaggio limpido e nitido fino in distanza; poi quel vento caldo avvolse i loro corpi nudi come un impalpabile velo, unico suono percepibile tra il grande moto silenzioso degli astri.

Intanto fuori, invisibili, gli scorpioni uscivano da sotto i sassi a cacciare.

47

Quando rientrò a casa, Davide apprese dai notiziari della sera che un'intera famiglia israeliana di Hebròn era stata straziata da un commando palestinese. Padre, madre e tre bambini dai tre agli otto anni erano stati sventrati nella loro abitazione durante la notte tra il venerdì ed il sabato. Tutti si erano affrettati a condannare il fatto. Molto significativo era che tra i primi esponenti arabi fosse stato proprio Fatah.

Prese in mano il telefono, nonostante fosse tardi: - Daniela? Ciao, sono io, mi passi Pietro?

- Ciao Pietro! Sono rientrato ora dal Negev. Hai sentito di Hebròn?

- Sì. E' un bel casino.

- Ma come hanno fatto? La sorveglianza militare israeliana su Hebròn, è strettissima!

- Hai ragione. Penso che non possa essere opera di palestinesi di Hebròn. E' gente che viene da fuori, gente di Hamas, secondo me.

- Non so cosa pensare. Forse è presto per dire che vogliono fare incagliare il negoziato. Forse questa carneficina non ha niente a che fare.

- Ok, dormiamoci sopra. Ne parliamo domattina col capo. Buona notte.

Sdraiato sul letto cercava ora di scacciare timori ora più concreti e definiti; ripensava alla giornata di sole passata con Sarah nel Negev. Lo faceva sentire sollevato l'essersi alla fine confidato. Si addormentò vestito e quando si svegliò era quasi ora di alzarsi.

48

Quando salirono dal loro cubicolo, dove ormai passavano tutto il loro tempo quando erano in sede, e si affacciarono all'ufficio del capo, questi stava terminando una telefonata. Fece però loro segno di entrare egualmente. Colsero le ultime battute, in italiano:
- … No! Non posso e basta!
- Perché è troppo tardi.
- Non chiamarmi più a questo numero, intesi?
Il capo era visibilmente contrariato. Aveva, fatto del tutto insolito, il nodo della cravatta allentato. Non era il suo stile. Quelle battute furono intese con chiarezza, ma nessuno aveva l'autorità o la confidenza necessarie per chiedere con chi stesse parlando e di cosa. Posato il ricevitore de Gregorio chiamò anche Rosanna perché assistesse alla riunione. Quando anche lei si fu richiusa la porta alle spalle, disse: - Ho letto la mail di Davide, ma ditemi meglio dell'incontro con questo Yehouda Cohen.
Così gli raccontarono, oltre ai fatti, anche le impressioni di quell'incontro ed i motivi per cui era stato sgradevole.
- Allora, ragazzi, dopo la mail di Davide mi sono messo in moto anch'io e posso dirvi che quelli che avete incontrato non erano ministeriali israeliani, ma agenti dei servizi.
- Mossad? - chiese Davide incredulo.
- Sì erano persone del Mossad e mi stupisco che non lo abbiate capito, perché non hanno fatto troppi sforzi per dissimulare il loro ruolo.
- Merda! - esclamò Pietro che in realtà intendeva rivolgere l'imprecazione più verso se stesso che contro gli Israeliani.
- Allora è stato tutto inutile? - domandò Davide più pragmaticamente.
- No, questo non lo credo. E' il modo di fare degli Israeliani che prima di bere fanno assaggiare l'acqua al cane per vedere se è avvelenata davvero o se lo sono solo sognato - sentenziò de Gregorio che anche in altre occasioni aveva avuto modo di fare capire che riteneva paranoiche certe abitudini degli Israeliani. Davide ebbe un brivido giù per la schiena quando associò le parole

del capo al suo sogno di Yehouda Cohen. Però preferì controllarsi limitandosi a dire: - Vale a dire?

- Vale a dire che gli Israeliani sospettano degli amici in misura maggiore dei nemici. Diffidare dei nemici viene naturale a chiunque, non c'è alcun merito in questo, mentre per farlo con gli amici, bisogna imporselo. Sono così per natura, credo. O sono diventati assai sospettosi da quando hanno rimesso piede in Medio Oriente. O forse prima, quando nei campi li mandavano nelle docce raccontando loro una bella storiella sull'igiene personale, mentre questi stavano realizzando l'igiene razziale del mondo! Ad ogni modo, gli Israeliani hanno preferito che il contatto con voi avvenisse con gli uomini dei servizi perché speravano così di trarre una maggiore quantità di informazioni di quelle che stavano scritte nella nostra proposta. E' chiaro.

- E cosa ne pensa del fatto che ci sorvegliano?

- Non mi preoccuperei di questo. Raccolgono informazioni aggiuntive. Controllano che il vostro agire corrisponda alle vostre parole. Verificano la vostra credibilità. E, dato che non abbiamo nulla da nascondere e ci stiamo muovendo correttamente, non vedo quali problemi potrebbero venire da quella parte.

- E da quale parte potrebbero venire? - domandò Pietro preoccupato.

- Avete sentito dell'attentato di Hebròn? E' già il secondo in questi ultimi tempi, dopo il razzo su Ashqelon.

- Sì. Ho paura che la situazione si stia deteriorando. Ma, mi chiedevo, le modalità di questo eccidio, non sono strane? - aggiunse Davide.

- Modalità strane non è forse l'espressione più felice: è una questione di grado di efferatezza. C'è un linguaggio anche nell'uso della violenza. Questa famiglia di Hebròn è stata letteralmente macellata, padre, madre e bambini. Hamas, o le brigate di Al Aqsa, chiunque sia stato, sta alzando il tiro. Un conto è tirare razzi qassam alla cieca: se vanno a segno è un caso, se accoppano qualcuno è quasi una fatalità. Ma se un commando armato fino ai denti fa irruzione in un'abitazione civile, disarma il padrone di casa e sgozza, uno dopo l'altro, i figli innanzi ai genitori e poi uccide i genitori stessi a coltellate, il messaggio è evidente.

- A cosa attribuisce questa escalation?

- Forse è presto per dirlo. Ma potrebbe anche essere quello che temiamo: questi non vogliono accordi di pace. Non vogliono

nemmeno trattative: non importa cosa o quanto si offra loro. E'
paradossale, ma drammaticamente vero, il dovere concludere che i
terroristi sono i più acerrimi conservatori che esistano: fanno
attentati, uccidono persone che non hanno niente a che fare,
mandano a morire i propri stessi ragazzi solo perché nulla cambi. Ed
è aberrante, nonostante questo sia sotto gli occhi di tutti, che
riescano ad avere un seguito così vasto. Chi possa essere stato,
Hamas, Ezbollah o che ne so, i servizi iraniani, non ha
un'importanza determinante. Da qualunque parte vengano questi atti
di terrorismo, tali da destabilizzare le relazioni tra Israele e
Palestinesi, pregiudicano il negoziato e noi non possiamo farci nulla.
Chiunque sia stato non vuole alcun accordo o alcuna spartizione
della Palestina: offrire loro la sovranità piena su Cisgiordania e
striscia di Gaza non basta, perché loro vogliono tutta la Palestina e la
vogliono senza Israeliani.
- Sono dei pazzi! - esclamò Pietro.
- Concordo, ma in ogni caso non possiamo fare altro che rimanere
alla finestra ora che le proposte sono state consegnate. Le armi della
diplomazia sono spuntate se si comincia a sparare sul serio. Se la
situazione degenererà avremo uno stop da una parte o dall'altra, o da
entrambe. Altrimenti andremo avanti.

49

La settimana filò via senza altri eventi eclatanti. Presto però le indagini condotte dalla polizia israeliana sull'eccidio di Hebròn presero una via inaspettata: la pista più calda puntava ora verso un delitto a sfondo religioso. Gli inquirenti avevano appurato che i due genitori, neanche quarantenni, erano stati immobilizzati e imbavagliati. Dopo di che avevano con ogni probabilità assistito allo sgozzamento dei loro tre figli, prima di essere finiti alla stessa maniera. La scena del crimine, di cui qualche immagine era trapelata attraverso la stampa, appariva come un bagno di sangue. Ad Hebròn la comunità ebraica è molto piccola in rapporto alla predominante popolazione palestinese. La famiglia sterminata apparteneva al gruppo degli Ebrei *haredìm*, Ebrei molto religiosi. Questo fatto, unito al luogo dove si era verificato l'eccidio, Hebròn, ha indirizzato gli investigatori verso gruppi islamici ortodossi che vorrebbero cacciare tutti gli ebrei dai luoghi santi della Cisgiordania, per cominciare, ed Hebròn è proprio uno di questi, ospitando le tombe dei patriarchi. La modalità stessa della strage aveva più il sapore del sacrificio umano che quello del semplice omicidio plurimo. Così le indagini si sono dirette verso le frange del fanatismo religioso musulmano abbandonando quelle del classico terrorismo a sfondo politico che erano state inizialmente seguite. Davide e Pietro commentarono il progredire delle indagini: sarebbero stati entrambi felici che la pista imboccata fosse davvero quella corretta. Purtroppo i segnali di allarme che avevano avuto in merito al loro lavoro lasciavano aperta un'altra gamma di possibilità. Le informazioni stesse fornite dagli inquirenti alla stampa potevano essere state debitamente pilotate per sviare la pubblica opinione dall'idea che una nuova escalation terroristica fosse in atto. Davide avrebbe volentieri pagato per sapere cosa veramente pensasse dell'accaduto Yehouda Cohen o, in generale, il Mossad. Purtroppo gli Italiani non avevano contatti coi servizi israeliani e l'idea di mettersi a cercarne ora rischiava di avere molte controindicazioni, prima tra le quali quella di essere fraintesi sulle loro reali intenzioni. Dopo quella riunione, de Gregorio li aveva lasciati in pace a prepararsi alle probabili obiezioni delle parti e non era più tornato sull'argomento.

Pietro viveva quel clima di incertezza tra paura e difficoltà nel rapporto con Daniela. Non le aveva rivelato nulla di quanto realmente bollisse in pentola, ma gli riusciva sempre più penoso dissimulare con lei tensione e paura. Lei, vedendolo così stressato, gli aveva proposto di andare a passare qualche giorno al mare per Pasqua ed aveva prenotato in un hotel ad Eilat, sul mar Rosso. Ma Pasqua era di là da venire.

Davide invece, avendo messo a parte Sarah di quanto stava succedendo, poteva beneficiare della sua comprensione e del suo sostegno. Quest'ultimo, pur non essendo tale da fargli superare la paura che lo seguiva dappresso come un'ombra, gli consentiva almeno di non dovere fingere o mentire quando si trovava con lei. Il fine settimana lo passò a casa sua a Gerusalemme e fu piacevolmente sorpreso quando lei lo invitò a casa di suo padre per il pranzo dello Shabbat. Così conobbe Abraham Rothbart il cui amore per gli orologi era secondo solamente a quello per l'unica figlia.

Il pomeriggio fece una passeggiata con Sarah nella città vecchia alla ricerca di angoli nascosti. Visitarono il museo della città di Gerusalemme alla torre di Re Davide che fu utile per comprendere quali modificazioni la città avesse subito in trenta secoli e più. Quindi riprese la via di Natanya.

50

All'inizio della settimana le agenzie batterono la notizia di una imminente visita lampo in Medio Oriente del Segretario di Stato americano. Si trattava di un tour che avrebbe toccato nell'ordine il Cairo, Amman, Beirut, Ramallah e per ultima, Gerusalemme. Non si trattava di una visita programmata. Pietro chiese all'ambasciatore se la sosta a Gerusalemme avrebbe previsto un loro incontro per riferire sullo stato della trattativa, come sarebbe stato logico. De Gregorio lo escluse. Pareva strano anche a lui, visto che gli Americani sapevano benissimo che il piano italiano era in pieno corso. Così, tutti i membri dell'ambasciata seguirono sui notiziari televisivi gli incontri ufficiali tra il segretario di Stato ed i diversi capi di governo dei paesi interessati. Lunedì al Cairo, martedì mattina ad Amman, il pomeriggio a Beirut, mercoledì mattina a Ramallah, il pomeriggio a Gerusalemme. All'ambasciata italiana, nell'ufficio dell'ambasciatore, nel tardo pomeriggio di mercoledì si era riunita la task force dell'operazione Shalòm per assistere alla conferenza stampa congiunta che si svolgeva in diretta televisiva dal King David Hotel a Gerusalemme. Ci si attendeva qualche indiretto riferimento alla trattativa in atto o, per lo meno, una sintesi sulle posizioni di apertura o di chiusura dichiarate dai diversi governanti incontrati nel tour. Invece nulla. La conferenza stampa toccò il solo tema scottante di nuovi insediamenti israeliani autorizzati recentemente dal governo a Gerusalemme Est e per il resto si limitò a ripetere le solite litanie note ed arcinote. Stavano appunto commentando il nulla di fatto a cui avevano assistito quando un messaggio urgente e riservato venne recapitato a de Gregorio.
- Viene dall'ambasciata americana. - disse.
- E' per voi ... Ho idea che farete tardi stasera.
Svicolando nel traffico serale di Tel Aviv che è caotico come quello di tutte le altre ore in quella città, ma prende il nome di "traffico da ora di punta", Pietro e Davide erano arrivati all'aeroporto Ben Gurion sotto una pioggia battente che aveva preso a scrosciare in serata limitando la visibilità ed ostacolando la marcia. Avevano seguito le istruzioni presentandosi al banco accettazione della El Al nel terminal delle partenze internazionali, dove erano effettivamente

attesi. Dopo un'accurata perquisizione ed il controllo dei documenti da parte di poliziotti israeliani furono accompagnati in una saletta le cui finestre affacciavano proprio sulle piste: davanti a loro stava il grande aereo con le insegne del dipartimento di stato americano, piantonato da uomini armati della sicurezza aeroportuale ai cui doveri di sorveglianza si aggiungeva ora quello di prendersi tutta quella pioggia. La notte era completamente buia, ma l'aereo era ben illuminato dalle fotoelettriche. Attesero una ventina di minuti prima di vedere un piccolo corteo di auto scure entrare coi fari accesi nel loro campo visivo ed avvicinarsi all'apparecchio. Poterono osservare il Segretario di Stato accompagnato sotto un ombrello dagli agenti della scorta salire la scaletta dell'apparecchio. La scena era ripresa dalle telecamere e diversi flash dei giornalisti lampeggiarono quando la donna si girò salutando brevemente. Il Segretario entrò nell'aereo, il portellone venne chiuso dall'interno e dopo qualche istante il velivolo si mosse verso la pista assegnata per il decollo. Un paio di minuti dopo lo poterono vedere rullare a grande velocità sulla pista bagnata e staccarsi da terra nel rombo assordante dei quattro motori. In breve la notte nera di pioggia si impossessò della sagoma del velivolo fagocitandone anche le luci di via.

- Non ci posso credere! - esclamò Davide, - Vuoi vedere che ci hanno fatti venire qui per assistere alla partenza del Segretario di Stato dopo che questi non ci ha riservato neanche un minuto uno del suo tempo?!

- Dici che ci hanno fatti fessi? Se fosse così sarebbe molto grave, non credi? Vedrai che ci sbagliamo, qualcuno verrà a dirci qualcosa, - rispose Pietro, insolitamente fiducioso.

- Mah, già che siamo qui, stiamo a vedere cosa succede, sempre che qualcosa succeda ... Lo sai quanti di questi giri hanno fatto i Segretari di Stato che si sono succeduti con le diverse amministrazioni?

- Non ho idea. Diverse decine?

- Centinaia, Pietro, centinaia. E lo sai a cosa sono serviti?

- Questo lo so, a niente. Sono più di sessant'anni che la diplomazia occidentale, e non solo quella, si sforza di mediare senza ottenere risultati che incidano sulla sostanza del problema palestinese. Ho idea che anche questo *tour* farà la fine di tutti gli altri.

- Un fuoco di paglia dici?

- Qualcosa del genere.

In quel mentre la porta della saletta in cui si trovavano si spalancò di colpo ed entrarono due uomini in completo scuro, ma così scuro che si sarebbe potuto dire praticamente nero, con gli auricolari e gli occhiali neri. Non era dato di sapere cosa potessero vedere dietro quegli occhiali da sole in una notte di pioggia. Potevano essere della CIA o di qualche altra agenzia federale. Troppi film e serie televisive americani li avevano ritratti esattamente così. Ispezionarono meticolosamente la stanza senza dire nulla, guardarono sotto al tavolo e dietro alle due fotografie di Gerusalemme appese alle pareti, infine chiesero agli Italiani di vedere nuovamente i documenti, quasi non si fidassero del precedente controllo fatto dagli Israeliani, e se ne andarono. Subito dopo entrò il Segretario di Stato.

- *Mr Rabaglia and Mr Mancini, I presume!*
- *Yes indeed. Nice to meet you Madam! We supposed you were coming back home on your plane, but we guess we were completely wrong!*
- *I was there: everyone could see me taking off! I really went in, but I came out immediately on the opposite side! A passenger ship is leaving around midnight from Haifa and I'll reach Limassol tomorrow morning. We have half an hour for our conversation.*-

Davide era piacevolmente sorpreso dell'abbaglio che avevano preso. Forse, se c'erano caduti loro che pur sapevano di dovere incontrare il Segretario di Stato, nell'inganno mediatico c'era caduto anche il resto del mondo. La donna che avevano innanzi, non più giovane, conservava nei tratti un'affascinante finezza di lineamenti che negli anni andati era stata la sua bellezza. Aveva un modo di fare garbato ma egualmente pragmatico e risoluto. Mezz'ora avevano a disposizione e lei sapeva esattamente come sarebbe stata spesa. I due italiani quindi lasciarono che la signora gestisse al meglio l'incontro anche perché inizialmente non sapevano quanto lei sapesse.

- L'offerta è sui due tavoli. Avete fatto un buon lavoro. Se mi è consentito un commento personale, definirei il vostro piano un po' troppo drastico, con pochi margini di manovra, forse eccessivamente ultimativo. Tuttavia riconosco che fin quando si sono lasciate sul campo tutte le opzioni, non si è mai giunti a capo di nulla. Quindi forse avete fatto bene a mettere tutti quei paletti: meno possibilità di scelta, meno discussioni, o accettano in blocco o rifiutano.

- Qualche opzione, a livello territoriale, esiste. - corresse Davide.

- Mi permetto di dissentire, ma non voglio dilungarmi sull'argomento: la sola opzione di rilievo che avete inserito riguarda la possibilità per Israele di mantenere tutti i suoi insediamenti periferici in Cisgiordania in cambio del passaggio ai Palestinesi del Triangolo di Hadera. Ma noi sappiamo e voi sapete che gli Arabi israeliani di quella zona non hanno alcuna intenzione di passare sotto il nascituro stato Palestinese. In pratica è ben difficile che il Triangolo possa essere scambiato. Per Gerusalemme Est avete già deciso. Per il Golan idem. Sull'integrazione eventuale della Gaza Strip, pure. Ma, ripeto, va bene così.

- Ha potuto raccogliere delle opinioni di capi di governo nella sua visita?

- La visita è stata organizzata per mettere a parte i governi egiziano, giordano e libanese dello stato delle trattative. Abbiamo lungamente discusso se fosse opportuno farlo oppure no. Alla fine abbiamo deciso che era meglio informarli preventivamente: il rischio che qualcuno possa mettersi di traverso nel momento in cui venisse annunciato il raggiungimento di un accordo globale era troppo elevato.

- Mi perdoni - si inserì educatamente Pietro - ma non vi è parso il caso di informare anche noi della vostra intenzione di divulgare la notizia delle trattative? In definitiva siamo noi ad avere avanzato la proposta di mediazione e siamo noi esposti sul campo.

- La sua obiezione è del tutto legittima. Mi scuso per l'inconveniente. Sicuramente è dovuto alla fretta con cui il mio *staff* ha organizzato questa visita.

- Mi perdoni, ma devo insistere. Abbiamo sentore che qualche voce circa l'esistenza della trattativa si sia già diffusa. Sospettiamo che gli ultimi due attentati di Ashqelon e di Hebròn siano da ricondursi proprio alla reazione dei gruppi oltranzisti arabi. Le pare che domani o stasera stessa la notizia non sarà già riferita a Damasco o a Teheran? Cosa pensa ci potranno riservare le settimane che mancano alla possibile chiusura dell'accordo?

- Terroristi, Mr Mancini devo correggerla, non oltranzisti.

- Sia come sia, stiamo parlando di Hamas e di Ezbollah.

- Gruppi terroristi, - aggiunse lei secca.

- D'accordo, terroristi, se proprio ci tiene alla distinzione.

- La distinzione non è accademica. Dobbiamo intenderci: contro i religiosi ortodossi si agisce con la parola. Contro i terroristi con la guerra.

- E va bene. Ma non ha comunque risposto alla mia domanda.

- Mi rincresce dirlo, ma vista la vostra insistenza … la cruda verità è che voi siete comunque sacrificabili.

… comunque *sacrificabili* …

La precisa eco di quelle parole pesanti si spense nella stanza gelando la conversazione come biglie d'acciaio che cadono sul pavimento rotolando per poi fermarsi. In quella pausa di indignato silenzio, Davide e Pietro si scambiarono una lunga occhiata come se ciascuno cercasse sul volto dell'altro la conferma di avere inteso bene le parole del Segretario di Stato. La donna, che forse si era pentita di non avere usato qualche perifrasi più diplomatica, una di quelle espressioni involute che riescono ad esprimere un concetto scomodo senza mai nominarlo, girandoci intorno con perifrasi, sinonimi o espressioni retoriche, riprese in mano il discorso cercando di circostanziarlo.

- E' inutile che ci raccontiamo delle storie. I gruppi terroristici sapevano della vostra proposta il giorno stesso che è stata recapitata a Ramallah. Tecnicamente da quel momento in poi voi eravate già bruciati. I servizi israeliani sostengono che qualcuno del vostro *entourage* fa il doppio gioco. Non sanno chi sia di preciso. Ma, in fondo, questo conta poco: sapere dov'è la falla nella diga ha un'importanza decisamente minore rispetto alla notizia che nella diga vi sia una falla. Tanto più se chiuderla non produrrebbe alcun beneficio effettivo, perché l'acqua è già uscita. Da quel momento noi siamo stati qualche giorno alla finestra per osservare cosa si muoveva. In definitiva si è mosso poco: un razzo su Ashqelon non è certo una novità e l'eccidio di Hebròn è stato talmente eccentrico nelle modalità di esecuzione che è stato del tutto agevole per il Mossad farlo passare per un crimine a sfondo religioso. Allora abbiamo valutato la situazione e deciso che era preferibile mettere a parte della trattativa in atto i governi moderati dei paesi vicini. Siamo consapevoli che avremmo dovuto consultarvi perché siete esposti. In realtà questo incontro era pianificato all'inizio della mia visita e non al termine. Sono stata io a rovesciare la scaletta degli incontri mentre ero in volo da Washington. Ho pensato che sarebbe stato più utile per voi conoscere da me una situazione più aggiornata. Tutto qui.

- In che senso siamo *sacrificabili*? - domandò Pietro a cui non era sfuggito che quel punto essenziale non era ancora stato spiegato.

- Mr Rabaglia, la prego, quella frase infelice mi è sfuggita.

- Le sarà anche sfuggita ma, perdoni se insisto, la pelle in gioco è la nostra. Non abbiamo copertura dei nostri servizi, quelli israeliani sembrano giocare contro di noi e se veniamo a sapere che il nostro alleato principale, quello che ci ha commissionato la delicata missione, ci scarica, non è che la cosa ci faccia tanto piacere.

- Signori, sono fortemente rammaricata. La situazione delineata non è troppo lontana dal vero. D'altra parte, vi prego di riflettere su due considerazioni essenziali. Primo: non siamo stati noi a chiedere il vostro intervento, ma il vostro Presidente del Consiglio ad offrircelo. Noi abbiamo solo accettato ritenendo che la sua idea irrituale di negoziato non fosse affatto malvagia, stante la situazione di stallo. Secondo: cosa dobbiamo pensare di voi quando abbiamo le prove di una continua fuga di notizie verso i gruppi terroristici proprio dalla vostra ambasciata?

La conclusione è che voi siete *sacrificabili* perché vi siete messi voi stessi in questa scomoda posizione. E' una cosa che è nei fatti, non l'abbiamo determinata né noi né gli Israeliani né i Palestinesi.

Seguì una nuova pausa di desolato silenzio. Fu Davide a riscuotersi per primo: - Cosa ritiene che dovremmo fare per migliorare le nostre possibilità di successo?

- La situazione del negoziato, tutto sommato, non è messa male. Il primo ministro israeliano è favorevole al vostro piano. L'autorità Palestinese pure. La striscia di Gaza è un'incognita, ma forse si riuscirà a fare passare l'idea di un plebiscito dopo che la Cisgiordania avrà aderito. Il Cairo è molto favorevole, ma, anche nel caso la Strip dovesse aderire al nuovo stato, per ora non intende prendere in esame eventuali scambi territoriali con Israele a vantaggio della Striscia di Gaza. Ritengo che la motivazione sia di ordine interno. Dato che il vostro piano non prevede un coinvolgimento diretto dell'Egitto, non vedo dove sia il problema. La Giordania non ha riserve ed è anzi favorevole ad una stabilizzazione che permetta di costituire un'autorità congiunta che regolamenti lo sfruttamento idrico del Giordano. Il governo libanese è favorevole. Va tuttavia ricordato che la parte meridionale del suo territorio sfugge al controllo del governo e che è sostanzialmente in mano ad Ezbollah, fatta salva l'interposizione delle vostre truppe ONU. Quale possa essere la reazione di questi terroristi e, in ultima analisi la reazione di Damasco e di Teheran, è presto per dirlo. Sicuramente la perdita secca e definitiva del Golan non sarà un boccone facile da digerire per Damasco, ma, concordo con voi, è nei fatti. Stando così le cose mi ritengo moderatamente fiduciosa che, se un accordo con un'ampia base di consenso tra le parti potrà essere raggiunto in tempi brevi, con l'appoggio dei paesi arabi moderati, anche i gruppi terroristici islamici si troveranno costretti in un angolo e forse si adegueranno, se la popolazione di Gaza si schiererà a favore del negoziato, come è possibile ed auspicabile. Questo è il quadro aggiornato a stasera. Per quanto vi riguarda, al di là di esortarvi ad una estrema cautela anche all'interno della vostra struttura, vi invito a fare il possibile perché un accordo sulle basi da voi delineate si chiuda comunque. Anche a costo di lasciare pochi significativi capitoli ad una successiva definizione, entro binari stabiliti, e sto pensando in particolare alla Grande Gerusalemme. Nel momento stesso in cui il raggiungimento dell'accordo verrà reso pubblico, gli Stati Uniti si impegnano a fornire tutto l'appoggio e l'influenza di cui dispongono perché venga messo in atto. Ora, se non c'è altro, devo andare. Naturalmente questo nostro colloquio non ha mai avuto luogo.

- Un'ultima cosa, Segretario. In caso di pericolo, possiamo fare affidamento su qualcuno dei vostri servizi? - domandò Davide.

La signora apparve contrariata e perplessa a quella richiesta tanto diretta quanto irrituale. Rimase a riflettere alcuni istanti e poi trasse un foglietto dalla sua borsa che diede a Davide. Chissà, forse si sentiva in colpa per la gaffe fatta poco prima. Forse invece aveva pensato che i due diplomatici italiani che aveva innanzi erano giovani mandati allo sbaraglio dalla loro struttura che, col suo agire dissennato, stava mettendo a repentaglio la loro sicurezza. Sul biglietto era annotato a mano un lungo numero di telefono senza alcun riferimento.

- Ascoltatemi bene: solo in caso di **grave pericolo imminente**, - disse scandendo le parole con lentezza, - Chiedete di Christopher; date la posizione; non dite chi siete ma solo che avete bisogno di un passaggio. Lui in breve vi farà sparire dal paese e nessuno, nemmeno i vostri, sapranno più cosa ne sarà stato di voi. Christopher è l'aiuto di ultima istanza. E' una strada di sola andata: una volta intrapresa non si torna più indietro. Vi è tutto chiaro?

- Intende dire che avremmo accesso ad un programma di protezione americano?

- Assolutamente no! Verreste semplicemente trasferiti in un paese terzo non ostile; poi dovreste arrangiarvi.

- Questo Christopher è un vostro uomo?

- Mi dispiace, non posso rispondere. Ho già fatto troppo così. Christopher non esiste.

51

Il mattino seguente, dopo avere concordato la versione, riveduta e corretta, da dare a de Gregorio dell'incontro, i due sherpa si chiusero nel loro cubicolo al riparo da interferenze esterne. Avevano riferito di un incontro cordiale, di un clima favorevole all'iniziativa di pace, di una buona base per il negoziato. Tacquero invece su tutto quanto appreso che non collimava con la visione delle cose fornita a suo tempo dall'ambasciatore. In fondo la loro versione costituiva solo una menzogna di primo livello, quando si mente per difetto, non dicendo tutto. Sono quelle a cui è più facile rimediare nel caso in cui l'inganno venga scoperto perché ciò che si dice è vero, ma non è tutto. Ora però si trattava di capire dove fosse il delatore. Davide non aveva mai fatto cenno con alcuno del suo sogno di Yehouda Cohen. Sebbene sapesse benissimo che si trattava di un prodotto della sua immaginazione, il sogno però gli aveva rivelato che il suo subconscio pensava che il traditore fosse Pietro. La cosa lo feriva molto, non perché avesse trovato qualche minimo indizio o riscontro della sua fondatezza, ma solo per il fatto di averla inconsciamente immaginata possibile. L'incontro col Segretario di Stato aveva di colpo dissipato questo dubbio strisciante per due ragioni: la prima era che Pietro si trovava esposto quanto lui e correva virtualmente i medesimi rischi; la seconda era che il Segretario di Stato, dopo breve indugio, aveva fornito *ad entrambi* un numero di emergenza. Se la donna avesse avuto qualche elemento, anche minimo, per ritenere che uno dei due interlocutori che aveva innanzi fosse il delatore colluso, si sarebbe astenuta dal fornire un aiuto al quale non era minimamente tenuta e che di certo non era stato messo in piedi per loro. Dunque, pensava Davide, gli Americani, gli Israeliani o entrambi erano giunti alla conclusione che nessuno dei due negoziatori italiani era la talpa. Quindi neppure Pietro. La cosa lo aveva decisamente sollevato. Ora stavano scartabellando delle mappe degli insediamenti israeliani in Cisgiordania per calcolarne la superficie in vista di possibili scambi.
- Che idea ti sei fatto di quello che ci ha detto il Segretario di stato? - esordì ad un certo momento Pietro.
- A cosa ti riferisci?

- Ha detto che l'iniziativa del negoziato è stata del nostro Presidente del Consiglio, non ricordi?
- Sì, è vero … non so cosa intendesse dire.
- Ci ho riflettuto. Non è una cosa detta per caso, incidentalmente. Lei voleva dirci che l'iniziativa è venuta dal nostro Governo. Dal Capo del Governo, non dal Ministro degli esteri, ma dal capo. Perché mai noi non ne siamo a conoscenza? Perché de Gregorio ci ha raccontato la storia che sarebbero stati gli Stati Uniti a chiederci il favore?
- Non ne ho idea.
- Io un'idea me la sono fatta: se non volevano che questa cosa si conoscesse, la strada migliore era di non rivelarla, non ti pare?
- Se fosse così davvero, anche de Gregorio avrebbe potuto essere all'oscuro …
- Mi piacerebbe tanto crederlo, ma sento che non è così.
- E secondo te quale sarebbe il motivo per raccontarci una verità differente?
- Sicuramente per nascondere la verità vera, ma non saprei dirti a che pro.
- Se è così, significa che le finalità reali dell'iniziativa italiana, non sono quelle dichiarate, ma devono esserci delle ragioni compatibili con la diffusione delle notizie. Ti viene in mente niente?
- Non saprei. Certo che se pensiamo alle ragioni balorde che ci ha gettato addosso Yehouda Cohen, quelle che abbiamo respinto sdegnati, forse potremmo farci un'idea più precisa. Credo, anzi temo, che la cattiva opinione di cui godiamo all'estero abbia qualche motivo di fondamento.
- Cosa intendi?
- Penso che al di sopra di noi si muova qualche logica levantina, che da un lato agisce per costruire la pace per compiacere gli uni e dall'altra mina il suo stesso lavoro per compiacere gli altri. E' il modo di fare dei nostri servizi ed ho idea che anche la nostra diplomazia si stia comportando secondo la medesima logica.
- Non potrebbe esserci una spiegazione alternativa?
- Potrei sbagliarmi, ma non vedo altre possibilità. D'altra parte, proviamo a rovesciare il discorso e a partire da ipotesi alternative: cosa pensi di Rosanna?
- Cosa vuoi che ne pensi, è una segretaria fidata che lavora per il capo. Pensi che possa essere lei?
- Non esistono molte alternative, o lei, o il capo.

- Dici che nessun altro nella nostra ambasciata poteva disporre di quelle informazioni?

- Mi sembra impossibile.

- Però potrebbe essere che Rosanna e il capo siano collusi.

- Sì, potrebbero. In effetti è difficile pensare ad un coinvolgimento di de Gregorio senza che Rosanna si sia accorta di nulla: praticamente è la sua ombra, gli passa tutte le comunicazioni, tutta la corrispondenza gliela apre lei.

- Non proprio tutte le comunicazioni, ti ricordi?

- Cosa?

- Quando siamo rientrati dopo l'incontro con gli Israeliani: il capo era al cellulare. Te lo ricordi, stava terminando una strana chiamata?

- Sì. Stava dicendo di no a quell'altro, chiedendo di non chiamarlo a quel numero.

- Pensaci bene: le chiamate al cellulare Rosanna non le controlla. E poi lui il cellulare non lo usa mai in ufficio. Evidentemente chi lo ha chiamato lo credeva libero di parlare o fuori dall'ambasciata.

- Può darsi. E poi non gli ha detto di non chiamare più a quel tipo, ma di non chiamarlo più a quel numero, segno che ne esiste un altro più sicuro, non ti pare?

- Potrebbe essere. Questo coinvolgerebbe de Gregorio e scagionerebbe forse Rosanna. Quello che non capisco è il perché.

- Non ne ho idea. Non per soldi mi pare. De Gregorio sta già bene così.

- Guarda che non è da escludere: anche chi ha dei soldi desidera averne di più.

- Ma non mi riferivo solo ai soldi. Voglio dire che l'ambasciatore ha raggiunto l'apice della carriera. Ha senso buttare via tutto per una maggiore disponibilità di denaro? Ma ci pensi se quello che ci ha detto il Segretario di Stato giungesse all'orecchio del nostro Ministro degli Esteri? De Gregorio sarebbe fottuto. La cosa non mi convince. Non può essere così.

- E allora, cosa facciamo?

- Potremmo sondare il terreno con Rosanna ... se ha avuto qualche sentore.

- Bravo! E se fosse collusa? Noi saremmo automaticamente bruciati. E questo con la sola prospettiva, ben che vada, di trovare una persona che non sa niente, o quasi. No, non la coinvolgerei. Mi limiterei a tenere le orecchie ben tese e a vagliare attentamente cosa diciamo qui in sede sia a Rosanna che a de Gregorio.

\- D'accordo, mi pare la cosa più sensata per il momento.

\- La sai una cosa? - aggiunse Pietro quasi sottovoce.

\- Cosa ?

\- Che se Daniela soltanto lontanamente capisse il casino in cui mi sono cacciato, sarebbe capace di fare le valigie e di ritornarsene in Italia.

\- Ma no, ma cosa dici: lei ti vuole bene!

\- Mi vorrà anche bene, ma se sapesse! Lei ha scelto questa vita perché avevo una posizione di prestigio, con prospettive di carriera. Non potrebbe mai perdonarmi di non averle detto nulla.

\- Non ti ci sei cacciato tu in questa situazione. In fondo abbiamo solo eseguito degli ordini. Anche la riservatezza rientra nell'incarico; questo dovrebbe capirlo, non ti pare?

\- Ma che cosa dici Davide! Abbiamo eseguito gli ordini di uno che probabilmente ci ha tradito, e adesso ci troviamo in un pantano in cui non si capisce più quale è la parte giusta da cui stare.

\- Non fare così, Pietro, in fondo non ci è successo nulla che pregiudichi il successo dell'operazione. L'ha detto anche il Segretario di Stato, l'orientamento verso il piano è favorevole.

\- Ha detto anche che siamo comunque *sacrificabili*, non dimenticartelo. Non è stata una gaffe, ha detto esattamente quello che pensava.

\- Lo so. Siamo pedine deboli in un gioco molto più grande di noi. Questo però non è detto che sia uno svantaggio: ormai gli attori del gioco non siamo più noi. Le decisioni sono su altri tavoli, con altri giocatori. Non penso proprio che qualcuno si darà pena di infastidirci a questo punto.

\- Voglio credere che sia come dici tu. Ma ho una paura del diavolo di perdere tutto quello che ho e che sono.

\- Pietro, mi raccomando, dobbiamo fare squadra per avere più possibilità di successo. Dobbiamo tenere duro ancora un paio di settimane, poi tutto si sistemerà, in un modo o in un altro. Anche con Daniela.

\- Ma tu a Sarah hai detto qualcosa?

\- Sì, ho dovuto. Lei non si accontentava delle mie spiegazioni. Aveva capito che c'era sotto dell'altro. Ho dovuto. Sarebbe stato peggio se avessi taciuto.

- In che senso?
- L'avrei persa.
- E pensi che ci sia da fidarsi?
- Credo proprio di sì.
- Cosa ti ha detto?
- Niente. Ma ha capito. Non ti preoccupare di lei, non c'è alcun pericolo. I problemi sono altri.

52

Nella seconda metà del mese di gennaio in rapida successione, complice la velocità e la capillarità con cui viaggiano le informazioni nell'era di Internet e dei *social networks*, avvenimenti rilevanti avevano scosso nel profondo diversi paesi arabi moderati e non solo. Inizialmente vi erano stati scontri violenti tra manifestanti e polizia in Algeria a causa degli aumenti dei prezzi dei generi di prima necessità, a loro volta dovuti alle fluttuazioni dei mercati internazionali delle materie prime.

L'occidente, come tante altre volte in passato, aveva fatto spallucce quando il prezzo delle *commodities* primarie era schizzato alle stelle: grano duro e tenero, cacao, caffè, cotone ed altre. L'occidente ha sempre dimostrato di possedere una vista assai miope quando i rincari si riflettono su beni che rappresentano percentuali infime del paniere dei consumi dei propri cittadini. Ma le cose sono del tutto differenti per i paesi in cui le fasce deboli della popolazione vivono con redditi compresi tra uno e due dollari al giorno: non occorre essere dei grandi analisti economici per ipotizzare che questa minima disponibilità di denaro serva a coprire e non del tutto, solo i consumi primari. Per questi consumatori un rincaro anche non drammatico del pane fa la differenza tra mangiare pane tutti i giorni o mangiarlo a giorni alterni ed è noto che il presunto suggerimento al popolo, già offerto a suo tempo dalla regina Maria Antonietta, di sostituire il pane coi *croissants*, pare non abbia sortito positivi effetti né per il popolo né per il collo della regina stessa.

Successivamente, in Tunisia, moti di piazza partiti dai centri del sud e del centro del paese, poi confluiti nella capitale, avevano costretto il presidente Ben Alì a fare le valigie dopo oltre vent'anni ininterrotti di mandato. E le motivazioni economiche avevano presto ceduto il passo a motivazioni politiche. La situazione si era poi normalizzata a seguito della formazione di un nuovo governo. Quest'ultimo, tuttavia, era troppo "vicino" alla cricca del vecchio presidente per soddisfare appieno le richieste dei manifestanti. Lo scenario quindi permaneva incerto.

Successivamente si erano avute manifestazioni di piazza nello Yemen e pure in Giordania ed in entrambi i casi le richieste della piazza erano riforme dei rispettivi regimi nel senso di permettere una maggiore partecipazione democratica delle opposizioni nel controllo dell'operato del governo.

Ma i fatti più gravi, quelli che allertarono seriamente le diplomazie di mezzo mondo, scoppiarono il 25 gennaio in Egitto, nelle città del nord: Alessandria, Ismailia, Suez ed il Cairo. Cortei, assembramenti di piazza ma anche atti di sabotaggio delle caserme di polizia, incendi, saccheggi di centri commerciali. La polizia prima sparò con proiettili di gomma ad altezza d'uomo, causando molti feriti, poi passò ai proiettili di piombo e si contarono centocinquanta morti negli ultimi cinque giorni del mese. Poi la polizia e la polizia politica scomparvero come d'incanto dalle strade, sostituite dall'esercito. Anche in Egitto l'istanza era di cacciare il presidente Mubarak che da oltre trent'anni manteneva saldamente il potere nelle proprie mani e già si preparava a passare il testimone al figlio, sull'esempio fulgido, già incarnato in Siria dalla famiglia Assad, quello di una repubblica presidenziale ereditaria. Paradossalmente, un miglioramento del clima si ebbe quando venne schierato l'esercito per le strade a presidiare edifici, monumenti ed infrastrutture importanti. I militari, ben visti dai rivoltosi, non spararono sulla folla. Il presidente Mubarak però non mollava. L'unica concessione che aveva fatto era di sciogliere il governo e di nominare un suo vice presidente incaricandolo di formare un nuovo governo. Si trattava però di un suo fedelissimo. Finalmente l'11 febbraio Mubarak lasciò il potere perché le pressioni della piazza avevano lasciato intendere che quanto fin lì concesso non bastava. Con le dimissioni di Mubarak si apriva un periodo di grandi aspettative per il popolo egiziano, ma anche di grande incertezza per i paesi dell'area.

Non era mai accaduto niente di simile da quando i paesi arabi del mediterraneo avevano cessato di essere delle colonie occidentali. In occidente l'opinione diffusa fino a quel momento era che questi paesi fossero retti da regimi dittatoriali moderati e che questo fosse il modo migliore per garantirne la stabilità ed il governo. Quindi l'occidente aveva riconosciuto, appoggiato e fatto affari con governi sostanzialmente dittatoriali, saliti al potere con quell'appoggio popolare che però non erano stati capaci di accattivarsi negli anni e che si mantenevano al potere per mezzo di elezioni farsa, indette di tanto in tanto. In realtà in questi paesi il consenso veniva imposto attraverso l'uso di polizie segrete il cui unico scopo era di colpire ogni forma di dissenso popolare. Le diplomazie europee annaspavano perché si rendevano conto improvvisamente che questi popoli non erano "addormentati", che una larga parte della popolazione era stanca del proprio dittatore, delle sue ruberie, dei privilegi suoi e dei suoi accoliti.

L'ultima domenica di gennaio de Gregorio convocò una riunione urgente dei vertici dell'ambasciata italiana per esaminare la situazione.

- Ci siamo tutti? - domandò dando un'occhiata attorno al grande tavolo ovale e lanciando un cenno d'assenso a che si recuperassero altre sedie. Lo studio era gremito: tutto il personale d'ambasciata era presente.

- Siete al corrente degli accadimenti nei paesi arabi. Il nostro *focus* è sull'Egitto. La Farnesina ha diramato un comunicato con cui si invitano gli italiani che si trovano al Cairo, nella regione del delta o lungo il Nilo a rimpatriare appena possibile. Fanno eccezione quanti si trovano nel Sinai dove la situazione pare sotto controllo, dopo che è stato schierato l'esercito a presidio delle località turistiche. Mi riferisco a Sharm el Sheik, Dahab e Taba. Il numero di italiani presenti nel Sinai è elevato, qualche migliaio di persone. Queste sono anche le località più vicine a noi, ma, per il momento ritengo improbabile che si renderà necessario attivare un piano di evacuazione attraverso il varco di frontiera con Israele. Fintantoché l'aeroporto internazionale di Sharm resterà aperto, noi non saremo coinvolti. Domande?

- Cosa dicono dalla nostra ambasciata al Cairo? - chiese un funzionario anziano.

- Minacce dirette non ve ne sono state né contro la nostra né contro altre ambasciate occidentali. Certo la situazione è molto tesa e non è chiaro che evoluzione potrebbe avere.

- Chi c'è dietro ai movimenti di piazza? - domandò un altro.

- Dietro la piazza, in questo caso, pare ci sia solo la piazza, almeno per ora.

- Come giudica lei questa situazione?

- La cosa ha sorpreso tutti e quindi anche noi, è inutile nasconderlo. Nessuno si era reso conto che sotto la cenere covasse un malcontento così profondo e così diffuso. Il fatto che non vi sia un movimento organizzato dietro le manifestazioni è un bene solo in apparenza. E' un bene, se vogliamo, perché questo denota un reale desiderio di cambiamento in senso democratico dell'Egitto. Ma per contro dobbiamo stare all'erta, perché la piazza si presta a facili strumentalizzazioni e potrebbe accadere che fazioni minoritarie ma organizzate, come quella dei fratelli musulmani, riescano nelle prossime settimane a cavalcare la protesta e ad avere ragione della maggioranza dei moderati. Altro?

- Lei vede dei parallelismi tra i moti della Tunisia e quelli egiziani?

- Sicuramente ve n'è più di uno, a partire dalla stanchezza dei popoli verso regimi logorati che non sono stati capaci di seguire i tempi. Ma i fatti dell'Egitto sono molto più importanti e non solo perché è un paese con sessanta milioni di abitanti ad un passo da noi. La questione è che l'Egitto ha sempre svolto un ruolo di guida all'interno dei paesi musulmani, quasi fosse una guida ideologica, e se dovesse disgraziatamente finire in mano ai fondamentalisti ... sarebbe davvero un bel guaio.

- Dobbiamo prevedere un'ulteriore allargamento della protesta ad altri paesi vicini?

- Bella domanda. Sicuramente la Siria si fonda su un potere dittatoriale simile. Dalla Siria in qualche modo dipende anche cosa succederà in Libano. La Giordania, anche se vi sono state delle manifestazioni per le riforme, mi sentirei di considerarla un paese più tranquillo. L'ascendente della dinastia Hashemita è ancora forte nel popolo. Inoltre re Abdallah non è uno sprovveduto. La Libia è un'incognita. Gheddafi gode di un grande seguito in Tripolitania: i problemi potrebbero venire dalla Cirenaica, storicamente avversa al dittatore. Altre domande?

- In caso di evacuazione del Sinai sarà necessario in primo luogo sentire gli Israeliani che sicuramente saranno già in allerta e ottenere da loro garanzie sul fatto che la frontiera di Eilat rimarrà aperta. In secondo luogo avere dalla Farnesina i dati relativi ai flussi di turisti italiani presenti nel Sinai e tenerli aggiornati. Inoltre occorre verificare quanti mezzi possano essere noleggiati nel Sinai per l'eventuale trasporto dei turisti fino ad Eilat. Badate bene che l'attuale disponibilità si dissolverebbe all'istante se altri paesi oltre al nostro dovessero disporre un piano di evacuazione analogo al nostro. Quindi occorrerà opzionare questi pullman, cercando di non spendere una fortuna. E' possibile che l'esercito egiziano possa metterci a disposizione dei mezzi, ma chiaramente non possiamo farvi assegnamento. Se non fosse possibile individuare un numero di mezzi sufficiente, occorrerà sentire compagnie israeliane. Infine occorre fare un piano dei voli di rimpatrio via Tel Aviv usando aerei di linea, voli charter o, in difetto, voli della nostra aeronautica militare. Tutto chiaro?

Dopo avere assegnato i diversi compiti ai funzionari presenti, la riunione fu sciolta, ma Pietro e Davide furono pregati di trattenersi.

- Come avete sentito, potrebbe succedere che questa ambasciata debba organizzare un massiccio piano di evacuazione di nostri connazionali dal Sinai. E' pacifico che in tale evenienza anche voi dovreste dedicarvi a quello. La situazione ha subìto dei cambiamenti imprevisti. Vorrei il vostro punto di vista, - chiese il capo quando furono soli.

- Io credo che il negoziato andrà avanti egualmente. E' probabile che subirà dei rallentamenti perché ognuno dei paesi arabi confinanti ha dei problemi più urgenti da affrontare o che deve prepararsi ad affrontare. - disse Davide, rivelando ciò che pensava realmente.

- E tu, che opinione hai Pietro?

- Se da parte israeliana o palestinese ci dovessero arrivare richieste per una dilazione del negoziato, credo che sarebbero più che giustificate e che dovremmo accordarle.

- Sono anch'io del vostro parere. Lasciamo procedere gli eventi e prepariamoci a delle modifiche nella tabella di marcia. Quando sarebbe il termine?

- Il 10 febbraio per i Palestinesi, il 13 per gli Israeliani. - precisò Davide.

- Ok, lasciamo passare questa settimana e poi ci facciamo sentire con gli uni e con gli altri e vediamo cosa ci dicono. E' veramente incredibile che il problema dei problemi, la questione palestinese, che è lì da oltre sessant'anni, debba cedere il passo ad altre più pressanti esigenze interne di tanti stati che in qualche misura sono interessati alla sua soluzione. Ma è così, dobbiamo farcene una ragione.

53

Qualche giorno dopo Sarah ricambiò la visita presentandosi inattesa una sera alla porta del monolocale a Netanya. Aveva una grossa borsa della spesa, oltre alla sua.

- Stasera cucino io! - esordì - Cena *kasher* e vino *kasher*!

- Ciao, entra! Non ti aspettavo … sei diventata improvvisamente ortodossa osservante?

- Non esattamente. Volevo solo dimostrarti che anche gli Ebrei *haredim* sanno cucinare e non se la passano poi male, almeno quanto a cibo.

- Ok. Sei la benvenuta. Io sono appena arrivato dall'ufficio e ti cedo volentieri la cucina. Ma come mai sei libera?

- E' iniziata la sessione di esami e avevo pochi studenti iscritti. Le lezioni sono sospese per una settimana … riprendo la prossima.

- Vuoi che ti dia una mano a preparare?

- No, lascia stare, voglio farti una sorpresa.

- Ok, allora vado di là a scaricare la posta e a sistemare un paio di cosette su internet.

- Ma in ufficio non ce l'avete la connessione?

- Ma secondo te?! … Il lavoro al lavoro, il privato a casa.

- Compartimentazione?

- Assoluta.

Mentre sul piano cottura gli odori degli ingredienti gradualmente lasciavano il posto all'incipiente profumo della pietanza, dalla distanza di pochi metri, quanta era quella che separava l'angolo cottura dall'angolo studio, come un debole lamento prima, come un distinto rammarico poi, infine come una potente imprecazione, d'un tratto si levò:

- Meeerda! … Meerda!! … Merda!!!

- Cos'è stato? Ti è arrivata la fattura dell'idraulico? - ironizzò Sarah cercando di sdrammatizzare.

- Ma che idraulico! - rispose Davide con una faccia da funerale.

- Mi vuoi dire cos'è successo? Sei caduto in un *fishing*?

- Non puoi capire.

- Forse, se me lo spieghi, posso almeno provarci.

- Ma no … non è il caso. Vecchie faccende di Roma.

- Storia vecchia, ma mail nuova, mi pare.
- Sì, mail nuova, nuovissima. Maledizione!!
- Davide, è quasi pronto. Mi pare di capire che ci sono altre cose che non so. O sbaglio?
- E' così. Ma appartengono al passato. A un passato che è morto e sepolto.
- Tu sai che questo argomento con me non attacca. Anzi, mi dimostra proprio il contrario: è conoscendo il passato sepolto che si capisce il presente. Quindi a te la scelta. Tra dieci minuti la carne è pronta. Se sarai pronto anche tu, bene. Altrimenti, se preferisci mangiare da solo, non hai che da dirmelo, la strada la conosco.
In effetti la carne impiegò circa dieci minuti prima di essere servita. Non una parola si era udita nel frattempo. Sarah era serena e completava i preparativi della tavola, come se niente fosse. Per lei la cosa era chiara. I segreti, le incomprensioni, le omissioni potevano ben esistere, ma nel momento stesso in cui diventavano un problema, andavano affrontati. Subito. Qualsiasi cosa può essere capita, quando la si conosce. Magari non condivisa, ma compresa, sì. Quando Davide sedette a tavola era scuro in volto ed accigliato, come se il mondo gli fosse caduto addosso. Sarah lo servì e poi prese per sé. Versò il vino nei due bicchieri.
- Hai deciso cosa fare o pensi di giocare alle belle statuine?
- Ho … ricevuto una e-mail.
- Questo l'avevo capito, che stavi leggendo la tua posta. E?
- E … mi ha scritto Markus Liebetanz!
- E chi è Markus Liebetanz?
- Un tedesco.
- Con uno sforzo sovrumano, forse sarei riuscita a dirlo anch'io, che doveva essere tedesco, con un nome del genere! E?
- E … il punto non è chi sia lui, ma … chi sono io!
- Questo passaggio invece, è meno chiaro. Spiegati.
- Io non sono Davide Mancini, ma Giovanni Baldini.
- E chi sarebbe Giovanni Baldini?
- Un amico di Markus Liebetanz.
- E tu cosa c'entri con questi due?
- Non ho mai conosciuto nessuno dei due!
- Scusa, ma come mai uno sconosciuto scrive ad un altro sconosciuto e tu leggi la sua posta?
- Perché giochiamo a scacchi.

- A scacchi!?
- Sì, a scacchi, … da anni.
- Ma non si gioca in due a scacchi?
- Certo, noi siamo in due: Baldini e Liebetanz.
- E tu cosa c'entri?
- Gioco a scacchi. Da anni.
- Credo che sarebbe meglio che tu mi raccontassi la storia dall'inizio. Ma perché prima imprecavi?
- Perché Markus mi ha scritto che verrà a trovarmi a Roma fra una settimana.
- E dov'è il problema? Gli dici che non ti trovi a Roma ma a Tel Aviv.
- Il problema è che lui viene a trovare Giovanni Baldini, a Roma.
- E tu lascialo andare, se vuole incontrare l'amico.
- Ma sono io Giovanni Baldini, lo vuoi capire!?
Occorse un'oretta buona per chiarire chi fosse o meglio, fosse stato, Giovanni Baldini e che ruolo avesse avuto la sua scomparsa con l'affrancamento di Davide dal giogo paterno. Una certa sorpresa mista ad un senso di imbarazzo generò la rivelazione della sostituzione di persona. Dieci minuti bastarono invece per chiarire il ruolo di collegamento della signora Lina. La successiva mezz'ora fu indispensabile per fare un quadro di Gaetano Mancini. Questo, inevitabilmente aprì il campo per dedicare un altro quarto d'ora alla sorella Carla. Da ultimo venne il discorso sul computer del professore e, infine, sulla sua casella di posta elettronica. Verso mezzanotte Davide relazionò sul rapporto scacchistico via mail con Markus Liebatanz, figura sconosciuta che, fino a quel momento, era esistita solo per le sue apparizioni nella casella di posta del defunto che si concretizzavano nelle mosse sulla scacchiera, ma che ora stava per materializzarsi sul serio a Roma. Lì non avrebbe trovato il professor Baldini anzi, non avrebbe trovato proprio nessuno. Solo la signora Lina che avrebbe raccontato come il professore se ne fosse andato, d'un tratto, sei anni prima.
Esausto Davide crollò sul letto mentre Sarah, elettrizzata da quel fiume di notizie, ancora domandava: - Quindi tu avresti in qualche modo una doppia vita!?

54

La sera seguente Davide stava guidando sulla litoranea verso casa, per nulla in forma a causa di una giornata piatta ma egualmente pesante sul piano psicologico, spesa in buona parte a convincere Pietro che ogni giorno che passava senza incidenti, la loro meta si avvicinava, nell'osservare nel compagno di lavoro e di ventura il graduale venire meno della fiducia in se stesso e dell'idea che una soluzione normale al problema rientrasse nel novero delle cose ancora possibili.

Mentre guidava rifletteva su come questo stato di cose e su come gestire anche il problema di Markus Liebetanz. Aveva dedicato tutta la serata precedente a spiegare a Sarah come era potuto giungere a questa situazione non proprio lineare, ma neppure un minuto a pensare qualche soluzione onorevole per saltarne fuori. Durante la giornata il tempo si era gradualmente guastato ed ora una fastidiosa pioggerellina, sottile ed insistente, lo costringeva ad azionare i tergicristalli di tanto in tanto, più per rimuovere l'acqua sollevata dalle auto che lo precedevano che quella che cadeva dal cielo. Fu proprio nel controllare allo specchietto retrovisore che il lunotto posteriore si pulisse per bene che ebbe la sensazione precisa che la Peugeot familiare che gli stava appresso lo stesse seguendo. Sotto la luce gialla dei lampioni era difficile attribuire un colore a quella vettura: era chiara, poteva essere bianca o giallina, ma anche beige o metallizzata oro. E la targa? Era impossibile leggerla al contrario e poi la luce era scarsa. Non era neppure sicuro che fosse una targa israeliana. L'auto che lo precedeva stava frenando: un semaforo si stava avvicinando, quello dell'incrocio per Kefar Sava. D'impulso non arrestò la marcia ma girò a destra bruscamente e senza mettere l'indicatore di direzione, immettendosi sulla via per Tulkarem, nei Territori. Accelerò la marcia. Corse per gli otto chilometri che mancavano a Tira, ma quando entrò nell'abitato, dovette rallentare: la visibilità era pessima e l'illuminazione approssimativa. All'uscita del paese quella Peugeot chiara si affacciò nuovamente al suo retrovisore. Col cuore in gola per l'adrenalina, aumentò nuovamente la velocità. Giunse al bivio per Tulkarem. In un istante decise che avrebbe girato a destra e non a sinistra, come sarebbe stato logico.

Se chi lo seguiva sapeva che lui abitava a Netanya, avrebbe pensato che lui dovesse prendere per Tulkarem e non per Qalkilya, come in effetti fece. Dopo tre chilometri a folle velocità su quella strada secondaria, buia e deserta, deviò ancora a destra per evitare la barriera e tagliare verso Kefar Sava da cui era già passato. Forse per la velocità o forse perché l'inseguitore aveva preso per Tulkarem, fatto sta che al semaforo di Kefar Sava, provvidenzialmente verde, non c'era più traccia dell'inseguitore.

Si infilò nella trafficata strada litoranea riprendendo una marcia normale. In genere non faceva mai la litoranea proprio perché era più trafficata. Ma ora quel traffico ora gli piaceva, gli consentiva di mimetizzarsi e gli dava così un senso di protezione. A Netanya parcheggiò volutamente in un posto insolito ad un paio di isolati da casa. Finse di allontanarsi, ma si appostò dietro l'angolo di una casa da cui si potesse osservare la sua auto. Incurante della pioggia fine, che lentamente gli intrideva la giacca bagnandogli capo e spalle, aspettò pazientemente una ventina di minuti in attesa che qualcosa succedesse. Ma non accadde nulla e così rincasò, ormai zuppo, contento per averla spuntata ma persuaso che l'aver vinto quella piccola battaglia non incideva minimamente sugli esiti della guerra.

Sarah era ancora lì ad aspettarlo.

- Stavo per chiamarti: ho preparato una bella cenetta.

- E' una bella sorpresa, alla fine di una giornata storta.

- Ma sei completamente fradicio! Cambiati! Cos'è che è andato storto?

- Ti dico solo l'ultima: ho fatto tardi perché c'era un'auto che mi seguiva. Ho dovuto prima seminarla e poi sincerarmi di esserci riuscito.

- Ma sei sicuro che ti seguisse?

- Direi proprio di sì.

- Come te ne sei accorto?

- Ero fermo ad un semaforo. Ho guardato nello specchietto e ho percepito che la macchina che avevo dietro mi seguiva. Non so spiegarti. E' stata una sensazione. Forse l'avevo già notata quella macchina, ma non ricordo in che occasione.

- Non potrebbe essere frutto della tua immaginazione?

- Non credo proprio Sarah, perché quando ho deviato dal mio solito percorso, la macchina mi ha seguito, quando ho accelerato, lo ha fatto anche quella. E' un caso se sono riuscito a seminarla, credimi.

- E adesso?

- Bella domanda: non lo so.

- Vieni, mangiamo qualcosa. Poi ci pensiamo.

- Ok.

Davide aveva la testa confusa. Dopo cena Sarah lo aiutò a rigovernare la minuscola cucina.

- Disperarsi non ha mai portato da nessuna parte, Davide. Devi reagire. Devi essere attento e lucido per affrontare tutto quanto, non credi?

- Sì certo. Ma sono stanco, vorrei potere staccare, almeno per un pò.

- Sai che non è possibile. Non ora, per lo meno. Quanto manca alla ripresa dei negoziati?

- Una settimana, o poco più.

- Ci sarà un annuncio ufficiale?

- Non lo sappiamo ancora, dipende se quello che ci diranno sarà compatibile con una trattativa allo stesso tavolo oppure no. Dobbiamo aspettare di rivedere le parti prima di organizzare il seguito.

- Allora occorre fare un piano per resistere per tutto questo tempo. Credo che questi terroristi abbiano interesse ad affossare la cosa prima che sia di dominio pubblico.

- Lo penso anch'io. Se la trattativa saltasse prima di essere resa pubblica, loro non rischierebbero di vedersi addebitare la responsabilità di averla fatta saltare.

- Sicuramente è così Davide. Ma cosa credi che quei poveracci della striscia di Gaza, montati quanto vuoi dalla propaganda, saprebbero rinunciare alla prospettiva di un accordo serio che garantisca loro veloci miglioramenti delle condizioni di vita?

- Anch'io penso che Hamas potrebbe trovarsi di fronte ad una situazione imbarazzante: seguitare a propugnare una lotta insana il cui prezzo lo pagano le famiglie modeste, i giovani, i bambini oppure adeguarsi e accettare il piano del nemico?

- Non devi preoccuparti di decisioni che competono solo a loro. Adesso devi concentrarti su come arrivare indenne al momento in cui la trattativa sarà di pubblico dominio.

- Tu casa suggeriresti?

- Devi cambiare abitudini. Devi spiazzarli con mosse a sorpresa. Perché non vieni da me per qualche giorno?

- Grazie, potrebbe essere una buona idea. Ma non hai paura di essere coinvolta anche tu?

- Ma io sono coinvolta! - disse Sarah fingendosi piccata.

- Non giocare con le parole, hai capito cosa intendevo?

- Sì, ho capito. Ma credo che tu e Pietro siate in questo momento un capitale da proteggere. Se non vi danno copertura i vostri servizi e i nostri sembrano avere altre priorità, l'unica è arrangiarsi da soli. Occorre solo essere un pò scaltri, essere una mossa avanti a loro.

- Beh, oggi ho avuto la netta impressione di essere una mossa indietro.

- E' vero, ma hai reagito: li hai seminati. Vuol dire che si può fare, basta volerlo.

- La fai facile tu. Siamo solo Pietro ed io: abbiamo dei limiti.

- Guarda che il fatto che siate solo in due può anche significare che è più facile nascondervi.

- Speriamo. E poi Pietro non si può certo definire un combattente … resiste solo perché si appoggia su di me: sua moglie non sa niente di niente ed è lontana mille miglia anche solo dall'immaginare cosa faccia realmente Pietro.

- In effetti mi è parsa una buona ragazza ma non troppo sveglia.

- Lui è convinto che lei potrebbe anche mollarlo se solo sapesse.

- Dovrebbe avere il coraggio di affrontare la situazione. Nascondersi non serve a risolvere i problemi. Presto o tardi lei verrà comunque a sapere tanto vale che sia lui a parlarle.

- Vaglielo a spiegare.

- Per quanto riguarda quell'altra faccenda, quella della mail del tedesco, ho riflettuto sul problema.

- E sei arrivata a qualche brillante soluzione? E' da ieri sera che questo pensiero mi tormenta e non so come affrontare la situazione. Comunque la giri, non va mai bene!

- Che ipotesi hai fatto?

- Prima ho pensato di tergiversare con una scusa.

- Ma?

- Ben che vada, sarebbe una soluzione temporanea, per schivare il problema in questo momento, rimandandolo probabilmente più avanti.

- Però non la scarterei a priori, se non c'è di meglio. A volte prendere tempo può aprire la porta ad eventualità che si rendono disponibili solo in seguito.

- Guarda che ha dei rischi anche quest'idea. Io non so se Liebetanz ha l'indirizzo di casa di Baldini, ma potrebbe benissimo averlo ed essere già stato lì. Pensa che casino sarebbe se gli dicessi che sono malato e lui decidesse di venirmi a trovare egualmente!

- In effetti, lì troverebbe la tua padrona di casa che non potrebbe fare a meno di raccontargli che il professore è morto sei anni fa.

- Sarebbe rischiosa una simile evenienza, a parte la figuraccia che rimedieresti per esserti finto il professore.

- La figuraccia, cosa vuoi, sarebbe il meno. Quanto alla sua reazione, è difficile dirlo: questo Liebetanz non lo conosco, anche se ci gioco a scacchi da sei anni. Potrebbe prenderla male per averlo preso in giro per tutto questo tempo. Magari si sente ferito per il fatto che, impossessandomi dell'identità dell'amico, ne ho offeso la memoria. Potrebbe denunciarmi. Nella posizione che occupo, anche una semplice denuncia, avrebbe effetti devastanti sulla mia carriera. Non so cosa pensare. E' un'incognita troppo difficile da valutare.

- Altrimenti?

- Altrimenti ho pensato di raccontargli la semplice verità: in fondo non mi vergogno per quello che ho fatto. Non ne vado fiero, perché ho dovuto imbrogliare, ma quando l'ho fatto, ero in uno stato di necessità.

- D'accordo e cosa può succedere di diverso dal caso precedente? Liebetanz si sentirebbe preso egualmente in giro, potrebbe reagire in qualunque modo. L'unica differenza è che avresti la certezza che venga a sapere la verità. Direi che è peggiore dell'ipotesi di accampare qualche impedimento.

- Appunto, mi pare una pessima idea. L'ultima alternativa, ma mi pare priva di senso, è di non rispondergli. Anche in questo caso i rischi sono che lui vada a Roma egualmente, mosso dal desiderio di capire cosa mi sia successo.

- Ok. Queste cose, più o meno le avevo pensate anch'io. Però credo che esista un'altra opzione.

- Sarebbe a dire?

- Perché non è possibile che si verifichi oggi esattamente quello che è successo realmente sei anni fa?

- Vuoi dire che potrei scrivere a Liebetanz che Baldini è morto adesso?

- Esattamente.

- E che vantaggi avrei?

- Intanto probabilmente riusciresti ad evitare che lui vada a Roma a fare delle indagini, soprattutto se gli dicessi che è troppo tardi per prendere parte al funerale.

- Ok. E poi?

- Credo che questo tuo legame con un morto, prima o poi, debba comunque essere spezzato. Devi lasciare morire Giovanni Baldini, lasciare la sua pensione, che ora non ha più alcuna giustificazione e lasciare per sempre la sua casa, che ora non ti serve più.

- E come potrei fare, secondo te? Ci ho pensato tante volte di sganciarmi, ma ci sono sempre dei rischi ... Come la vedi tu la cosa?

- La signora Lina, sa come ti chiami? Il tuo nome risulta da qualche parte?

- Sa che mi chiamo Davide. Il cognome forse gliel'ho detto una volta, ma era falso. Per il resto, non sta scritto da nessuna parte: sono subentrato nel contratto di Baldini, tutte le forniture sono rimaste a nome di Baldini ... Direi che niente di quello che ha in mano la signora Lina porta scritto il mio cognome ... Certo non posso escludere che in casa ci sia qualcosa, che ne so, un libro, con appuntato il mio cognome.

- Molto bene. E hai detto alla signora Lina dove saresti andato?

- Non mi pare. Le ho detto che avevo vinto un concorso e che avrei lavorato all'estero, ma che per il momento avrei tenuto l'appartamento per ogni evenienza. Però riceve tutti i mesi la busta coi soldi dell'affitto ... il francobollo è israeliano ed il timbro postale è di Tel Aviv.

- Penso sarai d'accordo con me che, esclusa la signora Lina e a parte tua sorella, non esiste alcun collegamento tra Baldini e te. Se la signora Lina non sa chi sei, credo proprio che il giorno in cui tu scomparissi davvero, anche volendo, non avrebbe molti appigli per ritrovarti.

- Ok., ammettiamolo pure. Io le do la disdetta, passo a prendere le mie poche cose, controllo di non avere lasciato alcuna traccia nell'appartamento e la chiudo lì. Non è male.

- E per la pensione come faresti?

- Dopo che hai tagliato tutti i ponti dietro di te, mandi una bella lettera anonima, dall'Italia, in cui dichiari che il professor Giovanni Baldini è passato a miglior vita. Starà poi a loro verificare se la notizia è vera o falsa.

- E per il conto corrente di Baldini?

- Per quello non mi farei grandi problemi: smetti di usarlo.

- E dei soldi? Cosa ne faresti?

- Quelli erano suoi … visto che non aveva eredi e che tu, tutto sommato, ti sei auto adottato, credo potresti tenerteli. Ma devi essere molto attento a non lasciare alcuna traccia.

- Potrei liquidare gli investimenti e poi fare prelevare il grosso col bancomat in tante riprese da mia sorella.

- Sì. Coordinando bene le cose, credo che in capo a qualche mese, potresti gettarti alle spalle non solo Liebetanz, ma anche tutto il resto! Cosa te ne pare?

- Non è male, non è davvero male. Pensiamoci ancora un po', ma non vedo grosse controindicazioni. Forse è giunto il momento di lasciare riposare Giovanni Baldini.

- Vedi che due teste sono meglio di una?

- E cosa dico a Liebetanz?

- Che Baldini è morto all'improvviso.

- Sì, ma come avrei fatto a sapere della sua mail, se non avendo accesso al computer di Baldini ed alla sua posta elettronica?

- Sii creativo: inventati la storia più semplice, la più credibile.

- Ok. Ci penso ancora su. Comunque domani gli scrivo.

55

Spesso, quando compiamo gesti quotidiani, ripetitivi o routinari, quando percorriamo ancora una volta la strada di tutti i giorni, spesso guardiamo, ma non vediamo. Il livello della nostra attenzione non è adeguato a percepire e poi a ricordare cosa di diverso, di particolare o di insolito vi sia attorno a noi, soprattutto se si tratta di semplici minuti dettagli. L'indomani Davide uscì di casa che era ancora buio, molto più presto del solito, dopo essersi guardato bene intorno. Voleva essere guardingo, vigile e presente, attento ai dettagli. Anziché la solita giacca scura, indossava una tenuta da ginnastica, tuta, felpa col cappuccio e scarpette. A piedi percorse un pezzo di strada in più, per poi tornare sui suoi passi. C'era qualche passante, ma nessuno pareva badare a lui. Quando si sentì tranquillo, salì con un guizzo sulla macchina di Sarah e filò via velocemente verso Tel Aviv seguendo un percorso tortuoso e mai fatto prima, gli occhi incollati alla strada ed al retrovisore. Quando finalmente la sbarra che dava accesso al parcheggio riservato del palazzo ove aveva sede l'ambasciata, si abbassò alle sue spalle, tirò un sospiro di sollievo: nessuno sembrava seguirlo. Parcheggiò in modo da non lasciare l'auto esposta alla vista dalla strada, poi sgattaiolò dentro all'edificio, come un ladro, nascondendo il volto, felice di essere da solo in ascensore. Rosanna e l'ambasciatore dovevano ancora arrivare e quindi non poteva accedere alla camera blindata. Si fermò nell'anticamera e controllò la posta elettronica. Poi creò un account fasullo su hotmail e scrisse da lì la seguente mail: *"Dear Sir, I am a friend of Giovanni Baldini. I have to inform you that professor Baldini died suddenly three days ago at home for a heart attack. His funeral will take place today in the afternoon. As he had no relatives, I was called by Mrs Lina, the owner of the apartment where he lived. Looking through Giovanni's agenda I found out that you intended to come to Rome and meet him next week. Unfortunately this will be impossible. Best regards, Marco Martone."*

La spedì.

Poi si collegò alla banca *on line* di Baldini ed inserì gli ordini di vendita dei titoli presenti nel portafoglio. Infine inviò una mail a sua sorella dicendo di aumentare i prelievi al bancomat a tremila euro al mese e di bonificargli quella somma fino a nuovo ordine. Quella cifra era il limite massimo di prelievo del bancomat di Baldini.

Sarah intanto aveva lasciato l'appartamentino di Netanya. Aveva fatto un giro dell'isolato, quindi si era diretta verso la via in cui Davide aveva parcheggiato la sera innanzi. Individuata la Nissan di Davide, seguitando a camminare, controllava i veicoli parcheggiati dietro di essa e, con grande sorpresa vide una Peugeot famigliare metallizzata oro: aveva il finestrino del conducente abbassato e c'era pure un uomo a bordo che leggeva un giornale ebraico. Vi passò accanto con indifferenza ma, superata la vettura, si girò un momento per cercare di leggere la targa. Fu questione di un istante incrociare gli occhi dell'uomo che ora, dal retrovisore esterno, controllava il suo passaggio. Lo sguardo indagatore dell'uomo chiedeva imperioso: "Chi sei tu?", "Perché ti sei girata?", "Cos'hai a che fare con questa storia?" Lei fu colta impreparata a questa raffica di domande e sicuramente mostrò un'espressione colpevolmente smarrita. Si girò di scatto, col cuore che batteva a mille e seguitò a camminare con passo spedito e l'affanno di chi credeva di essere in vantaggio e per questo ha sbagliato una mossa. Era quella. Era quella la macchina. Ora ne era sicura. Davide non si era sbagliato. L'uomo l'aveva vista. L'aveva forse riconosciuta? Sapeva chi era lei? Aveva capito perché lei si era voltata? Sarebbe smontato dall'auto per seguirla? Maledizione, non aveva neppure la sua pistola che era rimasta sulla sua macchina! Percorso un breve tratto svoltò in una laterale, si nascose dietro una vettura in sosta ed attese per diversi lunghissimi minuti. Non successe assolutamente nulla. Rinfrancata, si diresse verso la stazione degli autobus nel centro della cittadina. Alla biglietteria comprò un biglietto per Gerusalemme ed un altro per Haifa: i due pullman sarebbero partiti alla stessa ora di lì a pochi minuti, in direzioni opposte. Salì sul pullman diretto ad Haifa. Si sedette accanto al finestrino, in una posizione da cui poteva vedere bene, ma anche essere vista. Consumò quella snervante attesa scannerizzando con lo sguardo tutta l'area circostante in cerca dell'uomo della Peugeot: il viale adiacente, il piazzale, i pullman fermi, la via, i marciapiedi. Cercava un arabo, sulla trentina, robusto e con la barba scura e corta, vestito forse all'occidentale, ma non aveva visto bene, era stato un istante.

Quando l'autista accese il motore lei schizzò fuori e fece appena in tempo a salire sul mezzo diretto a Gerusalemme; dovette anzi farsi riaprire la porta già chiusa, battendo con ostinazione la mano aperta contro lo sportello. Ringraziato con un cenno l'autista sonnolento e distratto, attraversò lentamente il pullman da cima a fondo, controllando bene la faccia, gli abiti e gli accessori degli altri viaggiatori nel passare e si sedette negli ultimi posti. C'erano alcune indistinte donne arabe dalla pingue opulenza, dai profumi eccessivi e grevi, con il fazzoletto in testa e con le loro informi palandrane tradizionali dai coloruzzi indefinibili da una tinta marrone can che fugge al grigio fumo di Londra, passando per la terra di Siena. C'era un vecchio Ebreo che portava un minuscolo cagnolino la cui testa faceva capolino da una sporta di rafia. C'era un gruppetto di ragazzi e ragazze in divisa e armati che probabilmente stava rientrando a casa in licenza e chiacchierava allegramente. Ma soprattutto non c'erano maschi arabi adulti. Niente che neppure vi somigliasse. Durante il tragitto verificò di tanto in tanto che non ci fossero Peugeot metallizzate oro dietro al pullman. Non ne vide.

56

Quando in ufficio arrivò Rosanna e, subito dopo, Pietro, Davide ed il socio si chiusero dentro la camera di sicurezza. Davide fece cenno a Pietro di non dire nulla. Quindi gli scrisse su un pezzo di carta: "Dobbiamo controllare tutta la stanza per scoprire eventuali cimici. Non discutere, non farmi domande ma dammi una mano a svuotare gli armadi per vedere se c'è qualcosa. Poi passeremo ai tavoli, alle prese e alle luci. In silenzio. Poi ti spiego."

In capo ad una mezz'ora il pavimento era ingombro di faldoni, carpette, mappe, buste, bustoni e libri, tanto che non era più possibile spostarsi. Non ci volle molta abilità per trovare una cimice non più grande di una batteria stilo, collocata dietro al secondo armadio. La vera sorpresa, però, fu che un'altra microspia, di tipo diverso e più grande, si trovasse appoggiata sopra al terzo armadio, fuori dalla vista. L'ultimo armadio non presentava anomalie. Passarono quindi ad analizzare, sempre in silenzio, spiegandosi solo a gesti, il tavolo da lavoro, il lampadario, il telefono e le scatole delle prese. Ben più tempo richiese il rimettere ogni cosa al suo posto. Le microspie non avevano fili: trasmettevano evidentemente via radio.

Davide era furente: era quello il limite o c'era dell'altro?

Pietro era sorpreso del ritrovamento ed allarmato che il socio gli avesse fatto capire di lasciare le cimici nei due armadi, sia pure in posizioni più accessibili ancorché non visibili.

Poco dopo, era quasi l'ora di pranzo, uscirono insieme dall'ambasciata, come spesso avveniva, ma utilizzando un'uscita posteriore.

- Ma mi vuoi spiegare che cavolo ti è preso? - quando furono in strada, domandò Pietro spazientito ed inquieto per i ritrovamenti.

- Li hai visti quei due gingilli?

- Certo che li ho visti. Ma mi chiedo come tu facessi a sapere che erano lì.

- Se con questo vuoi lasciarmi intendere che ce li ho messi io, sei fuori strada, amico. Diciamo che quello che mi è successo ieri sera mi ha messo sull'avviso.

- Sarebbe a dire?

- Vieni, entriamo in quel bar, così possiamo parlare.
- Ok, andiamo.

Davide entrò nel locale per primo, fece segno a Pietro di sedersi ad un tavolino, mentre lui occupò una posizione d'angolo in cui poteva tenere sotto controllo tutto l'ambiente circostante e, in parte, l'esterno. Il locale era affollato di gente che, per lo più, consumava al banco rapidamente e poi tornava al lavoro in ufficio. C'era un viavai continuo di persone.

- Allora?
- Ieri sera una Peugeot famigliare, una macchina piuttosto vecchia, di colore chiaro, mi ha seguito dalla periferia di Tel Aviv verso Netanya. - rispose Davide.
- Come puoi dire che ti seguiva? - domandò perplesso Pietro.
- Ti assicuro che mi seguiva. Ho fatto il possibile per seminarla, ho girato per Tulkarem, poi ho preso delle strade secondarie praticamente deserte a grande velocità. Sono quasi rientrato a Tel Aviv e quindi ho fatto la via del mare. Alla fine ci sono riuscito. Sono più che sicuro che mi seguisse.
- Ok e allora?
- Allora Pietro, ho idea che la situazione stia rapidamente degenerando. Questi immagino sappiano benissimo dove abito: perché seguirmi allora?
- Per controllare il tuo percorso abituale casa ufficio casa?
- Infatti. E per quale motivo?
- Per prenderti le misure, per farti un bel giorno una brutta sorpresa, temo.
- Esattamente.
- Ma loro, chi sono?
- Non ne ho idea, ma sono convinto siano arabi. Quali è difficile dirlo.
- E poi, anche se lo sapessimo, cosa potremmo farci?
- Appunto, non potremmo fare nulla. Però adesso sappiamo che mi pedinano. E sappiamo che loro sanno che noi sappiamo che mi pedinano. - soggiunse Davide.

Le lezioni di scacchi ed anni di gioco con Liebetanz gli erano serviti a comprendere che nel gioco, dove vince uno solo, non è importante la profondità dell'analisi in se stessa, quanto possedere la profondità necessaria per essere comunque una mossa avanti rispetto all'avversario. Però ora la partita era più complessa, l'avversario non era uno solo ma probabilmente due, forse tre, e la posta in palio assai maggiore sia per quanto vi si poteva guadagnare ma soprattutto per quanto era in ballo in caso di perdita.

- Quindi forse cambieranno strategia, non ti pare? - chiese Pietro.

- Forse, ma non ci farei troppo affidamento. Magari cercheranno di essere più accorti, cambieranno uomini, ma dubito che molleranno l'osso.

- … un punto di vantaggio però ce l'abbiamo: non sanno che abbiamo trovato le microspie. Ce la dobbiamo giocare bene questa cosa. Cosa pensi di fare?

- Per prima cosa dobbiamo essere assolutamente attenti e dubitare anche dell'ovvio. E' molto probabile che come pedinano me, lo stesso facciano con te. Quindi tieni gli occhi ben aperti.

- Io non mi sono accorto di nulla di strano, finora.

- Questo ci dice solo che tu non hai visto niente, ma non significa che non ci fosse qualcosa che sarebbe stato meglio notare. Seconda cosa: cambiare abitudini, continuamente. Dobbiamo confonderli, disorientarli, spiazzarli, rendere loro la vita difficile. Dobbiamo diventare come lepri che corrono scartando lateralmente in continuazione. E' chiaro?

- Sì.

- Terzo: capire chi è che sta facendo il gioco sporco da noi.

- Direi che non ci sono più molti dubbi alla luce di quanto abbiamo trovato stamattina nella camera di sicurezza: è per forza de Gregorio.

- Anch'io sono giunto alla stessa conclusione. Lui è l'unico che può accedere alla camera da solo. Rosanna ha bisogno anche di una delle nostre password. Non può essere stata lei.

- No, non è lei che ha messo le cimici o che ha aperto la camera blindata a chi le ha messe. Ma questo fatto non ci dà la certezza che sia estranea. Potrebbero essere d'accordo, lei e il capo. Non possiamo escluderlo.

- Ok. E quindi?

- Quindi bisogna decidere cosa fare delle due microspie.

- Tra l'altro sono diverse una dall'altra. Non è strano?

- Non è che me ne intenda, ma, la prima cosa che mi viene in mente è che servono due padroni diversi.

- Ma sarebbe pazzesco!

- Pazzesco non significa impossibile. Considera che Yehouda Cohen ci aveva già dimostrato che gli Israeliani ci controllano e sappiamo ora che il mio inseguitore era, con ogni probabilità, un arabo. E' vero che esistono anche gli arabi Israeliani, ma qualcosa mi suggerisce che non li assumono al Mossad, ti pare?

- Ma dai, non li prendono neppure per il servizio di leva, figurati se li vogliono nei loro servizi segreti!

- Appunto, scherzavo. Allora dicevo … poniamo: de Gregorio passa informazioni sia agli uni che agli altri, ma nessuno dei due beneficiari sa che lui fa il doppio gioco, anzi, triplo, perché in primo luogo dovrebbe tutelare gli interessi italiani e anche noi due che ne facciamo parte. … Ragiona: noi non sappiamo perché, ma per qualche ragione lui passa le informazioni poniamo ad Hamas e a Hezbollah, contemporaneamente. In questo modo che risultato ottiene?

- Che questi gruppi terroristici sono stati informati da tempo, non sappiamo quanto, su tutto il nostro lavoro preparatorio ivi comprese tutte quelle osservazioni che avremmo voluto tenere solo per noi.

- E quindi?

- E quindi sanno quali sono i margini di trattativa effettivi, ad esempio.

- Non solo. Sanno, di più, hanno la garanzia, che il lavoro è stato veramente confezionato da noi, senza interferenze esterne. Sanno che non ci sono sotterfugi, astuzie o trabocchetti. Guarda che questo non è un aspetto di poco conto, soprattutto per i Palestinesi. La fiducia nei confronti degli Israeliani è talmente bassa che anche se la Croce Rossa si presentasse da loro per prestare aiuto, la prima cosa che loro penserebbero è che c'è sotto un complotto. Figuriamoci cosa hanno pensato quando ci siamo fatti avanti noi! - sentenziò Davide.

- Ma se veramente fossero queste le motivazioni, tutto sommato, la finalità del capo non sarebbe necessariamente cattiva, non credi?

- Forse no. Però se veramente sono Hamas o Hezbollah che ci spiano e se sono seriamente intenzionati a fare abortire il negoziato prima che venga reso pubblico, adesso sanno esattamente a che punto sono le cose: possono prenderci la misura, Pietro. E temo che il pedinamento sia l'ultimo atto in questa direzione.

- In ogni caso è assolutamente imperdonabile che de Gregorio abbia messo in piedi questo teatrino senza informarci per rendere la nostra recita più verosimile agli orecchi degli spioni. Ma bada che è altrettanto probabile che de Gregorio abbia preso soldi o altro dagli uni e dagli altri per permettere loro di mettere le cimici. Non possiamo escluderlo.

- No, in effetti non possiamo. Direi che la sola conclusione a cui possiamo arrivare ora è che non ci possiamo più fidare del capo. Dobbiamo tagliarlo fuori del tutto, cosa che, d'altra parte, abbiamo già iniziato a fare … E se …

- Se?

- E se il capo avesse aperto la camera ad un solo "tecnico del suono" e fosse questi ad avere piazzato le trasmittenti per gli uni e per gli altri?

- Anche questo è possibile. Le ipotesi possibili sono tante. Anche la spiegazione più semplice, cioè che la stessa parte abbia messo due cimici per essere sicura che l'una o l'altra avrebbe sicuramente funzionato. Possiamo anche immaginare che abbia usato due apparecchi diversi perché aveva terminato quelli del primo tipo … Oppure magari una trasmette vicino e l'altra lontano, che ne so. Non abbiamo l'appoggio di nessuno, non possiamo chiedere un'indagine sulle trasmittenti. Non so più cosa pensare.

- Forse una cosa la possiamo fare. Fammi pensare … E se noi, non visti, spostassimo le microspie dalla camera di sicurezza all'ufficio di de Gregorio?

Pietro non era, per così dire, uomo d'azione. Il suo socio invece stava abbozzando l'idea di smettere di giocare solo in difesa, e di passare invece all'attacco. A volte la migliore tecnica di difesa è quella di attaccare, soprattutto quando i sistemi difensivi sono manifestamente insufficienti. Se la sorpresa è una delle possibili chiavi di vittoria, nulla è più sorprendente di un combattente in sofferenza che si rivolta e attacca. Se Pietro fosse stato da solo avrebbe prontamente accantonato l'idea perché potenzialmente pericolosa. Ma la presenza di Davide gli infondeva quel tanto di coraggio che occorreva per seguirlo. La sua era un'indole con un buon livello di cameratismo, che accettava il rischio e il sacrificio solo se questi erano condivisi tra pari.

- Se mettiamo le microspie da de Gregorio e lui fa un gioco sporco, è bene che chi ancora forse non lo sa, lo sappia. E' lui che ci ha messi in questo casino, credo che spostare i riflettori dalla nostra faccia alla sua non sia una cattiva idea, - proseguì Pietro.

- E' un modo per offrirgli lo stesso calice avvelenato che lui ci ha dato da bere: in ogni caso, se il capo ha degli scheletri nell'armadio, è assai probabile che involontariamente si tradisca.

- E quale potrebbe essere la sua reazione se scopre che abbiamo spostato le microspie?

- Non ne ho la minima idea. Tuttavia lo vedrei piuttosto in difficoltà nell'accusare noi di avere messo delle cimici nel suo studio quando lui stesso le aveva prima messe nel nostro, non ti pare?

- Sì. Ma dobbiamo crearci delle prove certe che la sequenza degli eventi è proprio quella che hai detto e non altra. Ho una mezza idea su come fare. Finisci il tuo panino e torniamo su. Il lavoro non è affatto terminato.

Era la tarda mattinata quando Sarah, scesa dall'Egged bus insieme ai militari alla stazione centrale di Gerusalemme, perlustrò accuratamente il piazzale con lo sguardo, in cerca dell'autista della Peugeot. Non vide né la vettura né l'uomo. Soddisfatta si diresse a piedi verso la sua abitazione, poco distante.

Una volta in casa tirò un sospiro di sollievo richiudendosi la porta alle spalle. Per precauzione diede anche alcune mandate dall'interno, cosa che di solito non faceva. Quindi si lasciò cadere nella poltrona e cercò di rilassarsi. Ma non riusciva a rimuovere dalla sua mente il pensiero di avere avuto una diretta conferma di quanto Davide le aveva riferito, e questo seguitò ossessivamente a tormentarla per il resto della giornata. Un conto è ascoltare una storia angosciante, un conto è viverla. Quell'uomo a Netanya, non aveva seguito lei, forse per restare appresso alla macchina di Davide. Ma cosa avrebbe verosimilmente fatto se non avesse visto comparire nessuno in seguito? Aveva una gran voglia di avvertire Davide di quello che aveva visto, però poche ore prima avevano concordato di non telefonarsi se non in caso di pericolo imminente. La possibilità di essere intercettati non era così inverosimile. Ma il caso era di pericolo imminente?

Finalmente sentì suonare alla porta: era Davide.

- Davide! Tutto bene?

- Sì, ma la situazione è ancora più incasinata di ieri sera.

- Raccontami, che poi ti dico cosa è successo a me.

57

Davide uscì presto il mattino seguente, con una lunga lista di cose da acquistare in diversi negozi, mentre Sarah fu la prima cliente di un parrucchiere arabo della città vecchia. Quando ne uscì aveva i capelli lisci, corti, tagliati a caschetto e, soprattutto, biondi. Molto biondi. Ad un esame più attento si sarebbe potuto obiettare che lei non era molto plausibile, come bionda. Dell'estetica se ne fregava: voleva solo apparire completamente diversa. E, se questi erano gli intenti, il risultato era stato raggiunto pienamente. L'unico inconveniente era che adesso il suo aspetto era diventato assai appariscente, cosa di cui avrebbe volentieri fatto a meno. Dato che riteneva occorresse molto più tempo per cambiare completamente aspetto e che aveva affidato a Davide tutte le incombenze, Sarah riprese la via di casa in anticipo.

In strada, in prossimità dell'ingresso di casa sua notò una ragazza ferma che non le pareva di conoscere.

- Professoressa, posso disturbarla un momento?

Pensando immediatamente che dovesse trattarsi di una sua studentessa, Sarah rimase interdetta per qualche istante, perché non ricordava di averla avuta a lezione e, d'altro canto, non aveva centinaia di studenti, ma solo qualche decina.

- Certo. Ma le lezioni sono sospese per gli esami. Perché non vieni la settimana prossima, nel mio orario di ricevimento?

- Potrei, ma si tratta di una cosa breve e urgente al tempo stesso! Le dispiace se salgo un momento da lei?

- Di solito non ricevo gli studenti a casa mia. Perché non ci vediamo in facoltà?

- La prego! Le rubo solo dieci minuti, ma non possiamo parlare così, in strada.

- E va bene, sali pure.

Una volta entrate in casa, la conversazione mutò improvvisamente registro.

- Sarah Rothbart?

- Certo, accomodati!

- Sarah Rothbart, ho delle comunicazioni per lei.

- Ma … chi è lei?

Chi era questa ragazza che aveva innanzi? Quanti anni poteva avere? Una ventina? Venticinque? Perché le aveva chiesto di nuovo il suo nome, quando oramai era chiaro chi fosse? Perché quel mutamento di tono, prima deferente ora imperioso? C'era qualcosa di storto, che non quadrava. Prima sembrava una che aveva bisogno di qualcosa, ora pareva una che lo pretende. Stavano lì inchiodate nel piccolo ingresso dell'appartamento ad un metro una dall'altra, studiandosi a vicenda, come due gatti immobili che si osservano per cogliere l'uno lo scatto dell'altro in tempo utile per reagire con pari ferocia.

- Chi sono non ha importanza, - riprese la ragazza a voce bassa, - lavoro per il Mossad e ho delle cose da dirle.

- Il Mossad !?

- Lei è cittadina israeliana e si sta cacciando in un brutto guaio.

- Ma cosa vuole lei! Di cosa sta parlando!?

- Sa benissimo di cosa sto parlando.

- Lei non ha il diritto di immischiarsi nella la mia vita privata.

- Signorina Rothbart, devo correggerla: quando c'è in ballo la sicurezza nazionale, il diritto di interferire lo abbiamo eccome! Anzi, abbiamo il dovere.

- La prego di andarsene. La conversazione è terminata: quella è la porta!

- Signorina Rothbart, lo sa che scherza col fuoco? Lo sa che ieri l'ha scampata per poco? Se quell'arabo non avesse avuto l'ordine preciso di non staccare gli occhi dalla macchina del Signor Mancini, pensa che non se la sarebbe presa con lei?

- Eravate lì anche voi?

- E' consapevole del rischio che ha corso?

- Eravate lì anche voi? Come fa a sapere queste cose?

- Perché si è esposta in questo modo?

- C'eravate anche voi! Sapevate cosa stava accadendo e non avete mosso un dito!

- La sua presenza non rientrava nel piano.

- Ma sono affari miei che non vi riguardano in nessun modo.

- Lei sbaglia ancora: sono cose che ci riguardano da vicino. Quello che fa il signor Mancini, se rientra nei limiti della legalità e non lede gli interessi del nostro paese, non ci riguarda: è un diplomatico straniero accreditato in Israele. Se lui ha deciso di entrare in un gioco più grande di lui e del suo collega Signor Rabaglia, non possiamo impedirglielo. Ma lei è cittadina israeliana e noi non possiamo proteggerla dai pericoli in cui il signor Mancini presto o tardi la caccerà, che lo voglia o meno. Lei poi non ha il diritto di mettere a repentaglio la sicurezza nazionale.

- Sicurezza nazionale? Ma io sto solo cercando di aiutarlo! Cosa c'entra la sicurezza nazionale?

- Mi ascolti. Credo di avere capito la situazione ma, purtroppo, non c'è spazio per i sentimenti in questo contesto. Lasci perdere Davide Mancini finché è in tempo. Lo dimentichi. Lo lasci fare, ma almeno non si immischi col suo lavoro, ne resti fuori! Se disgraziatamente il clima dovesse arroventarsi, come è possibile, noi non potremo fare nulla per lui e se lei si trovasse con lui in quel momento o peggio decidesse di agire sostituendosi a lui, sarebbe condannata come lui. Ha capito cosa voglio dire?

- Condannata? Cosa intende dire?

- Signorina Rothbart, non dovrei dirle quanto le dirò, andando oltre il mio incarico, ma vedo che non vuole capire. Lei è una donna adulta e preparata. Non può non capire la situazione. Il Signor Mancini sta svolgendo col suo collega un incarico estremamente delicato e segreto che coinvolge il nostro paese. Noi abbiamo dovuto tenerlo sotto controllo per verificare che il suo fosse un gioco pulito. E' stato in questa azione di controllo che siamo venuti a conoscenza di diverse cose, tra le quali che da circa un mese voi avete una relazione.

- E se anche fosse? Perché il Mossad deve impicciarsi delle relazioni sentimentali degli Israeliani? Ma dove sta scritto? E' una violazione patente della mia *privacy*! Se ne vada!

- La prego, mi lasci finire. Poi me ne andrò e non mi vedrà mai più. Ma mi lasci finire, non voglio andarmene prima di essermi sincerata che lei abbia compreso esattamente a che cosa potrebbe andare incontro.

- Va bene, finisca, ma badi che Davide potrebbe rientrare da un momento all'altro!

- Non è così. Il Signor Mancini non arriverà prima che noi abbiamo terminato il nostro colloquio. Lo vede che crede di controllare la situazione ed invece non controlla quasi nulla?

- Perché non può tornare? Cosa gli avete fatto?

- Non gli abbiamo fatto e non gli faremo mai niente. E' un diplomatico straniero, lo ricordi sempre. Non lo toccheremo mai. Ma non potrà arrivare qui finché ci sarò io, perché qualche piccolo contrattempo lo farà ritardare. Tutto qui.

- Siete dei bastardi! Vi prendete gioco delle persone! Se ne vada.

- Le ricordo che mi aveva concesso di finire quanto le dovevo dire.

- E va bene! Finisca e poi se ne vada!

- D'accordo. Il Signor Mancini svolge un incarico delicato per conto del suo Governo. Abbiamo saputo che qualcuno dei suoi sta facendo un gioco sporco e poco chiaro. Ora ne è al corrente anche lui, ma non riesce a sganciarsi dalla situazione che lo espone al pericolo di ritorsioni da parte … di gruppi stranieri. Se lei continua a stare con lui, e intendo abitare con lui, passare del tempo con lui, viaggiare con lui e cose di questo genere, lei stessa corre i medesimi rischi del Signor Mancini. Per essere ancora più chiara, se dovesse esserci un incidente o un attentato ai suoi danni e lei si trovasse con lui in quel momento, noi non potremmo evitarlo. Il motivo formale per cui sono qui a parlarle è che sarebbe forse imbarazzante per il nostro governo se in tale occasione il diplomatico italiano non fosse solo ma insieme ad una cittadina israeliana. Sarebbe un fatto che dovremmo in qualche modo spiegare e che forse si presterebbe a delle strumentalizzazioni da parte dei nostri avversari. Ma quello che mi premeva personalmente, era che lei comprendesse esattamente la portata dei rischi a cui si sta esponendo perché possa decidere consapevolmente cosa fare e cosa non fare in futuro. Lei è giovane, è israeliana e fa un mestiere affatto diverso e assai più tranquillo, mi dia retta: lasci perdere! Ha capito?

- Ho capito. Arrivederci.

- Arrivederci. E si ricordi, non sarà la sua chioma bionda a salvarla, se non decide di salvarsi da sola.

Dopo avere richiuso la porta alle spalle dell'agente del Mossad, Sarah corse alla finestra per vederla uscire.

Si trattava della medesima donna che aveva accompagnato Davide e Pietro al colloquio con Yehouda Cohen, ma questo Sarah non poteva neppure immaginarlo: Davide non le aveva raccontato di quell'incontro ed era la prima volta che la vedeva.

Un uomo con qualche anno di più, forse sulla trentina, che stazionava dalla parte opposta della strada, la prese a braccetto, quasi fossero due fidanzati e la condusse via parlottandole all'orecchio. Dopo nemmeno dieci minuti arrivò Davide.

- Non ci crederai, ma ho fatto tardi perché ho forato con la tua macchina!

- Non importa. Hai trovato tutto?

- Credo di sì. Sei ancora decisa ad andare?

- Più di prima. - gli rispose lei baciandolo.

- Dove si va?

- A nord.

58

Alberto de Gregorio invece decise di passare le prime ore del venerdì nell'ambasciata deserta. Doveva fare una telefonata importante dal suo ufficio lontano da orecchi indiscreti. Da un cassetto della scrivania trasse una busta: all'interno era annotato un numero internazionale riservato. Era giunto il momento di usarlo.

- Pronto? De Gregorio.
- Buongiorno a lei!
- Sì abbiamo delle novità: la nostra proposta è al vaglio, come lei già sa; ho motivo di ritenere che abbia trovato un buon accoglimento dalle parti in causa. Qualche osservazione è probabile, ma non credo che avremo alcun rigetto dell'impianto nel suo complesso. Entro la prossima settimana attendiamo le eventuali obiezioni.
- E' possibile, ma non è detto che la situazione internazionale debba necessariamente degenerare tanto da condizionarci. E, se questo dovesse accadere, vedremo come regolarci.
- Sì, ho fatto come lei mi aveva chiesto. Formalmente la trattativa è rimasta riservata, ma ho provveduto a tenere separatamente al corrente anche gli altri.
- Tutti, tutti, nessuno escluso.
- A tutti la stessa versione. Le asimmetrie informative sono pericolose, non crede? Soprattutto quando si lavora in un ginepraio come questo.
- Purtroppo su questo fronte la situazione interna non mi pare tranquilla. Ricorderà il missile su Ahskelon. Poi c'è stato quell'eccidio a Hebròn.
- Sì, le indagini hanno imboccato la pista religiosa, ma sa anche lei che è una foglia di fico. Non so in che misura e per quanto riusciranno a darla a bere all'opinione pubblica. Tutto dipende dal verificarsi o meno di altri episodi del genere. Vedremo.
- Sì, gli esaltati esistono eccome.
- Sì, ma ormai mancano pochi giorni … forse è fatta.
- Dicevo, c'è del fermento nel paese e percepisco nervosismo anche qui in ambasciata.
- No, i ragazzi non sanno niente. Ma egualmente vi sono stati degli episodi strani che non sono passati inosservati: sono ragazzi svegli.

- Mi riferisco a piccoli dettagli: cose che dovevano riferirmi e non mi hanno riferito, ad esempio. Ultimamente poi, ho la netta sensazione che mi evitino. Probabilmente non capiscono cosa sta accadendo intorno a loro e si sentono insicuri.

- Il mio timore è che la situazione possa degenerare e che qualcuno possa farsi del male, mi capisce? Noi questo non lo vogliamo, vero?

- No, signore, nessun rischio di quel genere, stia tranquillo! Non è possibile risalire a voi.

- No, no, né loro né altri, le ripeto, stia tranquillo.

- D'accordo, signor Ministro, la terrò al corrente degli sviluppi.

A volte in una conversazione tra consumati giocatori tutto fila liscio fin quasi alla fine, in scioltezza. Poi però basta un accento incongruo, una sottaciuta allusione, qualcosa di non detto ma lasciato intendere, perché tutto il discorso assuma una colorazione affatto differente.

E la tenebra prenda il posto della luce.

Posando il ricevitore provò una sensazione sgradevole: quella che doveva essere una insignificante deroga alla corretta osservanza delle regole dell'azione diplomatica, lasciare trapelare qua e là, quasi incidentalmente, qualche significativa informazione riservata, si stava rivelando come girare con un fiammifero acceso a fare lume in un'oscura polveriera di cui non si conosce esattamente la pianta. E se quel benedetto fiammifero gli fosse mai sfuggito dalle mani, la conseguente deflagrazione avrebbe investito tutti all'intorno, lui per primo, ma non quelli che lì lo avevano mandato a fare luce.

De Gregorio si alzò dalla scrivania constatando con fastidio che i pantaloni del completo di Armani presentavano delle antiestetiche piegoline che prima non c'erano e la cosa lo irritava a prescindere dal fatto che fosse solo e che alcuno potesse notare quel presunto difetto. Si versò da bere qualcosa di forte dal mobile bar. Aveva preso questa abitudine anni prima, durante la sua permanenza a Londra. Una dose moderata di alcol, riteneva riuscisse a fornirgli una più lucida capacità di analisi ed una maggiore fluidità di pensiero. Col bicchiere quadrato in mano si era avvicinato alla grande vetrata che si affacciava sul Mediterraneo e, sorseggiando il liquore, rimuginava su tutta la faccenda.

In quell'ultima conversazione telefonica appariva oramai del tutto chiaro che la responsabilità di quell'azione così pericolosa in quel contesto operativo, pur non essendo sua, su di lui sarebbe invariabilmente ricaduta perché questo avrebbe imposto la ragion di stato. E poi, non era forse sufficientemente dimostrato quanto, nei governi italiani, la velocità di fuga dalle responsabilità proprie della carica rivestita, fosse palesemente proporzionale all'importanza della carica stessa? Al momento opportuno, nessun salvagente sarebbe stato lanciato verso di lui, ma da Roma sarebbe piuttosto arrivato il siluro che l'avrebbe definitivamente affondato.

Di questa ragion di stato lui sapeva l'esistenza pur ignorandone le cause a monte, che dovevano pur esistere. Di queste ultime però non aveva la minima idea. Gli sfuggiva anzi quale potesse essere la logica di qualcuno che di giorno fa il possibile per mettere d'accordo due riottosi litiganti e di notte agisce indirettamente in senso opposto, perché il negoziato fallisca. Le informazioni di cui disponeva non gli consentivano di comprendere se l'obiettivo principale fosse il primo oppure il secondo. Se il beneficio complessivo atteso dovesse giungere dal successo sul primo fronte o se anche dal secondo ci si aspettassero delle contropartite. D'altro canto aveva provato ad immaginare, senza riuscirvi, se fossero possibili delle soluzioni intermedie che potessero contemperare, in qualche misura, i due opposti. Conosceva la tela di Penelope, la cui funzione però non era né quella di tessere né quella di disfare, ma solo di prendere tempo e qui non pareva il caso.

Ma l'efficienza delle gerarchie non sta proprio nell'assunto che gli ordini siano sensati per definizione e che per ciò stesso debbano essere eseguiti senza se e senza ma? Gli ordini si eseguono, non si discutono. Anzi, non bisogna neppure ammettere che gli esecutori possano riflettere su di essi. Si eseguono e basta. Così funzionano gli eserciti, la Chiesa, la diplomazia. Solo così sono stati possibili i genocidi, l'inquisizione e buona parte delle guerre che l'uomo ha combattuto dal momento che ha imparato, molto presto, a vedere nel suo simile il nemico. A de Gregorio sarebbe piaciuto assai sapere se, obbedendo, avesse prestato il braccio a realizzare qualche infima bassezza celata dietro la ragion di stato. Per ipotizzare una risposta sarebbe occorso sapere almeno a che livello l'operazione era stata concepita: era il volere del monarca o quello del suo feudatario che aveva agito per compiacerlo? Impossibile trovare una risposta. La sola cosa sicura era che se quell'ardita operazione fosse malamente naufragata, a pagarne lo scotto, a tutti i livelli, sarebbero stati solo i vassalli e i valvassori che, proprio in virtù della loro investitura, in un estremo atto di fedeltà all'istituzione, si sarebbero immolati addossandosi ogni altrui colpa ed interrompendo la catena gerarchica delle responsabilità.

Pur essendo navigato e sufficientemente disincantato, lui ci aveva creduto in quell'impresa, anche quando, in aggiunta agli ordini ufficiali gli erano giunte quelle richieste ufficiose apparentemente in contrasto con l'obiettivo principale dichiarato. De Gregorio era un diplomatico pragmatico che accettava ed in qualche modo abbracciava la logica del fine che giustifica i mezzi. Tuttavia, in quel contesto, non riusciva a cogliere l'essenza ultima del fine, mancando la quale, il ricorso a mezzi impropri risultava solo ingiustificato e pericoloso. Ma il Principe, non doveva forse essere sempre politicamente illuminato?

Cosa pensare dunque dei possibili danni collaterali? Anzi, cosa pensare dei danni? Collaterali sono i danni causati nel conseguimento di un obiettivo principale, ma se questo veniva meno, i danni erano danni e basta. Anche i suoi collaboratori che avevano fedelmente operato sul piano del negoziato si ritrovavano così ad essere i più esposti a ritorsioni e non avere neppure la possibilità di comprendere di essere messi in mezzo né perché. Ma tant'era: oramai i giochi erano fatti e né lui né altri avrebbe potuto cambiare il corso delle cose.

Guardando in distanza il mare calmo il pensiero ritornò all'ambasciata d'Italia a Londra, sua prima prestigiosa destinazione estera, quando, trent'anni prima, nel breve volgere di mesi aveva impresso una forte accelerazione alla sua carriera. Allora aveva sposato la bellissima, ricca e rossa Bridget Donnelly, suo unico vero amore di una vita, dopo una sua repentina quanto improbabile conversione all'anglicanesimo che non aveva convinto nessuno, lui per primo. Allora aveva pensato di avere conquistato tutto, a soli trent'anni. Si versò dell'altro liquore per tornare ad immergersi in quei ricordi struggenti. Quando andava al pomeriggio in certi club esclusivi a Mayfair, le cui strade arrivavano ad intasarsi di Rolls Royce sul far delle cinque, tante ce n'erano. Quando rincasava la sera nella sua dimora vittoriana a Chelsea, il giardino affacciato sul Tamigi. Quando usciva con Bridget per andare a concerto alla Royal Albert Hall ed il piacere che provava nel vedere tutti quegli uomini, al tempo facoltosi ed insignificanti, mangiarsela con gli occhi. Il bicchiere era di nuovo vuoto, sul mare ora baluginava in distanza la sagoma di un cargo in avvicinamento a Giaffa.

La vita poi aveva saputo riprendersi molto di quanto gli aveva concesso così velocemente. L'ambasciatore a Londra, suo mentore e sostenitore, era incappato in un passo falso ed era stato costretto alle dimissioni. Per Alberto questo si tradusse in un richiamo immediato alla Farnesina e nel successivo trasferimento di sede ad Addis Abeba. Bridget, che aveva faticato a seguirlo a Roma, mal digerendo il cambiamento di abitudini, lo lasciò partire per l'Etiopia con la promessa che l'avrebbe raggiunto dopo qualche settimana. La rivide solo tre anni dopo, davanti ad un giudice della city che sentenziò il loro definitivo divorzio. Da allora il suo impegno fu tutto diretto al lavoro, a ricostruire una carriera da zero per tornare ai vertici di un'ambasciata importante. Con fatica, caparbietà e lavoro duro vi era riuscito. Tel Aviv non la affidavano certo ai pivellini. Ma ora un nuovo baratro poteva inghiottirlo, così come era già successo; questa volta, però, sarebbe stato per sempre.

59

Daniela era rimasta sbigottita davanti alla ferma proposta del suo compagno di dedicare quel fine settimana alle pulizie di primavera. Solitamente Pietro si assoggettava alle faccende domestiche di mala voglia e solo dietro sua sollecitazione. Aveva obiettato che forse non era il caso, che ai primi di febbraio era un po' presto per parlare di primavera, anche se abitavano in un paese ed in una città dove l'inverno non è mai una cosa seria. Ma lui era determinato: da quando erano giunti in quella casa, l'anno prima, non avevano mai fatto una pulizia come si deve, vale a dire non soltanto dove lo sporco è visibile ma anche dove l'occhio non arriva a vedere: dietro i mobili, dentro ai mobili e nei recessi nascosti.

- Comincia pure tu, se ci tieni tanto, io devo lavorare anche oggi, lo sai. E ricordati che devi anche andare a fare la spesa, - gli aveva risposto lei, confidando che, alla dichiarazione di intenti, sarebbe seguito un nulla di fatto.

Un senso di profonda costernazione invece la colse quando, nel tardo pomeriggio, fece ritorno a casa: tutto l'appartamento era a soqquadro, dalla cucina al bagno, dal soggiorno alla camera da letto, tutti i mobili erano stati spostati, svuotati e, presumibilmente, spolverati, i lampadari smontati e anche il telefono giaceva scollegato per terra. Ogni angolo, ogni anfratto dell'immobile e del suo arredamento era stato ispezionato con diligente cura.

- Ma sei completamente impazzito? E adesso dove cucino? E la spesa dov'è?

- Tranquilla, la spesa è giù in macchina. Volevi che la portassi su ad aumentare questo casino?

- No, ma non si fa così! Ma chi ti ha insegnato? Si fa una camera alla volta! E poi si rimette in ordine.

Pietro, che stava rimettendo le stoviglie dentro la credenza era stanco ma visibilmente di buon umore, e non fece caso a quella reprimenda a cui ribatté: - Può darsi che il tuo metodo sia migliore, ma il mio ci dà la sicurezza che entro domani sera tutta la casa sarà pulita e in ordine, perché non abbiamo alternative. Piuttosto, dammi una mano, così facciamo prima.

Daniela, che aveva in animo di riposarsi durante quel fine settimana invece lavorò sodo a pulire, spolverare, lavare e, soprattutto, a rimettere tutto in ordine. Quando finalmente venne il sabato sera la casa fu veramente più pulita e più in ordine di quanto non fosse mai stata. I due erano esausti ma soddisfatti l'una perché la fine di un incubo porta comunque sollievo, l'altro per la medesima ragione ma per un diverso incubo: non aveva trovato nulla di quello che era pressoché sicuro di trovare.

60

Quel fine settimana servì invece a Davide e a Sarah per stemperare le tensioni accumulate. Lui aveva comprato nuovi capi di vestiario, nuove schede SIM per i loro cellulari, intestate a persone fittizie: su indicazione di Sarah era andato in un negozietto di telefonia gestito da un arabo che non aveva storto il naso davanti a quella richiesta e, soprattutto alla vista di un significativo importo in contanti. La lontananza dai luoghi consueti servì a dissipare in parte le loro paure e a lenire le loro ansie: sapere di essere fuori dal gioco per qualche ora ed il fatto stesso che ciò fosse stato possibile senza incontrare resistenze di alcun tipo, dava loro la sensazione che la libertà fosse lì, a portata di mano, e che bastasse solo decidere di andarsene e l'incubo potesse, per ciò stesso, cessare.

Sarah non gli disse della donna del Mossad. Non aveva nessuna intenzione di dare retta a quello che le aveva detto. La cosa l'aveva indignata perché non riteneva giusto essere pedinata dai servizi senza che questi potessero intervenire in caso di necessità, pur essendo perfettamente al corrente di quanto andava accadendo. Poi non accettava che il suo paese rifiutasse di proteggere qualcuno che, per quanto straniero, si stava dando da fare per portare la pace. Non capiva il perché di questo orientamento e non lo accettava.

Diressero verso nord lungo il Giordano. Sarah guidò Davide nella grande e prospera città romana di Beit Shean. Poi salirono all'inarrivabile fortezza Belvoir dove i crociati controllavano la valle del Giordano ed il confine orientale da cui potevano giungere le truppe del feroce Saladino. Un gigantesco fossato largo venti metri e profondo dodici, serie concentriche di possenti mura in pietra, postazioni avanzate a difesa dei tratti esposti al nemico non bastarono. Nel 1182 effettivamente Saladino arrivò e assediò per un anno nella fortezza i soldati del Re Baldovino IV di Gerusalemme, avendone alla fine ragione. La caduta di Belvoir segnò l'inizio della fine dell'utopistico controllo europeo sulla Terra Santa. Di lì a poco anche Gerusalemme sarebbe caduta in mani musulmane che l'avrebbero tenuta per 750 anni ancora.

Il pomeriggio giunsero a Tiberias, la città che re Erode Antipa volle fondare in onore dell'imperatore Tiberio sulle rive del Mare di

Galilea, unico specchio d'acqua dolce di qualche importanza presente in tutto il Medio Oriente.

Si sedettero ai tavolini di un bar lungo il corso pedonale che attraversa il centro città digradando verso il lago. C'era il sole e la temperatura era gradevole, quasi primaverile. Altri tavolini erano occupati da ragazzi e ragazze a casa da scuola per il giorno festivo e giovani militari in licenza, uomini e donne. Appoggiate sui tavolini, sporgenti da sotto i maglioni, infilate nelle borsette, molte armi facevano mostra di sé; non ostentate ma neppure nascoste, venivano esibite con naturalezza dai relativi proprietari, semplici accessori dell'abbigliamento, come può esserlo un ombrello, una borsa o un cappello.

- Ci sono un bel po' di armi in giro, non trovi?

- Qui non è niente, vedrai domani se saliamo a nord del lago.

- Come si fa ad abituarsi alla presenza di tutte queste armi?

- Non te lo so dire. Io la mia pistola la tengo in macchina, ma solo perché mio padre vuole che l'abbia sempre appresso quando sono in giro per il paese. Lo fa sentire più tranquillo. Qui nel nord è diverso: le scaramucce di confine sono continue coi libanesi. Quando loro si arrabbiano un po' di più si mettono a lanciare missili qassam e non è come nel sud: qui il territorio è densamente popolato. Sulla costa c'è Haifa, una grande città. Quei missili, ovunque cadano, fanno dei danni reali, sempre che non accoppino qualcuno.

- Ho capito, ma come pensano i locali di fermare i missili con delle pistole?

- Per i missili, sono d'accordo con te, servono a poco, meglio i rifugi antiaerei, che pure abbondano. Qualche anno fa gli abitanti di Qiryat Shemona, al confine col Libano, hanno passato mesi interi nei rifugi a causa dei missili. Credo che le armi individuali servano come deterrente allo scontro personale. Ci sono zone vicine, come il Triangolo, in cui sono concentrati in maggioranza arabi israeliani. Se ci finisci dentro, da Israeliano, ti assicuro che non è una sensazione piacevole. A maggior ragione se ti devi recare in Cisgiordania, per esempio a Jenin, che è a uno sputo da qui. Credo che l'armamento serva anche per sentirsi più protetti.

- D'accordo, questo lo posso capire. Ma non ti pare che alla sicurezza individuale dovrebbe pensare lo stato? Non ti sembra questa una situazione simile ad un *far west* dove, proprio la mancanza di stato, legittima il cittadino a difendersi da sé?

Intanto furono serviti dei panini dalla ricca farcitura ed un paio di birre.

- In parte è come dici. Ma non del tutto. In Israele lo stato c'è ed è anche forte. Solo che non può essere presente in ogni momento ovunque per garantire tutti i suoi cittadini. Qui ci sono i tribunali che funzionano, se permetti, meglio che in Italia. Se uno commette un reato e viene giudicato colpevole, sarà condannato e sconterà tutta la sua pena, sia esso un Palestinese, un Arabo Israeliano, o un Israeliano. Ti ricordo che abbiamo condannato il nostro presidente della repubblica perché era colpevole di molestie sessuali. Non mi pare che lo stesso si possa dire dell'Italia, o sbaglio? -

- Per carità, non chiedermi queste cose: sono un funzionario ministeriale!

- E allora? Per questo non vedi quello che tutto il mondo vede?

- *Touché*! Non è che non veda, la questione è che non posso denigrare la struttura da cui dipendo. Per il resto, cosa vuoi che ti dica? La penso come qualunque persona ragionevole può pensarla, a prescindere dalla sua nazionalità: avere un Presidente del Consiglio che per quindici anni si è sottratto alle proprie responsabilità penali solo perché è riuscito, finora, a farsi le leggi necessarie per garantirsi l'impunità, è mortificante. E per di più ha la faccia di bronzo di andare in giro a dire che i giudici lo perseguitano, tanto è vero che in nessun processo, tecnicamente, è mai stato condannato! Ha provato a mettere mano anche sulla Costituzione pur di potere avvantaggiarsi nelle sue vicende giudiziarie: credo che i padri fondatori della nostra repubblica meritino un tantino più di rispetto. Ma la cosa che è ancora più deprimente, è che una buona parte dell'opinione pubblica italiana si lasci persuadere da argomenti da bar, facendo finta di non sapere che le sue assoluzioni sono dipese da prescrizioni, da fatti che magicamente non sono più reati, come il falso in bilancio, da processi che non si sono potuti concludere perché lui, sistematicamente ma legittimamente, si sottrae al giudizio. Sono gli italiani Sarah, o una buona parte di essi, la vera vergogna. Il Presidente del Consiglio non è che uno di loro. Dispiace dirlo ma la nostra non è ancora una democrazia funzionante, pur avendo esattamente la stessa età della vostra.

- E allora vedi? Il fatto che i ragazzi qui girino armati non è una cosa più aberrante di tanto.

- Cambiando discorso, lo sai che anche bionda coi capelli lisci non sei per niente male?
- Non dire scemenze! So benissimo di non stare meglio di un negro biondo o di un albino tinto: sono fasulla, si vede lontano un chilometro.
- Ma no, tutti questi capelli biondi e lisci, mi piacciono davvero!
- Tu vedi quello che vuoi vedere.
- Cambiando discorso, dove dormiamo stanotte?
- Ci sono due possibilità: se restiamo a Tiberias ci sono diversi alberghetti turistici più in basso, verso il lago. Altrimenti possiamo dormire in qualche *kibbutz* in alta Galilea, nella zona di Zefat ce ne sono un paio che accettano ospiti.
- Se non ti spiace preferirei una soluzione più convenzionale. E poi Tiberias è carina.
- Non insisto, va bene anche a me.
- Tornando a noi penso sia inutile evitare di parlare del problema.
- Purtroppo neppure parlarne temo sia di grande utilità. Almeno, pensare ad altro ci ha permesso di alleggerirci dalla pressione per qualche ora. Guarda che si vive più a lungo se ci si ricorda di respirare, quando si può farlo.
- D'accordo. Ma domenica dovrò andare di nuovo in ufficio. Che dorma da te o a Netanya, poco importa, comunque dovrò fare un bel pezzo di strada in cui sarò esposto.
- E se tu in ufficio non ci andassi più?
- Cosa vuoi dire, che dovrei licenziarmi?
- Ma no, dico solo che potresti stare a casa qualche giorno.
- In ferie? E' impossibile che il capo me le dia con quello che bolle in pentola.
- Davide, sii creativo! Se il fatto che qualcuno ti segua in automobile ti stressa, come stresserebbe chiunque, ammalati per qualche giorno. Vedrai che il mondo girerà egualmente senza di te.
- Mmm, non è una cattiva idea. Potrei prendermi un'influenza per tre o quattro giorni. Però mi dispiace per Pietro, lui sarebbe da solo.
- Non sei mica la sua bàlia.
- Lo so, ma lui è così pavido, se è da solo, non vorrei combinasse qualche casino.
- Ascolta, mi pare che fino a prova contraria al momento sia soltanto tu ad essere insidiato. C'è il caso che se tu sparissi dalla circolazione si attacchino a lui, ma non puoi saperlo.

- Ok. Ma devo avvertirlo. Giovedì scorso si è preso un bello spavento quando abbiamo trovato le cimici in ufficio.

- Chiamalo, così gli dai il tuo nuovo numero di cellulare e se si troverà nei casini sarà l'unico che ti può rintracciare.

- Ok, lo chiamo dopo, adesso andiamo a cercare l'albergo.

Trovata la sistemazione in un albergo prospiciente il lungolago, Davide chiamò Pietro che era ancora completamente immerso nella pulizia di casa. Pulizia che era stata sicuramente utile sotto il profilo dell'igiene, ma che si stava rivelando negativa sotto quello della sicurezza: gli spioni non si erano insinuati nell'abitazione di Pietro e Daniela a Tel Aviv. E questa era una buona notizia.

Poi Davide spiegò al collega cosa intendeva fare e si misero d'accordo sulla versione comune da dare in ufficio: un'influenza di stagione, tre o quattro giorni e tutto si sarebbe risolto. Pietro avrebbe pensato a tenere i contatti coi negoziatori Palestinesi ed Israeliani per concordare gli incontri. Avrebbe dovuto tenere gli occhi non aperti, ma spalancati, per cogliere eventuali presenze indesiderate attorno all'ambasciata o alla sua abitazione.

L'indomani partirono sul presto alla volta di Tel Hazor: Davide riconobbe, assai più in piccolo, un sito che aveva strette parentele con Tel Gerico e Tel Megiddo sia come struttura che come età. Anche questo sito era un sandwich con affioramenti di tante epoche differenti, ma meno complesso da interpretare rispetto agli altri.

Quindi pranzarono a Zefat, Safed, o Safad che dir si voglia, località posta sulle colline in mezzo a piantagioni di meli così estese che, se non fosse per le alte cime delle Alpi, che qui mancavano, sarebbe parso essere in Trentino. Dopo una passeggiata per il paese, ricco di sinagoghe di antica data, salirono all'antica fortezza templare, altro baluardo posto a difesa dei pellegrini cristiani contro gli attacchi dei musulmani e da questi ultimi ridotto ad un cumulo di macerie.

Poi ripresero la via per Kefar Baram, seguendo la strada sinuosa che segue il confine col Libano, ora tranquillo perché presidiato della forza di interposizione ONU, gestita dai militari italiani. La sinagoga tra le più antiche della diaspora, costruita in forme tardo alessandrine, testimoniava una volta di più che l'ebraismo era sempre stato essenzialmente sostanza, mentre la forma la mutuava dallo stile dominante del luogo e dell'epoca.

Approdarono infine alla costa, alle alte scogliere candide ed inattese di Kefar Rosh HaNikra, baluardo roccioso che divide la Galilea dalla terra dei Fenici.

Si lasciarono a Naariyya perché Davide preferì non rientrare a Gerusalemme o a Netanya dove avrebbe potuto essere facilmente rintracciato. Trovò posto in un albergo non distante dal mare. Sarah invece tornò a Gerusalemme sperando di non fare altri brutti incontri.

61

Giunto in ufficio, Pietro si informò da Rosanna se fossero arrivate delle comunicazioni da parte dei Palestinesi e degli Israeliani. Lei, che appariva di umore pessimo tanto da indurre Pietro a chiederle che problemi avesse, rispose che c'era un fax proveniente dall'Autorità Palestinese sulla scrivania di de Gregorio. Pietro aveva bisogno di sapere cosa vi era scritto, ma non aveva alcuna voglia di andare a chiederlo al capo, anche perché sapeva che le cimici ora si trovavano nel suo studio. Tuttavia non c'erano molte alternative.
- E' permesso?
- Vieni, vieni Pietro. Stavo giusto leggendo questo fax da Ramallah. Siediti.
- Cosa dicono?
- Che vogliono incontrarci per discutere di alcune questioni rilevanti. Davide dov'è?
- Mi ha chiamato l'altra sera dicendo che ha la febbre.
- Ecco, guarda tu stesso: chiedono un incontro in settimana. Può darsi che vogliano vederci prima degli Israeliani.
- Devo chiamare?
- Sì, fissa l'appuntamento. Però è indispensabile che ci sia anche Davide all'incontro. Hai idea per quanto ne avrà?
- Mi ha detto che preferisce curarsi per evitare magari una ricaduta nel periodo più caldo delle trattative ... Penso sarà una cosa di qualche giorno ancora.
- Va bene. Allora fa una cosa. Proponi loro mercoledì o giovedì. Se poi Davide non dovesse rientrare in tempo utile, sposteremo l'incontro.
- Nell'eventualità che Davide tardasse, non potrebbe venire lei con me?
- E' escluso Pietro. Sarebbe un grave errore procedurale. Voi siete gli *sherpa*, io l'ambasciatore. Il mio ingresso ora potrebbe essere male interpretato. D'altra parte se tu dovessi andare da solo, a parte il fatto che non parli l'arabo, i nostri interlocutori si farebbero giustamente delle domande sull'assenza dell'altro negoziatore, magari arrivando a conclusioni errate. Quindi, fai come ti ho detto.

L'incontro coi Palestinesi fu concordato per il giovedì mattina, con le medesime modalità del precedente. Pietro avvisò della cosa Davide che garantì la sua presenza e si raccomandò ancora di tenere gli occhi bene aperti.

62

- Ben arrivati. Spero che il viaggio e l'accesso non siano stati troppo gravosi! - esordì Suleiman Buda scandendo bene le parole in arabo ed ostentando un cordiale sorriso. Fece loro cenno di accomodarsi al tavolo, il medesimo del primo incontro, con la stessa polvere anzi, forse di più.
- Gradite un tè? - soggiunse facendo un cenno ad un uomo che stava di guardia sulla soglia della stanza.
Il luogo era lo stesso, medesimo l'interlocutore, identico il check point al quale avevano abbandonato la loro auto. Anche la Mercedes era simile, con sedili leopardati e volante peloso tigrato. Altri erano i ninnoli appesi e ciondolanti dal retrovisore, ma identico era l'edificio di Ramallah dove erano stati condotti incappucciati: lo riconobbero quando furono finalmente al suo interno. La stessa partitura pareva dovesse essere eseguita senza variazioni. Sembrava che in un mese non fosse successo assolutamente nulla in quella sede dell'Autorità Palestinese. Anche Suleiman Buda forse indossava il medesimo abito stazzonato e di cattivo taglio, profumava della medesima scadente colonia aspersa con araba generosità. Tuttavia il seguito dell'incontro mise presto in luce che la diffidenza del primo incontro si era parecchio stemperata, assumendo ora una misura del tutto fisiologica. Consumato il tè tra chiacchiere di cortesia e di circostanza, il confronto entrò nel vivo.
- Allora quali sono le vostre considerazioni sul piano che vi abbiamo sottoposto?
- Premetto che il piano, nel suo complesso può essere accettato se però ci vengono garantite alcune concessioni, che ora andremo ad analizzare in dettaglio.
Davide era preparato ad un sonoro diniego. Non lo era altrettanto a quell'inattesa apertura. Rifletté velocemente sul fatto che Yehuda Cohen, quella volpe, disponeva sempre di informazioni riservate che si rivelavano invariabilmente corrette. Pensò che una delle microspie doveva essere israeliana. Ma l'altra?
- Credo che qualche margine di trattativa esista, anche perché immagino raccoglieremo altre istanze dalla controparte. - rispose Davide accomodante.

Certo, è normale che sia così, - commentò Suleiman Buda, come se stesse ammettendo che tra due vecchi amici qualche piccola e marginale divergenza è pur sempre possibile.

Davide non credeva alle sue orecchie.

- Quali sono i punti rilevanti?

- Il più importante è legato strettamente al secondo: vogliamo che l'accordo nel suo complesso sia sottoposto a libero plebiscito sia in Cisgiordania che nella striscia di Gaza. Tutti i Palestinesi devono potersi esprimere con un voto, favorevole o contrario, rispetto al progetto di stato che uscirà dal negoziato.

Davide non si capacitava. Faceva talmente fatica a credere alle parole che sentiva, scandite in modo chiaro e lento, che interruppe con un gesto il suo interlocutore per tradurre a Pietro quanto stava ascoltando.

- Ci stanno Pietro! Mi sta dicendo che lo vogliono fare, e che vogliono sottoporre l'accordo a referendum popolare sia qui che nella Strip!

- Sei sicuro di avere capito bene?

- Sicurissimo. Ma sentiamo il seguito.

- Dicevo? Sì, vogliamo un plebiscito regolare, con tanto di osservatori ONU. Per parte nostra l'adesione all'accordo è subordinata al raggiungimento della maggioranza dei voti nel referendum. Vogliamo che l'accordo, sia sostenuto dalla maggioranza della popolazione o sia da essa rigettato.

In quegli stessi giorni il presidente tunisino stava facendo le valigie e quello egiziano le avrebbe fatte di lì a poco; disordini di piazza sarebbero divampati in Barhein, scontri in Libia, mai visti dalla caduta di re Idris nel 1969, avrebbero fatto molti morti tra gli oppositori al regime di Gheddafi. La debolezza della leadership palestinese, in Cisgiordania come a Gaza, unita alla inedita e prorompente rivendicazione di democrazia da parte delle piazze arabe aveva evidentemente indotto i capi di Fatah a ricercare nelle urne la legittimazione ed il consenso della popolazione stremata e, con essi, il pieno riconoscimento da parte della comunità internazionale.

Quella straordinaria stagione libertaria delle piazze, dal Magreb, alla penisola arabica, al golfo persico, anziché agire come deterrente alla soluzione del problema palestinese, imprevedibilmente, si stava dimostrando un insperato alleato.

- Non mi sembra possano esserci problemi ad un'adesione condizionata. E' possibile che una cosa del genere la chiedano anche gli Israeliani, - commentò Davide faticando a nascondere il suo compiacimento.

- Sì. Però da noi la questione è più spinosa perché è possibile che l'esito non sia il medesimo in Cisgiordania e a Gaza. Se il piano dovesse raggiungere la maggioranza dei consensi sia qui che là, come auspichiamo, chiediamo che gli Israeliani costruiscano, a loro spese, una via di comunicazione sopraelevata che colleghi il sud della Cisgiordania col nord est della Gaza Strip, passando sul loro territorio. Questo viadotto godrebbe di extraterritorialità. E' chiaro?

- Assolutamente. A parte i problemi della qualificazione giuridica, certo si tratta di un'opera parecchio costosa.

- D'accordo, ma fondamentale per il nuovo stato. Se le due parti del paese non saranno collegate, così com'è adesso, ognuna prenderà la sua strada, presto o tardi. Invece se saranno unite, avremo da Gaza l'accesso dal mare ed in Cisgiordania potremo realizzare un aeroporto internazionale.

- A parte l'impegno economico, che è rilevante, credo che la vostra visione sia condivisibile.

- I soldi per stringerci dentro una barriera di settecento chilometri li hanno pur trovati.

- Certo. Non blocchiamoci su singole questioni, andiamo avanti.

- Qualora una delle due parti non dovesse ratificare l'accordo, presumibilmente la striscia di Gaza, chiediamo che il piano venga realizzato in pieno, limitatamente alla parte che lo approverà, ma il governo israeliano, oltre alla comunità internazionale, dovrà garantire che l'adesione dell'altra parte potrà verificarsi anche in seguito e che, quando questo accadesse, Israele costruirà a sue spese la bretella per collegare le due parti divise del territorio palestinese.

- Mi pare che sia del tutto ragionevole. Potrebbe accadere che oggi gli abitanti di Gaza non riescano a vedere i vantaggi di appartenere al nascituro stato, ma che questa situazione possa capovolgersi successivamente. Le convenienze cambiano tanto in fretta.

- Come le opinioni, signor Mancini. Poi noi siamo favorevoli ad una soluzione semplice e radicale: il territorio del futuro stato Palestinese è quello che gli stessi Israeliani hanno delimitato con la loro maledetta barriera. Tutto quanto è al di là è e resterà Israele, mentre quanto si trova al di qua sarà Palestina. Ci rendiamo conto che esistono numerosi insediamenti costruiti ed abitati dagli Israeliani, soprattutto a ridosso della barriera: cadranno sotto la sovranità palestinese. Questo non significa che i proprietari verranno espropriati: rispetteremo le loro proprietà come quelle di qualunque altro straniero, ma cadranno sotto la sovranità del futuro stato. In definitiva è la stessa situazione, a parti rovesciate, che è accaduta ai Palestinesi che sono rimasti in Israele. Ok?

- Ho capito, ma quei Palestinesi sono tali solo per etnia e per religione, non per cittadinanza, perché sono a tutti gli effetti cittadini israeliani.

- E' vero, ma noi non potremo certo impedire che, se lo vorranno, gli Ebrei che risiedono in Palestina ottengano la nostra cittadinanza. Dubito che lo faranno, ma non avrei niente in contrario, non crede?

- No, però il nostro piano non sta scritto esattamente quanto mi va dicendo.

- Lo so, e non ho ancora finito. Dicevo? Tutto, insediamenti, strade scuole, ospedali, infrastrutture al di qua della barriera diverranno automaticamente Palestinesi ma in cambio, noi mettiamo sul piatto Gerusalemme est e rinunciamo a qualsiasi rivendicazione sulla città vecchia, a condizione che possiamo avere libero accesso, senza restrizioni, ai luoghi santi.

L'ultimo ostacolo, quello maggiormente paventato, cadeva così, in cambio di concessioni materiali ed economiche. La cosa straordinaria nella diplomazia è che una posizione può rimanere ferma e granitica per anni o incancrenire per decenni; poi, d'incanto, le condizioni di contesto mutano ed improvvisamente, quanto era ritenuto sommamente impossibile, diventa realizzabile, quasi a portata di mano, gli arroccamenti si sciolgono come neve al sole e quasi ci si domanda come mai non si sia pensato prima alla soluzione del problema: era così semplice in fondo, bastava volerlo.

- Inoltre chiediamo la completa riapertura dei varchi e, trascorso un comprensibile periodo di normalizzazione dopo la creazione dello Stato Palestinese, lo smantellamento della barriera con Israele e la riapertura di tutte le strade che, in precedenza, attraversavano il suo tracciato, che diverrà la nuova linea di confine di stato. A questo proposito vogliamo credere che, avendola fissata gli Israeliani stessi, non vi saranno difficoltà a riconoscerla come confine di stato.

A quel punto Davide arrestò per un istante il suo interlocutore per tradurre succintamente al suo collega quanto stava ascoltando.

Avevano studiato ogni singola deviazione del tracciato della barriera rispetto alla vecchia linea verde, avevano raccolto informazioni sulle dimostrazioni di quei contadini che si erano trovati coi campi tagliati fuori dal tracciato del muro: tutto inutile, con un colpo di spugna tutti questi motivi di attrito venivano cancellati proprio da chi avrebbe avuto ragione di sollevarli.

- Vogliono fare un plebiscito sia qui che a Gaza, vogliono una strada sopraelevata che colleghi Cisgiordania e Strip, il confine correrebbe esattamente sulla attuale linea della barriera e tutte le infrastrutture all'interno diverrebbero palestinesi. Tutto questo in cambio di Gerusalemme est agli Israeliani. Questo in estrema sintesi. Sento che questo accordo lo vogliono tanto quanto lo vogliamo noi.

- E' incredibile! E della questione dei profughi cosa dice?

- Ora glielo chiedo.

- Tutto questo è ragionevole. E per quanto riguarda il problema dei profughi?

- Abbiamo pensato anche a questo problema che è forse più spinoso delle dispute territoriali, anche se non va sovrastimato nelle sue dimensioni. Voglio dire che una buona parte della diaspora palestinese, essendo questa durata così tanti decenni, non ha più alcun concreto interesse a rientrare nelle terre che erano state dei padri o dei nonni. Spesso si tratta di famiglie che si sono ricostruite una vita ed una identità in altri paesi arabi e non avrebbero neppure la convenienza a ritornare. In molti casi hanno ormai una cittadinanza diversa da quella originaria. Neppure noi abbiamo interesse ad una immigrazione massiccia nel nascituro stato di Palestina, che ci creerebbe altri problemi oltre a quelli che già abbiamo. Occorrerà studiare un piano insieme agli Israeliani ed ai paesi che ospitano i campi profughi. Noi riteniamo che quanti sono fuggiti a causa dell'invasione israeliana nel 1967 o successivamente e che hanno perso tutto, vadano in qualche modo indennizzati, se lo richiederanno. In linea di massima pensiamo che queste famiglie, se oggi ancora vivono in condizioni precarie, vadano aiutate economicamente, ma non necessariamente indotte a fare rientro in Cisgiordania o a Gaza: il nostro sistema economico non è in grado di sostenere un impatto di centinaia di migliaia di persone. Prima dobbiamo pensare a fare decollare il nuovo stato e per fare questo occorre che Israele riapra le frontiere e privilegi la manodopera palestinese, così come era prima della costruzione della barriera.

Anche in materia di scambi commerciali occorrerà stringere una relazione privilegiata con Israele ed accordi di libero scambio coi confinanti. Per fare questo occorrono le indispensabili condizioni di sicurezza che noi, per parte nostra, ci impegniamo a garantire con questo accordo, il cui obiettivo dichiarato è di superare tutti i motivi di frizione e tutte le rivendicazioni storiche che sono esistite nei confronti di Israele.

Rientrando verso Tel Aviv nel pomeriggio, seguendo un percorso attraverso strade minori per potersi accertare di non essere seguiti, Pietro e Davide commentarono molto positivamente la nuova posizione assunta da Fatah. Questa fazione sembrava volersi di colpo affrancare dai retaggi del passato e volere scommettere sul futuro. I Palestinesi di Cisgiordania parevano proprio intenzionati a raccogliere il guanto di quella sfida a costo di doversi confrontare con quella parte di elettorato che sicuramente avrebbe messo l'accento sulla rinuncia ad ogni pretesa su Gerusalemme. Evidentemente erano persuasi di potere raccogliere la maggioranza del voto popolare.

Suleiman Buda alla fine del colloquio aveva loro consegnato un corposo plico redatto in inglese in cui era contenuta la risposta formale al piano di pace italiano con le condizioni che aveva esposto. Domenica mattina ci sarebbe stata sicuramente una riunione con de Gregorio per valutare gli ultimi sviluppi e per decidere la linea da tenere nel successivo incontro con Yehouda Cohen o con chi li avrebbe ricevuti a Gerusalemme.

Pietro si sarebbe incaricato di depositare i documenti palestinesi in ambasciata la sera stessa. Davide invece non sarebbe passato da Tel Aviv, ma si sarebbe fermato a casa sua a Netanya, dove non metteva piede da oltre una settimana.

Con Sarah erano già d'accordo di passare il weekend sulle tracce di Erode il Grande: venerdì a Erodion e sabato in Giordania a Mukawir o Macheronte, che dir si voglia.

PARTE QUARTA

AMEN

63

Se Masada rappresenta il culmine dell'indole visionaria dell'architetto Erode il Grande, Erodion, il palazzo fortezza e forse mausoleo è un altro *unicum* nel suo genere. A differenza di Masada che godeva di una naturale posizione dominante rispetto all'area circostante, il sito di Erodion, prima dell'intervento del re, era una semplice collinetta, quasi perfettamente circolare, che si elevava per alcune decine di metri.

Il progetto di Erode era una esaltazione delle forme cilindriche: consisteva nello svuotamento della parte centrale della collina, che avrebbe ospitato gli appartamenti del sovrano; tutto intorno, partendo da questo livello artificialmente basso del piano terra, sarebbe stata costruita una poderosa fortificazione circolare con muri a casamatta di qualche metro di spessore, grandi torrioni cilindrici, e torri cilindriche difensive perimetrali. Ma la novità più interessante era che tutta la terra risultante dallo svuotamento della collina, sarebbe poi stata deposta, in ripida pendenza, contro i muri esterni della fortificazione, in modo da creare un grande terrapieno: la collina naturale veniva così accresciuta in altezza di qualche decina di metri, facendo assumere all'insieme l'aspetto di vulcano, nella cui caldera si trovava il palazzo fortezza. In questo modo la maggior parte dell'altezza della fortificazione, protetta dalla collina artificiale, sarebbe stata al riparo da qualunque colpo. Erodion sarebbe stata una fortezza inespugnabile. All'interno invece, così come a Masada, avrebbe prevalso l'aspetto della villa di piacere, ricca di ambienti colonnati, di pareti decorate da vivaci stucchi colorati e avrebbe goduto di una temperatura gradevole tutto l'anno, al piano inferiore. Vi trovavano posto anche una piccola sinagoga, il *mikve* ed i bagni. A livello sotterraneo poi, la fortezza disponeva di importanti riserve d'acqua per il palazzo e per la consistente guarnigione di soldati che doveva presidiarlo.

Sarah spiegò che anche la scoperta di quel sito era stata possibile grazie a Giuseppe Flavio il quale, nella sua "Guerra giudaica", aveva descritto in modo così preciso la fortezza che quando l'archeologo americano Edward Robinson nel 1838 raggiunse il luogo non ebbe dubbi nell'identificarlo con l'opera di Erode.

Seguendo il testo di Giuseppe Flavio, che affermava essere Erodion anche il mausoleo di Erode il Grande, nel corso del novecento molti archeologi si erano affannati a cercare la sepoltura reale senza tuttavia individuarla. Solo nel 2007, un collega anziano di Sarah, Ehud Netzer, della Hebrew University, aveva portato alla luce un sarcofago in pezzi che lui, assieme ad una parte rilevante della comunità scientifica, sosteneva essere quello di Erode. Tuttavia l'assenza di alcuna iscrizione o di qualche altro dato archeologico che avvalorasse questa tesi, lasciava adito ad una sostanziale incertezza nell'attribuzione.

64

Era quasi l'imbrunire, il sole era già tramontato ma non era ancora del tutto buio quando i due ridiscesero, soli, dalla collina di Erodion, ben oltre l'orario di chiusura. Tra i privilegi di Sarah vi era anche quello di potersi trattenere in un sito a suo piacimento. Il sentiero che portava alla sommità del sito girava intorno alla collina. Scendevano chiacchierando in fila indiana uno innanzi all'altra, i sassolini scricchiolavano sotto le scarpe. Nella penombra crepuscolare erano quasi giunti al parcheggio sottostante, dove ormai solo la macchina di Sarah era rimasta, quando Davide cadde all'indietro adagiandosi contro il pendio, come spinto da una forza misteriosa. Un istante dopo si udì il suono fragoroso di una detonazione lontana.

- Merda! Sarah! Mi ha beccato! - urlò portandosi le mani al petto.
- Davide! Maledizione! Alzati, mettiamoci al riparo!

Il cecchino, distante, aveva atteso che i due arrivassero quasi al piazzale in modo da avere una visuale migliore, ma non tanto da raggiungere l'automobile. L'unico riparo raggiungibile era proprio la macchina di Sarah, a pochi metri da loro. Davide rantolava a terra. La ragazza riuscì in qualche modo a trascinarlo dietro alla vettura mentre innanzi a loro videro un lampo in quel buio ancora imperfetto. Il proiettile sibilò tagliando l'aria vicino, vicinissimo e si perse nel terreno. Poi, una frazione di secondo dopo, giunse il suono della seconda detonazione.

- Sono lontani: Davide stai giù che prendo la pistola nel baule!

Davide sarebbe comunque rimasto disteso dove si trovava. Perdeva sangue dal torace, aveva la camicia tutta rossa e con la mano cercava di tamponare la ferita. Una potente sensazione di calore diffuso e di greve spossatezza si impossessò di lui. Non sentiva dolore, non tanto. Sarah con notevole presenza di spirito, stando accucciata, infilò la chiave per aprire il portellone posteriore della sua macchina che si alzò poi da solo. Ma quando si trattò di trovare la pistola in mezzo alla confusione del bagagliaio, la ragazza dovette alzarsi quel tanto per potere frugare e gettare un'occhiata all'interno. Stava annaspando alla ricerca dell'arma quando un altro lampo precedette di un istante un nuovo colpo che mandò in briciole il parabrezza posteriore spalancato. Quindi giunse l'eco della terza detonazione.

- L'ho trovata. E ci sono pure le munizioni! - esclamò la donna tornando ad accucciarsi.

Poi proseguì: - Ho visto da dove sparano. Mi sembra una casa lungo la strada per Betlehem.

- Davide! Davide svegliati!

Il ragazzo era quasi incosciente. Perdeva sangue. Bisognava fermare l'emorragia. Rischiando di prendersi una pallottola pure lei, Sarah riuscì a recuperare anche una piccola cassetta per il pronto soccorso che faceva parte della sua attrezzatura di scavo. I colpi intanto non cessavano e seguitavano a cadere, cadenzati, contro l'automobile o attorno ad essa, come se il cecchino volesse demolire a fucilate il riparo del suo nemico. Senza perdersi d'animo in qualche modo Sarah riuscì se non a fermare l'emorragia, almeno a rallentarla tamponandola con delle compresse di garza. Davide non si lamentava più mentre lei armeggiava sulla sua ferita. Una brutta ferita le parve, c'era anche il foro di uscita sulla schiena, all'altezza della scapola.

Poi caricò il suo revolver Smith & Wesson calibro 45 ed iniziò a rispondere al fuoco cercando di esporsi il meno possibile. I colpi producevano un frastuono assordante, ma era praticamente impossibile con una pistola colpire al buio un bersaglio che doveva essere ad alcune centinaia di metri. Certo, se una pallottola fosse andata a segno avrebbe fatto un bel buco. Gli Americani tendono ad essere eccessivi in molte cose: il calibro 45, loro invenzione dell'epopea del *West*, poteva bastare a stendere un elefante, animale piuttosto raro dalle loro parti. L'unico effetto che producevano i colpi della pistola era un poderoso rinculo, che rendeva indispensabile per Sarah sparare a due mani, esponendosi così maggiormente.

- Davide! Ci sei? Svegliati!

- Uh?

- Non puoi lasciarmi sola in questo casino!

Adesso una sensazione diffusa di freddo aveva preso il posto della vampata di calore iniziale.

- Davide! Ci sei? Come facciamo ad andarcene? Ammesso che non abbiano colpito il motore, l'unica strada possibile passa proprio da dove ci sparano!

- E' una … trappola. - sussurrò lui come riscuotendosi da un sonno troppo profondo per consentirgli di destarsi completamente.

- Allora ci sei! - disse la ragazza mentre, appoggiando il braccio alla fiancata della macchina prendeva la mira e sparava il suo sesto colpo.

- Una trappola! Certo che è una trappola, maledizione! - disse lei accucciandosi di nuovo a ricaricare l'arma. Nel farlo benediceva suo padre e quel suo inutile regalo di laurea.

- Prendi … il mio telefono.

- E chi chiamo? L'esercito della salvezza? Siamo nei Territori, mica in Israele!

In quel mentre un proiettile fece scoppiare un pneumatico anteriore.

- Cerca in rubrica … Christo…pher …

- Christopher ? E chi è, un tuo amico?

- Americani. … Dì solo dove siamo e dì che ci serve … un … passaggio!

Sarah posò per terra la pistola, prese il cellulare di Davide e trovò Christopher in rubrica.

- Ma che cavolo di numero è?

- Un … satellitare … Chiama!

- Christopher?

- Siamo al parcheggio di Erodion, ci serve un passaggio. Ci stanno sparando.

- Fuoco vicino o lontano?

- Lontano, mi sembra.

- Direzione del fuoco?

- Sparano da una casa sulla strada per Betlehem. Devono avere fucili con cannocchiale a infrarosso: io non vedo niente ma i loro colpi cadono molto vicino.

- Coordinate GPS?

- Che cazzo ne so! Erodion è su tutte le carte, vicino a Betlehem!

- Ok. Quanti siete?

- Due, solo due! Uno è ferito.

- Grave?

- Non lo so. Sanguina al torace, in alto, sotto la clavicola.

- Destra o sinistra?

- … A destra.

- Bene. Siete armati?

- Un revolver e poche cartucce, maledizione!

- Dalla nostra posizione … quarantacinque minuti al parcheggio, forse meno. Teneteli lontani.
- Quarantacinque minuti? Ma come faccio?
- Ora devo chiudere. Arriviamo … da est.
- Da est?
- Da est. Quarantacinque minuti: tenete duro.
- Fate presto! Qui ci ammazzano!
…
- Christopher? Ci sei ancora?
…
- Ha riattaccato! Davide, cosa facciamo?
- Spara … Sarah. Se no … credono che hai finito … i colpi e … vengono a prenderci!
Sarah fece una rapida ricognizione: le restava una scatola quasi vuota e una scatola da venticinque nuova. Poco più di trenta colpi: meno di uno al minuto. Sempre che Christopher fosse puntuale all'appuntamento.
Furono i tre quarti d'ora più lunghi della loro vita.
Dalla postazione originaria i colpi si susseguivano contro la macchina, ormai ridotta ad un colabrodo. Adesso sembravano più fitti, come se al primo tiratore se ne fosse affiancato un secondo. Sarah razionava le munizioni, cercando di mantenere una certa lucidità, quella propria di una disperazione nella quale non ancora tutto è perduto.
Davide, che respirava a fatica ma era cosciente, ad un certo punto avvertì del bagnato per terra. - Sarah cos'è, benzina?
- No, non mi pare. Secondo me hanno beccato il radiatore della macchina. E' acqua, se no sai che odore! E poi il serbatoio della benzina, non sta dietro, verso di noi?
- Credo di sì.
L'unico effetto dei colpi di Sarah era quello, essenziale, di impedire un avvicinamento dei cecchini alla loro posizione. Evidentemente quelli non disponevano di altre armi oltre ai fucili che stavano usando, come pure era chiaro che difficilmente sarebbero usciti allo scoperto fintantoché il loro bersaglio avesse continuato a reagire. Il punto stava proprio lì. I ragazzi erano in un *cul de sac*: non potevano arretrare sia perché dietro avevano l'irta collina di Erodion sia perché fuggendo di lato si sarebbero trovati completamente allo scoperto ed il cecchino dimostrava di vederci molto bene nonostante

l'oscurità. Prima o poi loro avrebbero terminato le cartucce. Allora quelli li avrebbero stanati. Era solo questione di tempo e tutti, sul campo, ne erano consapevoli.

Dopo un'eternità un rumore intenso, basso e ritmato si affacciò improvvisamente alle loro spalle dalla sommità della collina di Erodion. Davide, che stava sdraiato supino perché così respirava meglio, intravide contro il cielo la sagoma scura di un grande elicottero da guerra, forse un Apache, di quelli con le piccole ali e gli armamenti al di sotto. La macchina restò ferma, come priva di peso, là dove erano sorte le torri d'avvistamento della fortezza, quasi fosse sbucato da dentro la collina cava. Poi da una delle ali partì una scia di luce bianca sibilante e subito la postazione dei cecchini fu ridotta ad una palla di fuoco.

Quindi l'apparecchio avanzò abbassandosi, scendendo lungo il pendio della collina fino ad approdare sulla spianata dei parcheggi, a pochi metri dall'auto bucherellata di Sarah. Da un fianco uscirono di corsa due soldati armati che avevano una torcia infilata sopra l'elmetto e portavano una barella leggera. Caricarono velocemente Davide, lo portarono sull'apparecchio risalendovi a loro volta. Sarah fu issata a bordo da un paio di braccia robuste. Il rombo cupo del motore, che il pilota aveva mantenuto avviato, riprese ad aumentare di intensità insieme al rotore dalle quattro grandi pale nere. Stavano per staccarsi dal suolo quando dalla zona antistante qualcuno fece fuoco contro il velivolo. Il pilota continuò la sua salita e quando si trovò ad una trentina di metri di quota, più o meno all'altezza degli insorgenti, il mitragliere aprì il fuoco col cannoncino da trenta millimetri posto su un'ala. Dal suo visore a infrarossi vedeva tre uomini a breve distanza tra loro, nascosti in mezzo a delle rocce che li proteggevano dai colpi. Un elicottero, per quanto protetto nei punti più nevralgici, resta un oggetto assai vulnerabile anche al tiro di armi leggere. Inoltre si non poteva escludere che gli attaccanti non fossero in possesso di micidiali missili RPG o di altri meno sofisticati ordigni terra aria. Per cui, per stare sul sicuro, il mitragliere lanciò altri due razzi in rapida successione che andarono a segno smorzando ogni velleità degli attentatori. Quindi il grande mezzo riprese a salire e si lanciò in breve nel buio a gran velocità verso ovest, verso il mare.

- Chi è Christopher? - chiese Sarah in inglese quando si fu assicurata che Davide respirasse e dopo averlo fatto bere.

- Christopher? Non c'è nessun Christopher.

- E allora con chi diavolo ho parlato al telefono?

- Hai parlato con me, sottotenente John Woods dei Marines.

- Marines? E Christopher?

- Christopher è il nome dell'operazione di recupero degli amici in difficoltà. Tu l'hai attivata componendo il numero giusto al momento giusto, a quanto pare.

- E adesso, dove ci portate?

- Sulla USS Mount Withney.

- Ma Davide ha bisogno di un ospedale, non di una maledetta nave da guerra!

- Abbiamo una sala operatoria completamente attrezzata e chirurghi validi a bordo. Vedrai che lo ricuciamo per bene il tuo amico. Credo che abbia un polmone bucato, non è grave.

- Ma noi dobbiamo tornare a Gerusalemme!

- Ehi ragazzina! Questo non è un taxi a chiamata. L'operazione Cristopher prevede un protocollo preciso. Devo portarvi tutti e due sulla USS Mount Whitney. Dovete essere identificati, dovete spiegare perché disponevate di quel numero e della procedura corretta e ci sono un sacco di scartoffie da riempire.

- Merda!

- Ragazzina: mi pare che ti abbiamo appena salvato le chiappe. Non pretendo la tua riconoscenza, ma non credi che almeno un minimo di condiscendenza sarebbe appropriato?

- Ok, ok, facciamo come dici tu.

- Pilota! Non puoi spingere questo trabiccolo un po' più veloce? Ho fame! ... Dati di volo?"

- Tenente: duemilacento piedi di quota, centoquaranta nodi, rotta per 250 gradi bussola. Milleduecento giri motore, novanta per cento della potenza. Devo tirare al massimo?

- Ma no, dicevo così per dire ... questi recuperi mi fanno venire sempre una gran fame.

- Se non finiamo il carburante prima, tra mezz'ora scarsa saremo sulla Mount Whitney.

- Lascia perdere, procedi a questa velocità, piuttosto hai la posizione della nave?

- Sì. Fa rotta su Beirut. Ha aumentato la velocità a trenta nodi.

- Questo vuol dire che si è avvicinata, non è vero?

- Sì. Guadagneremo qualche minuto rispetto all'andata.

- Bene bene. Sarà per via del nostro carico?
- Non ne ho idea, signore. Non crede sarebbe una buona idea segnalare il nostro ferito?
- Certo. Dì al comandante che serve il sarto: il nostro amico ha bisogno di essere ricucito in fretta.

65

Mentre l'elicottero, scuro nella notte nera, in un rombo li portava via dal paese a grande velocità, Sarah si accucciò a fianco di quei militari che li avevano veramente salvati e, sopraffatta dalla stanchezza che sopraggiunge quando il picco di adrenalina si dilegua nel sangue, sprofondò in un angolo e si assopì nonostante il rumore martellante del motore.

Davide invece vegliava. La ferita ora pulsava: doveva avere la febbre. A bordo dell'elicottero un militare gli aveva levato la camicia, aveva tamponato in qualche modo i fori di ingresso e di uscita e lo aveva coperto. John Woods lo aveva rassicurato, come si vede nei film americani: "Tieni duro amico! E' solo un graffio!" Nei film americani i buoni in genere si salvano perché i loro salvatori arrivano sempre in tempo, l'ospedale è dietro l'angolo e i migliori chirurghi sono lì che non aspettano altro che restituire la piena forma all'eroe ingiustamente colpito. Davide era consapevole che soltanto la scenografia ricordava un film americano di guerra: lui non era un eroe di guerra, non era neppure tanto sicuro di potere aspirare alla schiera dei buoni, non era così fiero di essersi preso una pallottola nel costato, ne avrebbe fatto volentieri a meno, non era un eroe caduto nell'adempimento del suo alto e specchiato dovere verso la patria ed era piuttosto persuaso che quella pallottola in qualche misura gliel'avesse spedita proprio il suo elegante capo. Nei film americani c'è anche spazio per il cattivo in posizione di rilievo che si annida tra le vincenti schiere dei buoni. Ma alla fine questo viene smascherato dal sistema, che è meraviglioso proprio perché ha la capacità infallibile di riconoscere le poche tracce di marciume che ha in sé, di espellerle, di mondarsi e di giustificare la propria esistenza proprio per questa sua capacità trascendente. Le perfidie, i doppi giochi, i tradimenti: tutto risulta chiaro non solo allo spettatore ma al sistema stesso che provvede, con esemplare senso di giustizia, a fare piazza pulita dei crudeli, dei marci e dei traditori.

Davide vegliava sforzandosi di capire cosa fosse realmente successo. Chi fosse realmente de Gregorio. Che gioco facesse. Per conto di chi. Che relazioni sotterranee effettivamente avesse con Israeliani, Palestinesi ed Arabi e a che livello. Questi pensieri, non l'idea di essere una vittima su un non meglio definito altare sacrificale, lo tenevano sveglio e, insieme alla fatica di respirare ed al dolore ore pulsante, vivo.

Avevano passato diverse ore nel sito. La strada per giungervi era unica, da Betlehem: non c'erano alternative. Aveva guidato lui e non si era assolutamente accorto di qualche veicolo che li seguisse, nonostante ormai fosse diventato piuttosto bravo a riconoscere un'ombra nel retrovisore. Dovevano averli visti scendere dalla macchina, si erano appostati con tutto comodo in un luogo protetto con una buona visuale sul parcheggio, attendendo il loro ritorno. Forse era stata l'oscurità incipiente a rendere il tiro del cecchino meno preciso, forse la distanza. Ad ogni modo sapeva che se quel proiettile lo avesse colpito un po' più a sinistra, probabilmente sarebbe stato fatale.

66

L'indomani ad Erodion confluirono in forze i poliziotti palestinesi, i poliziotti israeliani, l'esercito israeliano ed i funzionari del Mossad. I primi capirono la dinamica dell'attacco, ma non riuscivano a spiegarsi dove fossero finiti i corpi degli occupanti dell'automobile, orribilmente crivellata di colpi. I secondi sapevano che l'automobile era intestata ad una giovane docente della Hebrew University di Gerusalemme, che risultava dispersa. Un capitano dell'esercito raccolse i bossoli da trenta millimetri del cannoncino e, dopo una breve verifica via radio, concluse che un'arma del genere non poteva essere detenuta dagli attentatori e che doveva invece appartenere ad un mezzo che non era più presente sulla scena del crimine. Poteva appartenere ad un grosso blindato oppure ad un elicottero Apache. Mancando qualunque segno sul terreno doveva trattarsi di un elicottero che però, non era dei loro. Solo una donna del Mossad, quella che Sarah aveva incontrato a Gerusalemme otto giorni prima, capì esattamente cosa era successo, ma non il perché.

La polizia palestinese concluse che era stato condotto un violento tentativo di rapina ai danni di sconosciuti israeliani e, in considerazione del fatto che i quattro assalitori erano inequivocabilmente morti abbrustoliti, non occorreva procedere oltre. Un fatto deprecabile, ma da archiviare.

La polizia israeliana ricevette presto l'ordine di soprassedere dalla ricerca della signorina Rothbart perché vi era ragione di credere che potesse avere lasciato volontariamente il paese. Quanto al diplomatico italiano, forti del fatto che tecnicamente l'agguato non era avvenuto in Israele ma in Cisgiordania, fu piuttosto semplice declinare l'incarico di cercarlo.

L'esercito israeliano dovette ammettere, nel suo rapporto di sopralluogo, che una incursione di velivolo non autorizzato, presumibilmente un elicottero Boeing AH - 64 Apache, si era verificata la sera di venerdì 11 febbraio 2011. La notizia fu ripresa dalla stampa che correttamente interpretò il fatto come una violazione dello spazio aereo da parte di un velivolo straniero.

Il Mossad chiese all'aeronautica le registrazioni dei tracciati radar del sabato in questione. Queste furono prontamente fatte pervenire a

Gerusalemme e dalla loro analisi risultò che un velivolo, che per la sua velocità non poteva che essere un elicottero, era penetrato dal mare fino ad Erodion; quindi era tornato al mare, sorvolando la cittadina di Ashqelon, per perdersi nuovamente oltre le acque territoriali del paese. Questa notizia non venne divulgata ma creò grande allarme nelle forze armate perché il sistema difensivo israeliano aveva dimostrato una grave falla: rilevata la traccia radar non identificata i caccia avrebbero dovuto alzarsi in volo immediatamente ed abbattere il velivolo potenzialmente ostile. La regola, ovunque in casi simili, è che prima si spara e solo in un secondo momento si chiedono i documenti. Inspiegabilmente, nulla di tutto questo si era verificato.

Nei giorni successivi qualche alto papavero dell'aeronautica israeliana venne destituito per responsabilità oggettiva, ma la stampa parlò invece di pensionamenti per raggiunti limiti di servizio e di normali avvicendamenti, senza dare alcun particolare rilievo a queste notizie.

Solo quella donna del Mossad, il cui nome era Abigail Efrati, aveva chiaro che ciò che aveva paventato, era puntualmente accaduto. Ciò che invece non aveva saputo prevedere era che i due malcapitati possedessero santi potenti in Paradiso. E che si trattasse del Paradiso americano, di questo lei era ormai più che sicura: nessun esercito dei paesi limitrofi è dotato di elicotteri Boeing AH - 64 Apache, ma le navi americane lo sono. Questa conclusione non la scandalizzava affatto. Anzi era intimamente contenta che quella cocciuta professoressa di archeologia e quel ragazzo italiano che aveva conosciuto al colloquio con Yehouda Cohen si fossero rivelati meno sprovveduti di quanto lei avesse immaginato.

Ma per il suo lavoro, per ciò che era chiamata a fare, sarebbe stato sicuramente più semplice che quei ragazzi fossero morti: come i morti di Hebròn, massacrati a coltellate, avevano trovato un'accettabile collocazione sui media, così sarebbe stato più semplice per lei rappresentare ai media uno scenario sventurato in cui due giovani erano incappati in una cruenta rapina dopo una innocente gita al sito di Erodion. Già, perché i morti non possono intervenire a correggere le deformazioni che la verità subisce ad opera dei vivi. Sono condiscendenti, i morti. Coi vivi invece è tutta un'altra storia. Anzi, coi vivi, la storia bisogna stare bene attenti a scriverla perché il rischio di essere poi smentiti da fatti successivi è sempre dietro l'angolo. E Abigail questo lo sapeva perfettamente, perché faceva parte del suo dannato lavoro.

67

Il sabato, in tarda mattinata, de Gregorio fu raggiunto in ambasciata da una telefonata di un conoscente fidato che lo informava dell'accaduto. Stava studiando con attenzione il dossier palestinese che Pietro aveva lasciato nella camera di sicurezza giovedì sera.

Sul luogo dell'attentato era stato rinvenuto, all'interno della macchina, il passaporto di un diplomatico italiano, tale Davide Mancini. Alla prima telefonata seguirono nel breve volgere di un paio d'ore anche le comunicazioni ufficiali dell'autorità palestinese e del ministero degli esteri israeliano: il diplomatico Davide Mancini doveva essere presente al momento dell'attacco, ma risultava disperso. Gli israeliani aggiungevano anche che l'incontro di lunedì era da intendersi cancellato per ragioni di opportunità.

Doveva informare la Farnesina prima che la notizia fosse ripresa dalla stampa italiana. Ma non c'era poi tutta quella fretta di rendere conto a quei serpenti. Meglio prima riflettere. E poi, in definitiva, era sabato anche in Italia.

Prima di decidersi a chiamare Pietro, com'era logico e doveroso, Alberto de Gregorio aveva la necessità di comprendere cosa stesse succedendo e, come lui stesso affermava, occorre conoscere per comprendere e comprendere per potere agire correttamente. Si versò quindi una provvidenziale dose di ottimo Armagnac, che conservava insieme ad altre bevande da riflessione nel mobile bar del suo ufficio, e si diresse a sorseggiare il liquore a ridosso della grande vetrata del suo ufficio aperta sul Mediterraneo orientale. Indossava un completo grigio chiaro di sartoria in fresco di lana che cadeva in modo perfetto. Sotto una camicia candida coi gemelli d'oro bianco ai polsini. Ai piedi un paio di Church's nere allacciate, nuove. Questa dell'eleganza e del buon gusto era una sua debolezza che da sempre faceva parte indissolubilmente della sua persona. All'inizio, il fatto di apparire sempre impeccabile, anche nelle situazioni critiche in cui tutti gli altri non lo sono, aveva costituito uno strumento per il suo lavoro: tutti guardavano ammirati il vestito prima di posare gli occhi sull'uomo. E in tutto quel tempo lui aveva modo di studiare gli altri, prendendosi spesso un vantaggio che riusciva poi a gestire fino al termine dell'incontro.

Sapeva benissimo che l'attentato a Davide era il prodotto di quella politica distorta e dissennata che lui stesso si era prestato a condurre. Quello era l'epilogo più probabile e, in un certo senso, lo aveva già messo nel novero delle cose possibili. Umanamente era sinceramente dispiaciuto che un suo stretto collaboratore fosse finito in quell'agguato. Ciò di cui però non riusciva a capacitarsi era come mai Davide Mancini non giacesse steso a terra, cadavere, insieme alla sua sprovveduta compagna israeliana. Questo era proprio inspiegabile. I corpi carbonizzati di quattro palestinesi armati li avevano pure trovati … C'era da credere agli Israeliani quando dicevano che non avevano la più pallida idea di come i due si fossero sottratti ai loro attentatori? Doveva forse ritenere veramente che fossero stati i ragazzi ad abbrustolirli? Difficile. Non era forse più probabile che gli stessi Israeliani fossero venuti in loro soccorso ed ora li nascondessero a lui e al mondo? Possibile era possibile, ma a che pro? In questo caso gli Israeliani non avrebbero certo rischiato l'incidente diplomatico se fossero penetrati in Cisgiordania per sventare un attentato dove era coinvolta anche una loro cittadina. Ma se davvero erano intervenuti, perché negarlo? Avrebbero fatto una bella figura ammettendolo. No, le cose non dovevano essere andate così. Ma poi, era ragionevole che Davide volesse scappare da Israele proprio quando il negoziato pareva avere imboccato una strada molto favorevole? Non lo era. Allora doveva concludere che Davide e la fidanzata fossero stati rapiti dopo il conflitto a fuoco. Stranamente però, né i Palestinesi né gli Israeliani sembravano volere accreditare questa ipotesi, che sarebbe stata così plausibile. Concluse che dovevano avere in mano degli elementi oggettivi che li portavano a scartare la pista più ovvia. Oppure elementi che impedivano loro di accreditarla.

In quel mentre il suo telefono, quello che rispondeva al suo numero diretto, che in poche persone avevano, squillò ripetutamente. De Gregorio, ora più sicuro delle proprie incertezze, si sedette alla scrivania e, appoggiato il bicchiere di liquore sul dossier palestinese aperto, rispose.

- De Gergorio.
- Sono Rabaglia. Ha saputo?
- Sì. Tu, piuttosto come lo sai?
- E' già su tutti i notiziari.
- Ne hai guardati diversi?

- Non credo che questo sia il punto.

- No, Pietro, lo è. Cosa dicono?

- Dicono tutti che venerdì sera c'è stato un agguato a Erodion, con armi automatiche e senza testimoni. E' stata esplosa una marea di colpi. Le due vittime destinate erano una israeliana ed una italiana, che hanno risposto al fuoco. Sapevo che Davide e Sarah erano lì ieri ed ho fatto due più due. I nomi non li hanno dati in TV.

- Questo non è il punto, Pietro.

De Gregorio usava la sua consumata tecnica oratoria che serviva a cavare di bocca all'interlocutore quanto da lui l'ambasciatore si aspettava.

- E quale sarebbe, ambasciatore?

- Il punto è cosa hanno detto del destino delle due vittime.

- Su questo aspetto le notizie sono piuttosto confuse.

- In che senso?

- Nel senso che non si trovano i loro corpi.

- Questo non mi pare un fatto confuso, ma una precisa circostanza.

- Lo è, signore. Quello che è confuso è la spiegazione che danno di questa scomparsa.

- Lo vedi? Questo è il punto. Qualcuno ha fatto cenno alla possibilità che siano stati rapiti?

- No, signore, nessuno. Su un canale parlavano della possibilità che siano riusciti a scappare; su un altro non davano alcuna spiegazione, come se si fossero volatilizzati.

- Hai presente Erodion?

- No, non ci sono mai stato.

- Se ti sparano addosso e tu sei nel parcheggio, non c'è alcuna possibilità di scampo.

- E allora? Dove sono finiti?

- E' quello su cui stavo ragionando.

- Magari sono vivi!

- Potrebbe anche essere.

- Sembra che l'eventualità le dispiaccia.

- Ti sbagli, me lo auguro. E' che mi hanno informato di avere trovato parecchio sangue accanto alla macchina della ragazza. Non so se sia di lei, di lui o di entrambi. Ne hai sentito parlare?

- Questo non lo hanno detto nei notiziari. Ma come hanno fatto a scappare se erano feriti?

- Tu hai qualche idea di come possa essere andata veramente?

- No, signore.
- Questa è una brutta storia, Pietro, comunque tu l'analizzi.
- Ha letto il plico che ci hanno dato a Ramallah?
- Sì. Lo stavo studiando in dettaglio. Direi che andata meglio delle più rosee previsioni. Siete stati bravi.
- Davide è stato bravo, io facevo il figurante.
- Beh, allora hai figurato bene.
- Grazie, ma lunedì cosa facciamo se Davide non salta fuori?
- Non ti preoccupare di quello: gli Israeliani hanno già revocato l'incontro. Per ragioni di opportunità. Ho idea che avremo tempo.
- Speriamo che Davide e Sarah stiano bene e saltino fuori. Sono persuaso che siano vivi: quei bastardi non si aspettavano che avrebbero risposto al fuoco.
- Forse è così. Ci vediamo domattina in ufficio e facciamo il punto.
- D'accordo ambasciatore. Le auguro un buon sabato.
- Grazie, ma sarà impossibile che diventi una buona giornata.
- Non è vero: potremmo venire a sapere che se la sono cavata!
- Non è questo il punto, Pietro, ma non ha importanza …

Posato il ricevitore, lo riprese subito in mano e chiamò Roma. Quello era il punto per de Gregorio. Non chiamò il ministero, ma il ministro in persona. Gli spiegò i fatti succintamente. Il ministro era ad una colazione di lavoro col capo del governo, nel suo palazzo privato a Roma. Questi lo pregò di informare l'unità di crisi della Farnesina. Un diplomatico forse impallinato, ma sicuramente scomparso, non è cosa che si possa nascondere come la polvere sotto il tappeto. Si sarebbero sentiti l'indomani quando lo scenario, forse, sarebbe stato meno nebuloso. De Gregorio lo salutò con consumata cordialità, ma maledicendolo in cuor suo. Sapeva perfettamente che quello, quando avesse riconnesso i suoi servili neuroni al cervello, lo avrebbe richiamato dicendogli: "Siamo in un bel casino! Anzi, *tu*, sei in un bel casino!" Il fatto era che de Gregorio era già perfettamente consapevole di questo fatto. Posato il ricevitore si versò dell'altro Armagnac e riprese a studiare la memoria dei Palestinesi, persuadendosi in modo sempre più netto che quanto andava leggendo era tanto incredibile quanto vero.

68

Neppure per Pietro si prospettava un buon sabato. La situazione non era sotto controllo, non ci si avvicinava nemmeno. Davanti all'assalto armato di Erodion, avuta la conferma da de Gregorio che le sue peggiori paure corrispondevano alla situazione reale, si trovò di fronte alla necessità di dare una spiegazione plausibile a Daniela che improvvisamente era passata dalla più assoluta assenza di preoccupazione, al panico più irrazionale, quando aveva saputo. Lei aveva semplicemente fatto due più due: se ieri hanno colpito Davide, oggi possono colpire Pietro. Il perché la situazione fosse così dannatamente compromessa neppure poteva lontanamente immaginarlo. Anzi, non se lo domandava neppure. Non ancora. Aveva perso il lume della ragione, dava in escandescenze, urlava ed inveiva come mai prima. Pietro quindi raccolse il coraggio a quattro mani e finalmente le rivelò in dettaglio per quale motivo, Davide e lui, erano diventati dei bersagli. Questo scatenò una rabbia ed un livore di cui Pietro non la credeva capace. Di colpo era crollato, secondo Daniela, il loro progetto di vita, anzi, la sicurezza stessa della vita a venire. E la responsabilità di tutto questo, oltre a quella di averla così a lungo tenuta all'oscuro della reale portata dei rischi, lei la scaricava su Pietro, quasi che, il non essersi lei stessa posta delle domande opportune, quasi ovvie, l'avere vissuto incantata come Alice nel del suo mondo fiabesco, non contasse assolutamente nulla. Ma le case non sono di marzapane, neppure nella terra promessa ed è normale che persone adulte siano consapevoli di questa amara realtà. Forse quel giorno Daniela divenne adulta di colpo.

Pietro aveva usato argomenti ragionevoli per placarla, in primo luogo il suo dovere di segretezza, che non era un dettaglio da poco. Le aveva detto che non si può pensare di lavorare in una delle peggiori polveriere del mondo senza correre qualche rischio con gli esplosivi presenti. Poi la moglie di un diplomatico deve sapere che non può sapere tutto, ma soprattutto deve essere consapevole che esiste un fetta di verità sull'attività del coniuge, più o meno rilevante, di cui non può venire a conoscenza, che esistono degli altarini e non si sa cosa nascondano. Non accettare questo o, peggio, non capirlo, significava non avere compreso cosa significava mettersi con un diplomatico. Poi aveva aggiunto che nessuno si attendeva una escalation di violenza a quel livello, che la trattativa invece era stata bene instradata, che mancava veramente poco per mandarla in porto, che i rischi erano giudicati destinati a ridursi, perché il consenso delle parti su aspetti cruciali era a portata: l'attentato aveva spiazzato tutti.

Poi Pietro, amareggiato per dovere tamponare anche un fronte interno di cui non sentiva alcun bisogno, preoccupato per quanto era accaduto al suo alter ego ed alla sua fidanzata, per il loro destino e per il proprio, aveva scelto di uscire di casa da solo ed andare a passeggiare sulla battigia. Daniela, esaurita l'energia del vulcano in eruzione, aveva pianto e si era chiusa in un angoscioso mutismo. C'era un bel via vai di gente sulla spiaggia, complice anche il tempo accettabile. Ce n'è sempre a Tel Aviv, la città che non dorme mai. Con de Gregorio aveva recitato la sua parte. Sapeva che de Gregorio era parte del problema. Si sentiva a pezzi. Che fine aveva fatto Davide? Era disperato pensando alla sorte dell'amico che magari a quest'ora se ne stava segregato in qualche base di Hamas o di Ezbollah come era accaduto al soldato israeliano Gilad Shalit quattro anni prima. Come avrebbe potuto, da solo, portare avanti la missione in mezzo a tutte quelle insidie? Cosa era lecito attendersi? Era fin troppo chiaro che tutte le attenzioni degli spioni si sarebbero rivolte contro di lui, ora che era venuto a mancare Davide, loro primo bersaglio. E lui sapeva che non avrebbe retto la pressione. Poi c'era Daniela. Non aveva la minima idea se avrebbe superato quel trauma e come. Quali condizioni avrebbe posto. Però in cuor suo si sentiva anche sollevato perché il dramma che stavano vivendo finalmente poteva essere condiviso alla pari. Lui non era in grado di modificare un destino che sembrava procedere in modo indipendente dal volere dei protagonisti. Ora però questo era sotto gli occhi di tutti, anche di Daniela che non avrebbe più potuto nascondersi dietro una di quelle facili scuse di comodo che fino ad allora avevano appagato la sua curiosità e tacitato la sua coscienza. Se in futuro non si fosse dimostrata all'altezza di vivere una vita difficile, forse avrebbe scelto di andarsene.

Camminando sul lungomare, ogni tanto lanciava delle occhiate indietro. Forse qualcuno lo seguiva. Doveva guardarsi le spalle. Ormai la paranoia di Davide si era impossessata anche di lui. Ma lì c'era troppa gente, era impossibile notare qualcuno in atteggiamento strano. E poi sentiva che, anche se ci fosse stato, lui non sarebbe riuscito a vederlo, non da solo. Che fine aveva fatto Davide? Non aveva retto la tensione? Era crollato proprio quando le cose stavano mettendosi al meglio? Lo avevano costretto a mollare? Perché non si era fatto vivo con lui?

Un groppo alla gola, il respiro affannato, la voglia di piangere. Si sedette su un muricciolo, davanti al mare e cercò di calmarsi. Se davvero Davide e Sarah erano caduti in un'imboscata, cosa diavolo avrebbero potuto fare per uscirne vivi? Sarah aveva una pistola e sicuramente l'aveva usata. Ma dopo? Cosa poteva essere successo?

All'improvviso un'illuminazione si affacciò chiara alla sua mente confusa: Christopher. Il numero che avevano ricevuto dal Segretario di Stato americano. Aveva detto: "solo in caso di pericolo grave ed imminente" e ancora che era "una strada di sola andata: una volta intrapresa non si torna più indietro." Ecco cosa doveva essere successo. Davanti alla prospettiva di un pericolo estremo, Davide doveva aver composto quel dannato numero, era scomparso e Sarah con lui. Era l'unica spiegazione plausibile. Era l'unica che non avrebbe mai dovuto rivelare ad alcuno per non passare per pazzo. L'essersi persuaso che Davide dovesse essere vivo da qualche parte lo fece sentire meglio ma non meno solo, perché non vi sarebbe mai stato ritorno.

69

Sulla USS Mount Whitney tutto era pronto per ricevere i nuovi ospiti. L'elicottero completò la manovra di appontaggio, quindi i militari scaricarono velocemente la barella su cui giaceva Davide febbricitante e la trasferirono direttamente in sala operatoria. Il tenente John Woods ed il resto dell'equipaggio si eclissarono e Sarah fu fatta accomodare in una piccola cabina attigua a quelle degli ufficiali. Un marinaio le diede una divisa della marina scusandosi col fatto che non disponevano di altro vestiario femminile. Le mostrò i bagni e le docce e la pregò di farsi trovare pronta di lì a mezz'ora in quadrato ufficiali. Quando Sarah si presentò vestita da marinaio americano al cospetto del comandante della fregata era pronta a sostenere quel quarto grado a cui l'aveva preparata il tenente. Ma non vi fu nessun interrogatorio, perché gli ufficiali sapevano già tutto.

- Signorina Rothbart, sono il capitano di vascello Herbert Taylor della marina militare americana, al comando di questa unità della sesta flotta.
- Come sa il mio nome?
- Lei componendo il numero che sa, ha messo in moto un piano di emergenza denominato "Christopher". Abbiamo raccolto noi la chiamata perché eravamo l'unità più vicina. Le persone che dispongono di quel numero e che possono farne uso, si contano sulle dita di una mano: non è stato difficile risalire a chi lo ha dato al suo fidanzato e conoscere in quali circostanze.
- Christopher ... colui che porta Cristo sulle spalle! - realizzò in quell'istante la ragazza.
- Appunto, lui. E' un nome che ben si associa ad un piano di salvataggio di amici in difficoltà.
- E ora cosa succederà?
- In primo luogo ci prendiamo cura del suo compagno che in questo momento è sotto i ferri.
- Cos'hanno detto i dottori?
- Il nostro chirurgo toracico ha detto che il proiettile gli ha colpito il polmone destro nella parte alta ed è poi uscito dalla schiena. Il

polmone era collassato, ma non mi pareva troppo preoccupato per l'esito dell'intervento.

- E dopo?
- Dopo, anche se andrà tutto per il meglio, sarà inevitabile un periodo di convalescenza.
- E passata la convalescenza?
- Vede, mi dispiace doverle comunicare che il suo desiderio di ritornare a Gerusalemme e di riprendere la sua vita di prima, non potrà mai realizzarsi.
- Ma perché?
- Perché, come il signor Mancini ben sapeva, il piano Christopher è un viaggio di sola andata. Non potrebbe esistere diversamente.
- Ma perché?
- Perché, se vi lasciassimo tornare in Israele, sareste in qualche modo indagati e non potreste fare a meno di rivelare in quali circostanze avete lasciato il paese.
- E allora? Cosa abbiamo fatto di male?
- Voi niente, siete solo vittime delle circostanze. Saremmo noi a non potere spiegare la nostra incursione del tutto illegittima e non autorizzata da alcuno.
- Ma noi potremmo rifiutarci di rivelare come siamo scampati all'attentato.
- Vorrei poterle credere, signorina. Ma ho ragione di ritenere che i vostri servizi, che sono notoriamente assai efficienti, troverebbero il modo di farvi confermare quanto immagino già sospettino.
- E allora? Come se ne esce?
- Non lo so di preciso. Dipende da quello che concorderete col nostro Segretario di Stato.
- Vuole dire che dovremo andare negli Stati uniti?
- Non ne ho idea. Ma immagino che chi ha autorizzato il piano debba farsi carico di definire le modalità per il suo completamento. Il mio compito è quello di portarvi al seguito della nave. Adesso stiamo dirigendo su Beirut dove faremo uno scalo tecnico. Poi faremo rotta sul porto turco di Iskenderun. Se il signor Mancini si sarà adeguatamente ripreso, lì vi consegnerò a dei colleghi che vi trasferiranno in una base americana. Di più non so.
- E se ci rifiutassimo?
- Non potete.
- Ma qual è il nostro status? Siamo forse vostri prigionieri?

- No, ovviamente no. Ma le modalità ed i tempi per il vostro rilascio, così come il paese in cui questo avverrà, dovranno essere concordate con la nostra amministrazione.

- Ma io non c'entro nulla! Io avevo la mia vita a Gerusalemme, il mio lavoro, mio padre!

- Signorina, me ne rendo conto. Il signor Mancini, quando ha deciso di usare quel numero, era perfettamente consapevole delle conseguenze. Sulla base di quello che mi ha riferito il tenente John Woods, mi permetto di ricordarle che, diversamente, non sareste usciti vivi da quell'imboscata. Quindi avete fatto bene ad usarlo, qualunque sia il futuro che vi aspetta.

- Ma chi è che ci ha teso la trappola?

- Non lo sappiamo per certo, ma diversi elementi ci portano a convergere su esponenti di Hamas, o sulle brigate di Al Aqsa. Ora se vuole accomodarsi in mensa ufficiali, ho fatto preparare qualcosa di caldo per lei.

70

La domenica mattina presto, Rosanna era stata la prima ad accedere all'ufficio dell'ambasciatore ed alla camera di sicurezza, il cui accesso era adiacente al suo ufficio. Aveva notato subito qualcosa che decisamente non andava: la porta della camera era accostata, ma non chiusa come avrebbe dovuto essere. Immediatamente avvertì della situazione l'ambasciatore che peraltro stava per arrivare in ambasciata. No, lui era più che sicuro di avere depositato nella camera blindata il documento Palestinese e poi c'erano le registrazioni degli accessi e le registrazioni della telecamera di sicurezza.

Mentre Rosanna attendeva l'arrivo di de Gregorio, mise il naso dentro la camera di sicurezza: gli armadi svuotati, i faldoni aperti sul pavimento, i documenti per terra. Pochi erano i dubbi sul fatto che fosse stata compiuta un'effrazione alla ricerca di qualcosa. In quel mentre giunse il capo trafelato e decisamente preoccupato.

- Allora? Cosa mi dici?

- Venga, venga a vedere lei stesso!

- Madonna che macello! Come hai trovata la porta? - Chiese de Gregorio soffermandosi ad osservare l'integrità del serramento.

- La porta? Era socchiusa. Ho guardato dentro, ma non ho toccato nulla! Chissà cosa cercavano …

- Sicuramente dei documenti.

- Hai un elenco dei documenti che erano depositati nella camera?

- Sì, sul mio computer.

- Rosanna, per prima cosa voglio subito un elenco delle cose che sono sparite. Poi voglio che ti faccia dare le registrazioni della telecamera posta fuori dalla camera e anche quelle delle telecamere di sicurezza del palazzo.

- Provvedo subito, signore.

Di lì a poco, dall'inventario redatto da Rosanna, risultò che i documenti mancanti, originali o copie, erano tutti quelli recenti inerenti la trattativa riservata. Sul fronte delle registrazioni video però c'era una nuova sorpresa: oltre ai documenti, era stato sottratto anche il computer che registrava i video della telecamera posta a presidio dell'ingresso della camera di sicurezza. Il server di rete, sul quale ogni notte veniva fatto il backup di alcuni computer, tra cui quello che controllava la telecamera, disponeva del backup dei filmati fino alla mezzanotte, ora del salvataggio dei dati remoti, o poco dopo. Dalla visione delle registrazioni fino alla mezzanotte emerse che, fino a quell'ora, la camera di sicurezza era chiusa, così come de Gregorio aveva assicurato di averla lasciata. Il furto quindi doveva essere stato compiuto da chi sapeva della telecamera, del computer a cui era collegata e anche dell'ora a cui veniva fatto il backup. La faccenda stava prendendo dei connotati molto particolari. Gli unici filmati di qualche utilità furono acquisiti nel pomeriggio di domenica, in particolare quelli della telecamera posta sopra all'accesso del palazzo dal parcheggio. In quel video si vedevano due figure vestite di scuro, con felpe larghe dotate di cappuccio: non solo non si vedeva nessuno dei due in faccia, ma neppure si capiva se si trattasse di uomini, di donne o di un uomo ed una donna. L'unica cosa che si poteva stabilire era che una persona era un po' più alta dell'altra.

- Rosanna! Puoi venire da me!? - Chiamò de Gregorio al telefono, dopo avere visionato un paio di volte il filmato con attenzione.
- Siediti.

L'ambasciatore lasciò passare qualche istante, apparentemente assorto nei suoi pensieri. In realtà stava osservando la sua segretaria e si stava chiedendo se fosse davvero possibile. Lei ostentava la tranquillità del giusto. Ma dato che tutti sanno com'è la serenità del giusto, anche i rei possono come imitarla al meglio e difficilmente si tradiscono. Fu poi lei ad attaccare discorso.

- Ha capito qualcosa del furto?
- Non molto, a dire il vero. Ma quel poco che ho visto mi porta ad una sola conclusione: tu sei coinvolta!
- Io? Ma cosa dice! Dopo mezzanotte ero ancora in discoteca, con degli amici!
- E Dopo?
- Sono tornata a casa verso l'una. E sono andata a dormire, le assicuro!
- Vorrei poterti credere, ma se metto insieme i dati di fatto, non posso che arrivare ad una conclusione diversa. Primo: Tu hai le chiavi dell'ambasciata, anche se non sei l'unica. Secondo: tu sai come funziona la telecamera sulla porta della camera di sicurezza, anche se non sei l'unica. Sai a quale computer è collegata e a che ora

viene fatto il backup, anche se non sei l'unica. Terzo: tu sai esattamente come funziona la serratura della camera di sicurezza, occorre metà del codice, che possiedi solo tu, mentre l'altra metà ce l'ha Davide, Pietro o entrambi. Quindi, l'unica conclusione possibile è che tu hai fatto questo lavoro, con Pietro, con Davide o con entrambi, anche se le persone che sono materialmente salite in ambasciata ieri notte sono soltanto due.

- Ambasciatore! Ma sarei così stupida? E poi a che pro?

- A che pro non lo so, magari per interesse. Tu sapevi tutto della trattativa e magari questo materiale riservato poteva far gola a qualche gruppo disposto a pagare.

- Ma dottore! Avrei buttato alle ortiche tutto il mio lavoro, … la mia carriera …

- Quanto alla stupidità, ragazza mia, questo argomento non tiene. La stessa evidenza che ti incolpa, potrebbe egualmente scagionarti. Non è risolutiva.

- Ambasciatore! Le giuro che io non ho niente a che fare con questa storia!

- Troppi giuramenti sono stati profusi per proteggersi dall'evidenza.

- Ambasciatore! Mi dica cosa devo fare per dimostrarle la mia totale estraneità!

- Mi dispiace Rosanna: la tua responsabilità è nelle cose. Articolo 255 del Codice Penale, pena minima: reclusione per otto anni. Di questo stiamo parlando. Non so perché tu ti sia lasciata invischiare in questa faccenda, cercherò di scoprirlo, ma ora tu hai davanti un'alternativa: o dai le dimissioni volontariamente o dovrò licenziarti. In ogni caso dovrò riferire l'accaduto a chi di dovere e non escludo che tu possa essere indagata per complicità in sottrazione di materiale riservato e violazione dei doveri d'ufficio. Quindi, oltre al licenziamento, potresti andare sotto processo con queste accuse.

- Ambasciatore, io non c'entro niente in questa brutta storia. Non voglio andarmene da Tel Aviv. Ci deve essere un'altra spiegazione dei fatti … io sono andata a casa dopo la discoteca!

- Rosanna, non insistere. Anche se fosse vero quello che dici, e non dico che non lo sia, vorrebbe dire che tu hai dato a qualcun altro chiavi ed istruzioni per potere eseguire questa effrazione. Ma se anche fosse così, la tua responsabilità sarebbe la medesima. Quindi, prenotati il primo volo per Roma e lasciami la tua lettera di dimissioni prima di lasciare l'ambasciata. Puoi andare.

- Ma ambasciatore!

- Raccogli le tue cose. Puoi andare a casa. Sparisci! Non ti voglio più vedere qui in giro!

Subito dopo che Rosanna se ne fu andata sbattendo violentemente la porta, de Gregorio convocò nel suo studio Pietro Rabaglia.

- Siediti Pietro! Hai sentito cos'è successo?

- Sì. Mi hanno riferito, ambasciatore.

- Che idea ti sei fatto?

- Non me lo spiego.

- Tu dove hai passato la serata?

- Cosa vuole insinuare? Che sarei implicato?

- Ascoltami bene: dalle registrazioni siamo riusciti a stabilire che il furto è avvenuto verso le due di notte. Sappiamo che erano in due. Sappiamo che la porta dell'ambasciata non è stata forzata, che la porta della camera blindata è stata aperta con la combinazione esatta, che la combinazione era cambiata a mezzanotte e che Rosanna ne possedeva metà mentre tu e Davide conoscevate l'altra metà.

- Alt! Si fermi! Ieri sera ero a casa con mia moglie. Abbiamo guardato la televisione fin verso le ventitré e trenta, quindi sono andato a letto. Mia moglie può confermare tutto questo.

- Pietro, non mi interessa. Tua moglie è una teste troppo di parte per essere credibile. Neppure in tribunale potrebbe essere incriminata per avere difeso suo marito. Non mi interessa.

- E allora perché mi ha chiesto il mio alibi?

- Perché avresti potuto averne uno serio, ma non ce l'hai. E questo è il punto.

- Mi scusi, ma il punto è che io non ho alcuna responsabilità in questa vicenda!

- Ti sbagli, visto che non sei in grado di provare di non essere tu uno di quelli che si vedono nei video. Ora ascolta il mio ragionamento: Rosanna è sicuramente coinvolta e a breve mi consegnerà la sua richiesta di dimissioni, che sarà accolta con effetto immediato. Tu o Davide o entrambi voi, siete egualmente responsabili. Ora qui ti dico, ma non lo ripeterei in sede ufficiale o davanti ad un giudice, che non mi interessa sapere se sei stato tu, se è stato lui o se avete agito insieme. A me serve un responsabile. Se mi dici che tu non sei stato, io ti credo, ma questo significa che tu incolpi dell'accaduto il tuo collega. Ti è chiaro il quadro?

- Chiarissimo ambasciatore. Vuole sapere quello che penso?

- Dì pure, siamo in *camera caritatis*.

Pietro prese tempo per calibrare bene le parole. Sapeva benissimo, a differenza di de Gregorio, che non si trovavano affatto in *camera caritatis*: c'erano almeno due spioni che stavano all'ascolto da qualche parte ed era bene che sentissero anche loro quanto stava per dire.

- Io penso che in questa storia non c'entri né Rosanna, né Davide né il sottoscritto. Non so per quali motivi, ma questa *porcata*, ambasciatore, l'ha organizzata solo lei.

- Sei in grado di provarlo? - chiese de Gregorio all'istante, senza battere ciglio innanzi a quella provocazione inaudita.

- No, e lei lo sa benissimo.

- Allora, proprio perché lo sappiamo bene entrambi, le cose stanno come dico io. E io ti chiedo di scegliere chi deve affrontare la gogna: tu o Davide?

- Ma Davide è scomparso: chissà dov'è in questo momento!

- Tu sai dove si trova?

- No.

- Ti ha contattato? Avete fatto questo lavoro insieme?

- Non so dove si trovi. Lui non ha contattato nessuno, che io sappia, ma sono più che certo che non avrebbe gettato via tutto il lavoro fatto proprio quando la trattativa stava prendendo un piega favorevole: è una cosa che non ha senso. Potrebbe anche essere morto per quanto ne so.

- Non è morto. Dei morti si trovano i cadaveri. E' vivo. E cosa stia facendo è un mistero. Dico che potrebbe starsi scavando la fossa.

- Perché gliel'ha preparata lei!

- Non dire fesserie! Allora cosa decidi? Tu o lui?

- Mi sta chiedendo di fare una scelta assurda: non posso prendere una decisione del genere!

- Allora vuoi che sia io a decidere?

- Ma lei non può decidere, a suo capriccio, chi è colpevole e chi non lo è!

- Sbagli. Non solo posso, ma devo farlo e in fretta.

- Posso solo negare di essere stato io!

- Va bene. Allora è stato Davide. Questa è la linea. Puoi andare.

- Ma è assurdo! Cosa ne sa lei che sia Davide quello nel video!?

- Niente, ma ora so che non eri tu. Mi basta. Puoi andare.

- Ma ambasciatore! C'è una trattativa calda da mandare avanti! Perché vuole bruciare Davide?

- Davide, a quanto ne so, è sparito senza fornire alcuna spiegazione. La sua ragazza idem. Non ti pare un po' sospetto che proprio la sera successiva alla sua sparizione venga compiuta una effrazione spettacolare, aggirando tutti i sistemi di sicurezza, e che venga sottratto proprio il materiale riservato su cui stavate lavorando tra cui anche l'originale della risposta palestinese?

- Non crede piuttosto che gli eventi stiano precipitando e che questa concatenazione non sia invece il frutto di un piano preciso, di qualche forza occulta che non vuole la pace?

- Il nostro è il paese in cui, davanti alle situazioni più assurde tutti si trincerano evocando misteriosi complotti. Torno a dire: sei in grado di provarlo? Se è così, Pietro, sarei ben felice di smascherare questo complotto di cui Davide sarebbe vittima. Diversamente, qui ho un problema. Un grosso problema. Devo rendere conto e farlo subito. Puoi andare. La trattativa è congelata: gli Israeliani non ci vogliono vedere, per ora. C'è casino nell'area, non te ne sei accorto?

- Ma certo che me ne sono accorto, ma poi il negoziato dovrà riprendere presto o tardi!

- Al posto tuo non ne sarei poi tanto sicuro. Puoi andare.

- L'unica cosa di cui sono sicuro, è che lei sta facendo un lavoro sporco sulla nostra pelle.

- Puoi andare.

Pietro aveva aggiunto apposta quella battuta finale ad effetto, proprio perché sperava che qualcuno l'avrebbe ascoltata. Ormai de Gregorio si era scoperto da solo, nella concitazione del momento, ed aveva abbassato la maschera. Tanto valeva approfittarne. Lasciato da solo in trincea, Pietro stava tirando fuori il meglio di sé.

71

De Gregorio impiegò tutto il pomeriggio di domenica, giornata festiva in Italia, per stendere e limare il suo rapporto. Era convinto che, a quel punto della sera, per la propria carriera fosse decisamente più importante la redazione di quel resoconto classificato piuttosto che l'esito della trattativa tra Palestinesi ed Israeliani. La situazione era sfuggita completamente al suo controllo e non riusciva a capacitarsi di cosa esattamente fosse successo. Il dispaccio riservato che il ministro trovò sulla sua scrivania il lunedì mattina alla Farnesina aveva questo tenore:

"Gentile ministro, devo informarla che nel fine settimana si sono verificati fatti incresciosi, probabilmente correlati tra loro, che, temo, vanificheranno il nostro sforzo di mediazione per la pace fin qui condotto. Come ho già avuto modo di anticiparle telefonicamente ieri, nel tardo pomeriggio di venerdì, il nostro segretario di legazione dottor Davide Mancini, in compagnia della fidanzata israeliana Sarah Rothbart, una docente della Hebrew University di Gerusalemme, in gita di piacere ad Erodion, località archeologica a pochi chilometri da Betlehem, nei Territori, ha certamente subìto un grave attacco con armi automatiche, restando forse ferito nello scontro. Da quel momento, inspiegabilmente, si sono perse le sue tracce come quelle della fidanzata, né lui ha più dato segno di sé con alcuno. Il sabato mattina ero qui al lavoro e sono stato informato sia da parte palestinese che israeliana: i primi hanno archiviato l'episodio dato che, cosa stranissima, tutti i quattro assalitori sono stati trovati morti carbonizzati; i secondi invece stanno ancora indagando.

Questo antefatto, di per sé molto grave, acquista, a mio modo di vedere, una spiegazione diversa alla luce di quanto è successo in seguito. Nella notte tra sabato e domenica, intorno alle ore due, due persone incappucciate sono penetrate nei locali dell'ambasciata, hanno violato la camera di sicurezza ed hanno sottratto una serie di recenti documenti riservati, tutti inerenti le trattative tra Palestinesi ed Israeliani per gli accordi di pace. Non risultano segni di scasso né alla porta dell'ambasciata né a quella della camera di sicurezza, segno evidente che chi ha eseguito o fatto eseguire il reato era in possesso di chiavi e di password. Aggiungo che, oltre ai documenti, è stato asportato anche il computer che registrava i filmati della videocamera posta a protezione della camera blindata. Gli esecutori del crimine dovevano dunque conoscere anche questo collegamento. Gli unici filmati rimasti risalgono alla mezzanotte quando è stato fatto l'ultimo backup di sistema e fino a quel momento la porta della camera risultava chiusa ed integra così come io stesso l'avevo lasciata nel pomeriggio.

Ora la questione è che le sole persone che disponessero, oltre al sottoscritto, delle chiavi ed anche della password di accesso alla camera sono la mia segretaria particolare, Rosanna Mandelli, che conosce metà del codice di accesso ed i due *sherpa* Davide Mancini e Pietro Rabaglia che dispongono della seconda metà. Il primo, come dicevo, è inspiegabilmente sparito, mentre il secondo, da me interrogato, ha detto che all'ora del furto era a casa sua a dormire e che sua moglie poteva confermarlo. Mi sono premurato di chiamare immediatamente la moglie del dottor Rabaglia prima che lui potesse in alcun modo spiegarle l'accaduto e che i due potessero, eventualmente, mettersi d'accordo. Lei mi ha dato la stessa identica versione dei fatti: ieri sera sono rimasti in casa, hanno guardato insieme la televisione fino alla ventitré e trenta e quindi sono andati a dormire.

Da queste prime indagini sommarie ho potuto quindi concludere che la sottrazione è stata eseguita da Davide Mancini con la complicità della mia segretaria, probabilmente con l'obiettivo di vendere il materiale riservato a qualcuno nell'area che ne aveva interesse. Data la delicatezza delle attività assegnate a questa ambasciata ho già provveduto ad ottenere la richiesta di dimissioni volontarie dalla signorina Mandelli ed ho fatto notificare la cessazione dal servizio al domicilio del segretario di legazione Davide Mancini. Mi accingo a segnalare l'intrusione presso le autorità israeliane di pubblica sicurezza che, pur non competenti, potrebbero offrire la loro collaborazione, e a sporgere analoga denuncia alla procura di Roma, competente per territorio.

Le comunico altresì che, dopo avere ricevuto un sostanziale via libera al nostro piano da parte dei Palestinesi, da parte israeliana è giunto uno stop ai negoziati a seguito del fatto accaduto ad Erodion venerdì scorso. Non sono in grado di prevedere se e quando questa sospensione potrà avere termine."

72

Il lunedì mattina, mentre nuvoloni scuri andavano addensandosi sul cielo di Tel Aviv, la polizia israeliana ispezionò il palazzo dove ha sede l'ambasciata, acquisì copia delle registrazioni video ed interrogò un paio di addetti, ma non poté sentire Rosanna che era già in volo per Roma.

Al pomeriggio fu recapitato in ambasciata un dispaccio riservato che de Gregorio lesse da solo nel suo studio: "Gentile ambasciatore de Gregorio, ho potuto apprezzare che si è mosso con la consueta solerzia ed efficacia, provvedendo ad una immediata espulsione dei due soggetti indiziati della sottrazione dei documenti classificati. Data la delicatezza della materia e gli aspetti penali coinvolti, sarà mia cura sensibilizzare la procura della Repubblica di Roma perché disponga la perquisizione dell'abitazione di Rosanna Mandelli a Roma. E' importante che i documenti sottratti rimangano riservati, ragion per cui le suggerisco di muoversi con le autorità israeliane perché facciano perquisire l'alloggio della Mandelli a Tel Aviv ed anche quello di Davide Mancini, che non risulta avere un domicilio nella capitale. Dubito che sarà possibile recuperare il materiale trafugato, ma dobbiamo fare ogni tentativo. A seguito della sua denuncia, invierò infine un esposto alla Procura affinché valuti l'opportunità di spiccare un mandato di arresto a carico della Mandelli ed un mandato di arresto internazionale a carico del Mancini in relazione alla gravità delle ipotesi di reato ipotizzate ed alla rilevanza dei compiti che erano stati loro assegnati. Se prendiamo la Mandelli c'è il caso che, interrogata, ci riveli anche la posizione del Mancini. Nel pregarla di tenermi al corrente di qualunque sviluppo della vicenda, voglia gradire i miei più cordiali saluti.

Il Ministro per gli affari esteri."

Era esattamente la risposta che si attendeva.

Il pomeriggio de Gregorio si recò all'indirizzo che gli era stato dato, quello di un anonimo appartamento nel centro di Tel Aviv. Grossi goccioloni di pioggia iniziavano a cadere dal cielo nero. C'era profumo di pioggia nell'aria, profumo di temporale primaverile. Suonò ad un campanello che recava non un nome ma il numero 875;

gli fu aperto e salì. Era stato lui, attraverso un suo conoscente del ministero degli interni israeliano, ad ottenere velocemente un appuntamento con un funzionario del Mossad. Non sapeva chi avrebbe incontrato.

- Si accomodi pure ambasciatore. Venga con me, da questa parte.

De Gregorio si aspettava di essere ricevuto da un uomo muscoloso e non da una graziosa giovane donna il cui aspetto mal si conciliava con lo stereotipo dell'agente segreto.

- Si sieda, la prego. - gli disse introducendolo ad un piccolo ufficio le cui finestre non davano sulla via principale, ma verso l'interno dell'isolato.

- Noi ci conosciamo? - chiese lui nel dubbio di averla già vista.

- Non personalmente. Mi chiamo Abigail Efrati e sto indagando sui fatti di Erodion di venerdì scorso, dove è stato implicato un suo collaboratore.

- Ah, capisco, quindi hanno incaricato lei di incontrarmi?

- Non esattamente. Ma non ha importanza. Vuole dirmi in cosa possiamo esserle d'aiuto?

- Beh, ecco, dopo gli strani fatti di venerdì, abbiamo subito il furto, senza scasso, di materiale riservato in ambasciata. Si tratta di documenti estremamente sensibili. Vorremmo fare il possibile per recuperarli prima che vengano divulgati o che ne venga fatto comunque un uso improprio. Ho già chiesto aiuto alla polizia israeliana, ma, lei comprenderà, hanno tanti altri problemi per le mani che temo possano non rendersi pienamente conto dell'importanza che hanno certe carte riservate … magari il Mossad può fare qualcosa di più per darci una mano …

- Mi vuole chiarire meglio le modalità dei fatti?

De Gregorio espose i dati di fatto soffermandosi sulla questione della password e sui filmati.

- Mmm. Quindi i suoi sospetti vanno nella direzione della sua segretaria e dei suoi due collaboratori.

- Certo, non vedo altre possibilità; in particolare i miei sospetti cadono su Mancini, perché è sparito e perché Rabaglia sembra avere un alibi, non di ferro, ma un alibi. Quello che le chiedo è se voi potete, o se la polizia può, su vostro impulso, perquisire le abitazioni della signorina Mandelli a Tel Aviv e del signor Mancini a Netanya, premesso che entrambi ormai non le occupano più.

- Lei non vede altra possibilità … perché esclude se stesso.

- Ovviamente.

- Per noi la cosa non è affatto così ovvia.

- Cosa intende dire? Che sarei io responsabile di questa sottrazione?

- Mi perdoni la franchezza, ma non abbiamo elementi per escluderlo.

- Lei mi sta insultando.

- Non la sto insultando. Dico semplicemente, ambasciatore, che lei disponeva di tutti gli strumenti necessari per sottrarre i documenti riservati che erano in possesso anche dei suoi collaboratori. Tutto qui.

- Se non intendete collaborare, mi scuso per la nostra richiesta e levo il disturbo.

- Non ho detto che non intendiamo collaborare: abbiamo anche noi tutto l'interesse di farlo. Disporremo le perquisizioni che ha richiesto.

- Mi terrete al corrente?

- Certo. Se troveremo qualcosa, sarà il primo a saperlo.

- Ma non mi chiede che cosa riguardano i documenti sottratti?

- Non gliel'ho chiesto perché lo sappiamo già con precisione.

- E com'è possibile?

- Questo non la riguarda, ambasciatore. Le basti sapere che eravamo già al corrente dell'accaduto e che stiamo già indagando sia sui fatti di Erodion che su quelli della sua ambasciata, che non è affatto detto siano tra loro in relazione, nonostante la loro contiguità temporale. In questo quadro, in considerazione della sua richiesta, procederemo al più presto anche alle perquisizioni che lei ci ha richiesto, ma abbiamo ragione di ritenere siano perfettamente inutili.

- Magari vi sbagliate …

- E' possibile, ambasciatore, ma improbabile.

- D'accordo, vedremo. Un ultima cosa: mi ha detto che state investigando sull'aggressione di Erodion, che idea vi siete fatti dell'accaduto?

- Mi dispiace, ma non posso risponderle.

- Avete almeno qualche idea se Davide Mancini sia vivo e di dove possa trovarsi?

- Abbiamo ragione di ritenere che sia vivo, ma non posso fornirle alcuna indicazione circa la sua posizione. Ambasciatore …

- Il colloquio è terminato, immagino.

- Appunto. Se permette, le faccio strada.

Quando de Gregorio mise il naso fuori dal condominio la pioggia cadeva a cateratte. Dovette desistere dal suo intento di uscire a piedi. Col cellulare chiamò un addetto all'ambasciata perché lo venisse a prendere in macchina. E mentre attendeva che lo passasse a prendere, le fosche nubi che affollavano anche la sua mente presero la forma di un Davide Mancini, vivo, che saltava fuori nei modi e nei tempi più inopportuni, documentando, con prove inoppugnabili, le sue malefatte ed una sua destituzione dalla carica andava delineandosi con disonore.

Con consumata consuetudine alla dissimulazione, quando l'autista arrivò a prenderlo, alla domanda di quest'ultimo se tutto andasse bene, l'ambasciatore rispose con convinzione: - Tutto bene, grazie. Nessun problema, a parte il tempo che non sembra migliorare. Andiamo pure, che ho ancora diverse cose da sbrigare in sede.

73

Mercoledì mattina Abigail Efrati fu ricevuta dal Ministro degli esteri del suo paese, a Gerusalemme. Non era la prima volta che si incontravano, Abigail sapeva che il ministro, anch'egli una donna, proveniva dalle file del Mossad e confidava che questo fatto avrebbe reso più agevole la comprensione dei fatti e la tacita accettazione di quegli aspetti della storia che definire legali sarebbe stato un azzardo. Era stata convocata già qualche giorno prima, ma per impegni del ministro, l'incontro fu posticipato a mercoledì 16 febbraio. Per un verso le aveva fatto piacere avere un paio di giorni in più per tentare di mettere a posto qualche tassello delle vicende, che a posto non voleva ancora andare. Ora però mordeva il freno: il Ministro doveva conoscere le sue conclusioni perché la situazione poteva ancora avere, a suo modo di vedere, sviluppi imprevisti che potevano coinvolgere interessi vitali di Israele. Le decisioni politiche, ovviamente, non competevano a lei. Ma queste dovevano essere prese alla luce di tutte le informazioni di *intelligence* disponibili.

- Allora, signorina Efrati, vorrei essere aggiornata sulla situazione. - disse la donna alla ragazza quando si fu accomodata. Poi proseguì: - Ho bisogno di prendere decisioni importanti ed è essenziale che i servizi mi mettano al corrente degli sviluppi delle indagini sui fatti di Erodion e su quello strano furto all'ambasciata d'Italia a Tel Aviv.

- Certo, sono qui per questo. Da dove cominciamo?

- Dalla vicenda di Erodion, se non le dispiace.

- Su questo episodio siamo giunti alla conclusione che il diplomatico Davide Mancini è stato oggetto di un grave attentato, portato da un gruppo di fuoco di almeno quattro persone, il cui scopo evidente era quello di sopprimerlo per fare venire meno un mediatore che riscuoteva la piena fiducia di Fatah. La professoressa Sarah Rothbart invece è stata coinvolta nella vicenda incidentalmente, solo perché si trovava col diplomatico italiano al momento dell'attacco. Probabilmente ...

- Scusi se la interrompo, ma la trattativa coi Palestinesi era già favorevolmente orientata: che ragione c'era di eliminarlo ora? Non era troppo tardi?

- I servizi sono persuasi che l'attacco sia stato portato da terroristi di Hamas o da loro simpatizzanti. E' difficile stabilire se questi sapessero che l'autorità Palestinese aveva già fornito, peraltro soltanto ventiquattr'ore prima, una risposta positiva e favorevole al negoziato. Non lo sappiamo. Potrebbe essere che non ne fossero ancora al corrente. Oppure la ragione è un'altra: l'attentato lo avrebbero portato a termine anche prima, ma non ci sono materialmente riusciti.

- In che senso?

- Il signor Mancini ed anche la sua compagna Sarah Rothbart, sapevano benissimo da diversi giorni di essere seguiti ed avevano dei sospetti precisi sul fatto che qualche gruppo contrario alla pace stava tramando qualcosa di grosso. Io stessa, meno di due settimane fa, ho incontrato la ragazza mettendola in guardia dai pericoli a cui si sarebbe esposta continuando a seguire il signor Mancini. I due ultimamente erano diventati accorti e riuscivano per lo più a sfuggire ai loro inseguitori. E' stato così fintantoché i due *sherpa* non sono andati all'incontro con Fatah a Ramallah, giovedì della scorsa settimana. E' probabile, anche se non abbiamo potuto verificarlo, che in quella occasione i terroristi siano riusciti a riagganciare il signor Mancini ed abbiano deciso di eliminarlo non appena possibile, cosa che si è verificata l'indomani.

- Capisco. Ma la prego, se vuole riprendere da dove l'ho interrotta …

- Stavo dicendo che probabilmente, chi ha pianificato l'attentato, riteneva il gruppo di fuoco assolutamente adeguato ad avere ragione rapidamente delle loro vittime. Ma le cose non sono andate come loro avevano preventivato.

- Come mai è in grado di affermare questo?

- Per una ragione semplicissima: se i terroristi avessero anche solamente immaginato che la professoressa Rothbart poteva disporre di una pistola di grosso calibro nel baule della sua auto, avrebbero gestito l'assalto in altro modo o con altre armi e, in ogni caso, non avrebbero fatto l'errore di permettere ai loro bersagli di avvicinarsi troppo all'automobile, cosa che si è effettivamente verificata. Senza resistenza e l'auto a fare da riparo, l'assalto si sarebbe concluso in pochi minuti.

- Invece cosa sarebbe successo esattamente ad Erodion?

- Nel dettaglio non lo sappiamo, ma lo possiamo ragionevolmente supporre. Gli attentatori tiravano con dei fucili di precisione certamente dotati di visori notturni ad infrarossi. La ragazza ...

- Scusi se la interrompo di nuovo, se non erro si tratta di armi piuttosto sofisticate. Come fate ad essere sicuri?

- Perché l'inizio dell'attacco è avvenuto al crepuscolo e si è ampiamente protratto col buio. La distanza di tiro ... - disse Abigail cercando nei suoi appunti il dato che non ricordava a memoria.

- ... la distanza di tiro era veramente notevole: 845 metri abbiamo misurato col puntatore laser. Ora colpire un uomo con la luce usando un banale AK47 a 845 metri, è quasi impossibile: troppo impreciso. Riuscirvi col buio è da escludere. Consideri che abbiamo raccolto in pochi metri di spazio ... 238 bossoli calibro 6,35 millimetri, quasi sicuramente sparati come colpi singoli, uno alla volta, non a raffica. Dalla parte opposta, nel parcheggio, i proiettili sono caduti in un cerchio inferiore a dieci metri di diametro: se considera la distanza e le condizioni di luce, si desume che erano dei buoni cecchini che tiravano con degli ottimi fucili.

- D'accordo, ma da dove gli sono arrivati?

- Non ne abbiamo idea.

- Va bene, non è una questione fondamentale. Diceva che la ragazza ...

- La ragazza invece disponeva di un revolver ed ha risposto al fuoco finché ha avuto cartucce da sparare. Abbiamo contato una quarantina di bossoli ... 42 per la precisione, calibro 45, non so se ha presente.

- Certo, è un grosso calibro, efficace nel raggio di almeno due chilometri, se non ricordo male.

- Esattamente, è *letale* nel raggio di due chilometri. L'attacco dev'essere durato una buona mezz'ora, forse di più. Nonostante il fragore generato e la sua durata, non ci sono testimoni. Il sangue trovato in prossimità del luogo dell'attacco non è della donna: il DNA è maschile, ragion per cui siamo pressoché sicuri appartenga al signor Mancini, che sarebbe stato colpito dai terroristi. Però è impossibile stabilire, dalla quantità di sangue rinvenuta, piuttosto copiosa, se le ferite riportate gli siano state anche fatali.

- Va bene, ma venga al punto: che fine hanno fatto i due? Come hanno fatto a sottrarsi ai loro assalitori e ad ucciderne quattro?

- Questo non lo sappiamo. Possiamo fare solo delle ragionevoli supposizioni.

- Sarebbero?

- L'analisi balistica dei numerosi reperti rinvenuti sul terreno ha rivelato che, oltre ai proiettili dei fucili degli attentatori e quelli della signorina Rothbart, sono stati esplosi anche proiettili calibro trenta millimetri, un calibro, per intenderci, da piccolo cannone, non da fucile.

- Piccolo cannone? Ma vuole scherzare?

- Sì, esistono piccoli cannoncini automatici a più canne che sono in genere montati su mezzi terrestri blindati oppure sugli elicotteri.

- Ma sul posto non c'erano né blindati né elicotteri!

- Invece dobbiamo immaginare di sì. Inoltre, e con questo si completano i referti balistici, sono state trovate schegge di razzi aria-superficie.

- Vuole dire missili qassam?

- No, è fuori strada. Si tratta di armi americane o russe.

- E questi da che mezzi vengono sparati?

- Solo dagli elicotteri, signora. Sono armi in dotazione agli elicotteri d'assalto, in particolare il Boeing AH - 64 Apache ne è dotato oltre agli elicotteri d'assalto russi. Inoltre, per la posizione in cui sono stati rinvenuti i frammenti, siamo portati a ritenere che siano stati sparati dalla zona del parcheggio contro gli attentatori.

- Noi disponiamo di Apache, non è vero?

- Sì, ne abbiamo diversi, ma non era nostro quello che ha sparato.

- Come facciamo ad esserne così sicuri? - chiese allarmato il ministro per il quale la spiegazione più semplice ed ovvia sarebbe stata quella che le avrebbe dato minori problemi.

- Abbiamo controllato i tabulati di volo delle nostre basi aeree che ne sono dotate e non ne abbiamo trovato neppure uno in volo in tutto il paese, quel giorno, a quell'ora. I nostri Apache erano tutti a terra. Non ci sono dubbi sul punto: non era nostro.

- E di chi poteva essere?

- Solo americano, signora.

- Americano ... Miseria ... E da dove è sbucato?

- Dal mare. Dai tracciati radar, che confermano la probabile natura del velivolo, è chiaro che il mezzo proveniva da una nave da guerra americana, presumibilmente della sesta flotta. Forse dalla fregata USS Mount Whitney, che incrociava nel Mediterraneo orientale.

- Disponevano di autorizzazione di sorvolo?
- Ovviamente no.
- Nooo?
- No!
- Ma, in tal caso, i nostri caccia non avrebbero dovuto alzarsi in volo ed abbattere l'elicottero???
- Immagino di sì.
- Che lei sappia, ci hanno almeno provato?
- Immagino di no.
- E' successo sì o no?
- Non è successo.
- E perché no?
- Non ne ho idea. Posso solo dirle che il tempo di sorvolo del nostro paese da parte del mezzo non autorizzato, dev'essere stato di circa un'ora o poco più.
- E poi è arrivato a pochi chilometri da Gerusalemme! Ha attraversato tutto il paese da ovest ad est e ritorno! Non è stato un modesto sconfinamento!
- Sono d'accordo con lei.
- E' una cosa gravissima. Perché ne sono informata solo ora?
- Col dovuto rispetto, signora, non era competenza dei servizi metterla al corrente, quanto dell'aeronautica militare da cui dipendono i controlli dei cieli nazionali, o del ministero della difesa da cui dipende l'aeronautica.
- Ha ragione. Ma ha idea del perché non sono stata informata?
- Immagino, ma le riporto solo una mia opinione personale, che gli avvicendamenti dei giorni scorsi nei gradi dell'alto comando dell'aeronautica fossero un tentativo di …
- Lavare i panni sporchi in famiglia?
- Qualcosa del genere, signora.
- Bene, mi sentiranno! Ma torniamo a noi: allora, un elicottero da combattimento americano in assetto di guerra, inspiegabilmente si trova a bighellonare sul cielo di Betlehem, senza alcuna autorizzazione al sorvolo, in aperta violazione del nostro spazio aereo; il comandante si incuriosisce per una vivace sparatoria nella zona di Erodion, decide quindi che è il caso di dirimere la controversia, capisce ovviamente all'istante chi ha ragione e chi ha

torto, tira qualche razzo e qualche cannonata sui terroristi, ne abbrustolisce quattro, recupera a bordo la nostra concittadina ed il ferito italiano e li porta sulla stessa nave da cui è partito concludendo così la sua scampagnata. E' corretto?

- Più o meno corrisponde all'idea che mi sono fatta, salvo che non ritengo che l'elicottero stesse bighellonando. Era lì perché qualcuno gli aveva dato l'ordine preciso di soccorrere i due, in violazione del nostro spazio aereo.

- Ma si è chiesta perché gli Americani non abbiano chiesto l'autorizzazione al sorvolo o, in alternativa, di intervenire noi al posto loro, esponendosi così al rischio di una nostra ritorsione?

- Col dovuto rispetto, lei si è chiesta se noi avremmo immediatamente concesso l'autorizzazione o se saremmo intervenuti immediatamente ricevendo la loro segnalazione?

- Ha risposto alla mia domanda con un'altra domanda … No, non ne sarei del tutto sicura …

- Questa è la risposta. Neppure io ne sarei così sicura. E, a tutta evidenza, neppure gli Americani e quei due poveracci che si stavano difendendo dalle fucilate.

- E da quale autorità americana dev'essere partito questo ordine, secondo lei?

- Senza dubbio dal comandante della nave. Ma anch'egli deve essere stato autorizzato da qualche autorità superiore americana, per decidere una cosa del genere …

- Ad esempio ?

- Non ho idea, non conosco i protocolli di operazioni segrete di questo tipo. Non di quelle americane. Può essere stato il Capo di stato maggiore della marina, un capo della CIA, Il Segretario di Stato oppure anche il Presidente, come capo supremo delle forze armate.

- Ma si rende conto di quello che ha detto?

- Certo. Ci vuole qualcuno molto in alto per autorizzare un atto che potenzialmente può scatenare anche una reazione bellica, non le pare?

- Vero. Se i nostri caccia avessero fatto il loro dovere, a quest'ora mi troverei a dovere discutere con gli Americani del come e del perché un loro elicottero da combattimento sia stato abbattuto dai nostri sul nostro territorio. E loro sarebbero qui ad affannarsi per spiegare come diavolo c'era finito! Ma la questione è: com'è possibile che il signor Mancini disponesse di tutto questo appoggio da parte degli americani?

- Di questo non ho proprio idea. Forse è qualcosa che lui ha negoziato in proprio, immagino perché non si sentiva protetto dai suoi. E neppure da noi, devo aggiungere. Tenga presente che almeno un contatto tra i due *sherpa* ed il Segretario di Stato americano c'è stato all'aeroporto Ben Gurion in occasione del suo ultimo viaggio in medio oriente. Potrebbe essere stato allora.

- Questo potrebbe essere, d'altra parte sappiamo che non stiamo parlando di uno sprovveduto, ma resta il fatto, per me inspiegabile, che qualche autorità americana, molto in alto, gli abbia accordato quel tipo di protezione. Ad ogni modo, anche se le nostre forze armate hanno fatto il possibile per insabbiare il fatto gravissimo che è accaduto, nei dovuti modi e sentito il primo ministro, dovrò protestare con le autorità americane per questa violazione.

- Immagino di sì.

- Ma torniamo a noi. Il signor Mancini e la signorina Rothbart dove si trovano secondo lei?

- Se, come sono personalmente convinta, sono stati portati sulla USS Mount Whitney, hanno fatto scalo a Beirut alla fine della settimana scorsa. Se non sono stati sbarcati a Beirut, cosa possibile, devono avere proseguito per Iskenderun in Turchia. Da lì credo che la USS Mount Whitney stia proseguendo ora per Limassol, Cipro.

- Insomma, potrebbero essere in Libano, in Turchia o a Cipro?

- Potrebbero essere ovunque al di fuori di Israele e, potrei aggiungere, dell'Italia.

- Perché è così sicura che siano all'estero e non in Italia? Lui in fondo è Italiano.

- Perché uno che esce dalla finestra di nascosto, non può poi rientrare ufficialmente dalla porta senza dovere fornire delle spiegazioni difficili se non impossibili. E questo spiega perché devono essere all'estero. Quanto all'Italia, è necessario che le spieghi qualcosa della vicenda dell'ambasciata d'Italia a Tel Aviv.

- Quindi le due vicende sono collegate tra loro?

- Non credo. Sono solo parte dei protagonisti che coincidono o si vorrebbero fare coincidere.

- Si spieghi, Abigail.

- D'accordo. Lei cosa sa?

- Quello che ho letto dalla stampa e sentito dai notiziari, anche perché un'effrazione ed un furto in un'ambasciata straniera, ancorché sul nostro territorio, è tecnicamente fuori dalla nostra giurisdizione per via della extraterritorialità dell'ambasciata.

- Allora: sabato sera intorno alle due, due individui incappucciati non identificabili e di sesso imprecisato, uno più alto dell'altro, penetrano nell'ambasciata d'Italia a Tel Aviv e rubano numerosi documenti classificati da una camera blindata che sicuramente era correttamente chiusa. Il tutto avviene velocemente, nello spazio di un quarto d'ora. E' un'azione precisa ed efficace. Sanno tutto del luogo e possiedono tutte le chiavi per entrare ed anche la combinazione elettronica della camera di sicurezza, che cambia automaticamente ogni giorno a mezzanotte. Sanno anche qual è il computer con le registrazioni della telecamera di protezione alla camera blindata e lo portano via coi documenti.

- Dovrebbe essere un gioco da ragazzi prendere i colpevoli: non saranno in tanti a possedere tutti questi strumenti!

- Invece no. I possibili colpevoli sono pochi, ma la cosa non è affatto chiara. In diversi dispongono delle varie chiavi d'ingresso, quindi questo aspetto non è decisivo. Invece la password d'accesso alla camera blindata era conosciuta per intero solo dall'ambasciatore de Gregorio; la sua segretaria ne conosceva metà mentre l'altra metà era nota a ciascuno dei due giovani diplomatici Mancini e Rabaglia …

- Quindi, mi sta dicendo che il solo che avrebbe potuto fare tutto da solo è l'ambasciatore, mentre se fossero stati i suoi sottoposti, avrebbero dovuto agire, necessariamente, con la complicità della segretaria di de Gregorio?

- Esattamente.

- Ma, se è vero che il signor Mancini si trova ovunque, ma non in Israele, mi pare che, almeno lui, lo si possa scagionare …

- Sicuramente. Ma, se mi permette, io mi sentirei di scagionare anche la segretaria di de Gregorio ed il signor Rabaglia.

- E su quali basi?

- Opportunità, signora. Ad ora non ho prove a sostegno. Vediamo che la situazione è tale per cui la colpa o la si addossa tutta sull'ambasciatore oppure sui suoi sottoposti, la segretaria, signorina Mandelli, ed uno dei consiglieri Rabaglia o Mancini, o entrambi.

Secondo lei, verso quale potenziale colpevole penderà il piatto della giustizia italiana?

- Immagino che l'ambasciatore farebbe il possibile per chiamarsi fuori ...

- Ed è precisamente quello che è accaduto: la signorina Mandelli era già stata licenziata la domenica mattina, mentre il consigliere Rabaglia, avendo negato la sua partecipazione al reato, automaticamente ha dovuto incolpare il suo collega Mancini scomparso. Ora, a parte il fatto che quasi certamente il Mancini era già fuori dal paese quando si è verificato il furto, il punto è che a me pare un copione già scritto.

- Ma la registrazione video mostra due persone! Come può essere stato l'ambasciatore da solo?

- Non è affatto detto che l'ambasciatore abbia fatto il lavoro da solo. Non è neppure detto che fosse presente. Il fatto è che poteva disporre di tutto il necessario per fare eseguire il lavoro ad altri. Le è chiaro?

- Chiaro! E quindi, secondo lei, dato che era logico che questo sarebbe stato l'esito delle indagini, l'unico colpevole non può essere che l'ambasciatore?

- Precisamente.

- E come fa ad essere così sicura di quello che la signorina Mandelli ed il consigliere Rabaglia hanno detto?

- Di queste cose sono assolutamente certa: li abbiamo ascoltati ed abbiamo le registrazioni.

- Capisco.

74

Il ministro israeliano, più si addentrava in questa ingarbugliata vicenda che passava troppo vicino ad interessi vitali per Israele, per essere presa alla leggera, era sempre di più sconcertata. Doveva riconoscere che, a differenza dell'aeronautica israeliana, il Mossad stava facendo un ottimo lavoro e che questa giovane agente era proprio in gamba. Si versò dell'acqua e ne offrì anche alla sua ospite. Quindi le chiese un minuto per telefonare: disdisse tutti gli impegni della giornata perché la questione italiana richiedeva più tempo del previsto per potere giungere ad una decisione finale, molto importante, che le competeva.

- Rieccomi da lei. Ma perché de Gregorio avrebbe dovuto affossare una trattativa che stava andando in porto e che gli avrebbe portato un lustro ed un prestigio straordinari? Da Ramallah non è forse arrivato un sostanziale accoglimento del piano italiano? Sarebbe stato il degno coronamento di una carriera spesa in diplomazia.

- Infatti.

- La cosa è totalmente priva di senso.

- Mi permetta di dissentire. Lo è solo in apparenza, signora.

- Cosa intende dire?

- Mi consenta di farle presente alcune circostanze, di cui forse non è al corrente. Prima di tutto abbiamo le prove che de Gregorio, fin dall'inizio, ha costantemente tenuto informati sia Hamas che Ezbollah, probabilmente gli uni all'insaputa degli altri, dell'andamento del piano Shalòm, come gli italiani lo hanno battezzato. E' da quando il servizio mi ha assegnato l'incarico di seguire questa vicenda, che continuo a domandarmi perché si sia comportato così. E non sono ancora venuta a capo di nulla … nulla di provato, intendo.

- Non potrebbe avere agito così per incarico di qualcun altro?

- Mi perdoni, ma di chi? Chi poteva indurlo a tradire il suo mandato? Col rischio tra l'altro di buttare per aria una carriera che poteva culminare con uno storico accordo?

- Qualcuno a cui della carriera di de Gregorio non importasse assolutamente nulla … qualcuno in grado di fare forte pressione su de Gregorio … qualcuno sopra di lui …

- Ma sopra di lui c'è solo il Ministro degli esteri ... oppure il Primo Ministro ...
- O entrambi.
- ... o entrambi.
Ci fu una pausa densa di significato nella conversazione.

Vi sono delle conclusioni che acquistano il loro pieno significato solo quando vengono pronunciate, a voce alta, quasi che una voce che reciti una frase compiuta riesca a conferire spessore e veridicità al pensiero retrostante. Le due donne avevano già discusso quel punto mesi prima, quando il Ministro aveva chiesto che fosse il Mossad ad occuparsi di capire cosa ci stesse dietro a quella strana offerta dell'Italia, quella di porsi come irrituale mediatore nel negoziato per la pace in Palestina. Il governo israeliano, pur avendo ottimi rapporti formali con quello italiano, ne diffidava quanto poteva. E, in origine, non è che questa diffidenza fosse motivata da una specifica mancanza di fiducia verso il Presidente del Consiglio italiano in carica verso quelli precedenti o verso questo o quel ministro. Si trattava di una scarsa fiducia conquistata da tutti i governi italiani degli ultimi decenni, invariabilmente connessa con la loro costante scarsa affidabilità sul piano internazionale. Questo dato, tuttavia, non costituiva un grosso deterrente a mantenere rapporti diplomatici cordiali, almeno fino al momento in cui gli interessi condivisi tra i due paesi cessarono di essere trascurabili. A quel punto era fondamentale per Israele capire perché l'Italia, di sua iniziativa, avesse deciso di spendersi sulla scena internazionale sulla questione delle questioni: quella Palestinese. Allora era divenuto essenziale capirne il perché, per potere stabilire se Israele poteva mettersi nelle mani di questo mediatore che forse, tanto imparziale, disinteressato ed equo non era.

- Abigail, lei è una donna di grandi capacità ed intuito: ha capito perché?
- No, signora.
- Ha fatto almeno delle supposizioni?
- Credo che questa vicenda sia così incomprensibile perché le ragioni che l'hanno mossa sono ragioni irrazionali che hanno a che vedere più coi sentimenti e con l'istinto che non col pensiero e la logica.
- E sarebbero?

- Le riferisco delle pure congetture personali. Alla luce di quello che in Italia ha coinvolto il Primo Ministro negli ultimi anni e mesi si possono pensare diverse cose, ma credo che la più sensata sia che il Primo Ministro volesse compiacere qualcuno e, attraverso questo qualcuno, a cui magari aveva promesso qualcosa di straordinario, come ottenere la pace in Medio Oriente, gratificare ed incensare se stesso. Poi, dopo essersi impegnato sul piano personale, qualcuno del suo staff gli ha forse fatto notare che porre l'Italia come mediatore avrebbe obbligato la diplomazia italiana ad assumere una posizione strumentale di rigore, di equidistanza e di trasparenza rispetto a tutte le parti presenti nell'area. E questo atteggiamento avrebbe inevitabilmente comportato la necessità di rompere con certi legami sotterranei, alcuni dei quali inconfessabili, che l'Italia ha sempre mantenuto anche con gruppi decisamente ostili alla pace in Palestina oltre a noi come paese. Allora hanno deciso di procedere egualmente, ma, per non scontentare nessuno e forse in buona fede, non lo escludo, pur dubitandone, hanno tradito la fiducia nostra ed anche dei Palestinesi di Fatah, passando nel contempo informazioni a destra e a manca.

- Abigail si rende conto di quali fesserie sta dicendo? Lei ha descritto il comportamento di un satrapo pazzo circondato da consiglieri ubriachi! Si sta certamente sbagliando!

- Con rispetto parlando, non credo, signora.

- Si spieghi meglio, allora.

- Non ci riesco. Però le posso fare un esempio che sicuramente lei conosce meglio di me. E' successo in un certo numero di casi che in Iraq, in Afganistan ed anche nel Magreb siano stati presi degli ostaggi italiani. Esiste un preciso impegno a livello di coalizione occidentale sul fatto che coi terroristi non si tratta. Ora non sto a discutere se sia giusto od opportuno non trattare, sta di fatto che tutti paesi che decidono di inviare truppe per questa o quella missione internazionale devono sottostare a questo impegno. L'Italia firma l'impegno e poi tratta, negozia e paga riscatti sotto banco pur di non portare a casa dei cadaveri. Sono così loro, dei levantini. Non cattivi intendiamoci, ma per salvare una vita oggi, non si rendono conto che domani ne perderanno dieci. Il Primo Ministro italiano, è lui stesso a dirlo, è il primo degli italiani. Sono fatti così, non dico tutti, ma molti sì: per conseguire un vantaggio immediato, non si curano delle conseguenze successive e forse neppure del tipo di mezzi necessari allo scopo.

- Ho capito cosa vuole dire. Forse avremmo dovuto tirarci indietro subito. Ma anche una decisione del genere aveva le sue controindicazioni all'epoca. E poi, comunque, nella trattativa ormai ci siamo entrati. E' tardi per recriminare.

- Devo riferirle ancora qualche informazione.

- Quali?

- Oltre e prima del pasticcio di Erodion e del furto dei documenti, è successa una cosa molto strana: tempo fa avevamo messo una microspia nella camera di sicurezza dove lavoravano i due *sherpa*. Doveva servire a raccogliere informazioni sul loro modo di procedere e per capire se stessero facendo un lavoro onesto o se dietro la loro bozza di accordo vi fossero delle insidie nascoste o delle finalità diverse da quelle dichiarate.

- E allora? Vi è servita?

- Sì, nel senso che i due *sherpa*, anche guidati dallo stesso de Gregorio, che fissava i criteri di massima, hanno fatto un lavoro abbastanza equilibrato, e tutto sommato, pulito.

- E quindi? Cosa c'è di strano?

- La cosa strana è che da oltre dieci giorni la microspia non è più nel posto dove l'avevamo piazzata. E' stata … spostata intorno al quattro di febbraio.

- Spostata? … E da chi?

- Non lo sappiamo.

- E' sicura che non siamo stati noi a spostarla?

- Ci mancherebbe! Sono assolutamente sicura che non siamo stati noi!

- E allora mi sta dicendo che qualcuno dell'ambasciata ha trovato la microspia e, anziché denunciarne la presenza, l'ha semplicemente spostata? Sembra uno scherzo di carnevale.

- In un certo senso ho l'impressione che lo sia.

- Perché? Abigail, si spieghi meglio. Non è un dettaglio da poco!

- Chi ha trovato la cimice dove l'ha spostata? Proprio nell'ufficio di de Gregorio!

- Ma no! Ma questa è una farsa!

- Non tanto, signor Ministro. Dal quattro febbraio abbiamo così intercettato, con interesse devo dire, tutte le conversazioni dell'ambasciatore. Quelle che teneva dal suo ufficio per lo meno. E' così che abbiamo intercettato la vicenda del licenziamento della Signorina Mandelli ed il colloquio col signor Rabaglia, dopo il furto.

- Mi pare una storia assurda.

- Sono d'accordo. Ma il fatto è che è assolutamente vera.

- E cosa ne desume?

- Niente di determinante, ma quello che mi pare si possa dedurre, corrobora le altre mie opinioni su tutta questa faccenda e su questi personaggi.

- Sentiamo!

- Punto primo: chi ha trovato la cimice non si fida di de Gregorio. Il perché non lo sappiamo, ma chi ha fatto la scoperta, se se si fosse fidato dell'ambasciatore, lo avrebbe immediatamente informato del caso di spionaggio perché valutasse i provvedimenti che intendeva prendere, non le pare? In un paese normale si dovrebbe fare così!

- Diciamo di sì. Ma potrebbe essere anche di no, visti i personaggi con cui abbiamo a che fare.

- Effettivamente … Punto secondo: chi ha trovato la microspia probabilmente non sa chi ce l'ha messa. Può pensare che siamo stati noi, ma potrebbero essere stati anche altri. Al limite avrebbe potuto pensare che fosse stato l'ambasciatore stesso per controllare il lavoro dei suoi sottoposti. Oppure, ed è la stessa cosa, non gli interessa minimamente sapere chi ce l'ha messa. Costui però sa che, per mettere una microspia lì occorre avere chiavi e password di accesso. Quindi o ce l'ha fatta mettere de Gregorio oppure la segretaria in combutta con uno dei due *sherpa*, o con entrambi. Giusto?

- Diciamo di sì.

- Ora se partiamo dal presupposto razionale che chi ha trovato la microspia non può essere stato colui che ce l'ha messa, e che ben difficilmente de Gregorio può essere stato quello che l'ha trovata e spostata nel proprio studio, se ne ricava che sono stati gli *sherpa* o anche uno solo di essi, magari il signor Mancini che ha trovato la cimice e, non fidandosi più del suo capo, ha deciso di tentare di metterlo in crisi spostando la cimice nel suo stesso ufficio!

- Ormai faccio fatica a seguirla ma una domanda ce l'ho: noi come abbiamo fatto ad infilare la microspia?

- Ah, è molto semplice: la squadra che ha allestito la camera blindata, mesi fa, era formata da agenti del Mossad. La cimice più che metterla, l'abbiamo lasciata prima che la camera venisse in concreto utilizzata per il suo scopo. Anche la telecamera a circuito chiuso l'abbiamo installata noi attraverso una ditta compiacente.

- Un'ultima cosa: da quando la microspia ha cominciato a trasmettere dall'ufficio di de Gregorio, sono emerse delle informazioni importanti?

- In un certo senso sì.

Abigail Efrati trasse dalla borsa un taccuino dove aveva appuntato alcuni dati importanti.

- Il giorno 4 febbraio de Gregorio deve avere telefonato al suo ministro degli esteri. Abbiamo una chiara registrazione in cui lui ammette al ministro di avere tenuto informati della trattativa anche "tutti gli altri", dove non è chiaro chi siano questi "altri", ma si può facilmente immaginare. Poi lamenta che le "asimmetrie informative sono pericolose". Aggiunge che "i ragazzi non sanno niente": credo si riferisca ai suoi *sherpa*. Infine assicura il ministro che non ci sarebbe alcun modo per risalire a lui.

- Ma allora è proprio come dice lei! Sapevano che era marcio ed hanno usato quell'espediente di spostare la microspia per farcelo sapere!

- Domenica scorsa poi, dopo il furto dei documenti, de Gregorio ha ricevuto nel suo studio sia la signorina Mandelli che il signor Rabaglia, uno dopo l'altro. Da quello che ha detto si capisce perfettamente che lui non ha alcun interesse a scoprire la verità, ma solo di trovare un capro espiatorio che gli permetta di allontanare da sé i sospetti. La verità, lui la sa già. E' evidente.

- Basta così. Signorina Efrati, il suo è stato un lavoro davvero eccellente ed illuminante. Parlerò col Primo Ministro prima di prendere una decisione definitiva, ma sono personalmente orientata ad interrompere questo negoziato, non perché il piano proposto non sia in sé accettabile, ma perché non possiamo più fidarci del negoziatore o meglio, del paese che c'è dietro. E' troppo pericoloso, dopo quello che è successo.

75

Abigail Efrati uscì dal colloquio col Ministro degli esteri provando sentimenti contrastanti. Sicuramente il Ministro aveva recepito la sostanza dei fatti ed anche le sue personali conclusioni su diversi aspetti delle recenti vicende. Anzi, era anche persuasa di essere riuscita a fare passare il suo punto di vista personale, quella visione d'insieme che va al di là delle prove raccolte per giungere al senso generale delle cose. Per questo era intimamente soddisfatta.

Tuttavia erano gli sviluppi della vicenda che non le piacevano affatto. E non erano del tutto chiare le motivazioni per cui un negoziato difficile, che per una serie di circostanze, anche fortuite, pareva instradato verso un esito positivo, era ora probabilmente destinato ad una fine ingloriosa. Pur comprendendo la dinamica che aveva prodotto questo risultato, non riusciva ad accettare che la parte che aveva proposto la mediazione avesse anche deciso di affossarla, per giunta incriminando un uomo incolpevole che molto si era speso per il suo successo.

I bizantinismi, i doppi giochi, le logiche oscure di palazzo, l'azione subdola dei gruppi occulti di pressione, le amicizie deviate, le contraddizioni interne ai singoli protagonisti, le riserve mentali, gli interessi individuali che puntualmente sopravanzavano quelli collettivi, erano tutti fattori contaminanti della politica e lei lo sapeva: questo era il contesto in cui svolgeva spesso il suo lavoro. Quello che non riusciva ad accettare era che queste distorsioni, che agivano in vario modo permeando il contesto, spesso fossero tali da annullare completamente i buoni propositi dichiarati alla vigilia, tanto da vanificare completamente l'efficacia dell'azione politica. Non sempre questo accadeva, ben inteso, altrimenti la storia non avrebbe mai fatto alcun passo avanti, altrimenti sarebbe stato semplicemente vano il tentare. Ma la questione palestinese, da oltre sessant'anni era lì a marcire e proprio ora che, per un gioco di circostanze favorevoli poteva avviarsi ad una soluzione, dalle distorsioni della politica veniva ancora una volta affossata.

Ed anche lei, che era sicura di avere fatto un buon lavoro, si sentiva ora svuotata.

Inoltre era delusa per non essere riuscita a tenere fuori dalle conseguenze delle cose quella giovane Israeliana il cui amore per il diplomatico italiano doveva essere stato tale da obnubilare la sua capacità di giudizio.

Giovedì 17 gli ospiti furono sbarcati nel porto turco di Iskenderun ed immediatamente caricati su un mezzo militare dell'esercito americano. Da lì furono trasferiti in qualche ora alla grande base aerea di Diyarbakir, nella Turchia sud orientale. Davide se l'era cavata ma necessitava di riposo. Aveva una pesante fasciatura attorno al torace che gli bloccava anche la spalla ed il braccio destro. I medici parlavano di un mese o poco più di convalescenza dopo di che sarebbe iniziata una lenta riabilitazione dell'articolazione della spalla, che aveva subito un trauma notevole. Sarah era insofferente a quella sua condizione di persona formalmente libera in stato di sostanziale detenzione. Non poteva comunicare con l'esterno. Avrebbe voluto potere almeno telefonare a suo padre. Poteva girare all'interno delle zone consentite della base ma non uscire da essa. Tuttavia si rendeva conto che Davide aveva bisogno di lei e che il suo essere lì era il riflesso di una sua libera e precisa scelta. Davide parlava poco. Se pensava a se stesso, erano solo guai quelli che poteva elencare: uno straordinario obiettivo mancato, una salute minata, una carriera stroncata, un futuro quanto mai incerto, una vita ancora in fuga dal passato: un altro grande capitolo si era sicuramente concluso, questa volta contro la sua volontà. Pensava che non era ancora riuscito a completare la sua uscita dalla vita di Giovanni Baldini ed ora era costretto dalla situazione ad uscire dalla propria. L'unica alternativa sarebbe stato morire ad Erodion. Se pensava a Pietro lo immaginava solo, sbigottito e perso davanti a sfide più grandi di lui che pure avevano fronteggiato, insieme.

L'unica luce che vedeva era la sua compagna che forse aveva perduto quanto e più di lui per causa sua, ma anche questo gli pesava forse più dei postumi della ferita.

Nessuno dei due aveva voglia di parlare del futuro, forse perché nessuna delle rispettive aspirazioni poteva farne parte: Sarah non sarebbe più stata archeologa alla Hebrew University a Gerusalemme, Davide non avrebbe mai più percorso i ranghi della diplomazia italiana.

Un futuro doveva pur esserci, ma si sapeva solo come non sarebbe stato.

77

Abigail Efrati non fu più sorpresa di tanto quando trovò in edicola, giovedì mattina, un primario quotidiano di Gerusalemme la cui prima pagina titolava a caratteri cubitali: "Trattativa segreta tra Israele ed Autorità Palestinese?" Sulla destra campeggiava la copia fotostatica del frontespizio del documento in inglese di risposta palestinese al piano italiano. Col testo era riprodotto anche il timbro italiano di protocollo riservato che, verosimilmente, ne comprovava l'autenticità.

L'articolo di fondo, a firma del direttore della testata, recitava:

"Abbiamo ricevuto in redazione quello che sembra essere l'originale di un documento ufficiale dell'Autorità Palestinese, diretto all'ambasciata d'Italia in Israele. Dopo avere cercato inutilmente di chiarirne l'autenticità ed avendo ricevuto soltanto degli imbarazzati *no comment* da parte di chi sembrerebbe averlo redatto, sono stato personalmente a lungo combattuto se pubblicarlo o meno. L'assenza di smentite ci induce a pensare che il testo sia autentico come appare. Si tratta di un documento che fa riferimento alle condizioni che i Palestinesi di Cisgiordania richiederebbero per negoziare la pace con Israele e per potersi vedere riconosciuti come stato. A margine il lettore potrà trovare la traduzione fedele del testo inglese. Lo scrupolo mio, condiviso da tutta la redazione, era quello di non compromettere un negoziato che, come si evince dal documento riservato, doveva trovarsi a buon punto. Ma la questione che poi ci ha indotto alla pubblicazione integrale, è il fatto che il documento sia arrivato nelle nostre mani, in quelle cioè di un organo di informazione mentre, a tutta evidenza, non avrebbe dovuto. Si tratta infatti di un documento diplomatico classificato che, chiaramente, è sfuggito al sistema di riservatezza a cui era destinato, il che ci induce ragionevolmente a presumere che la trattativa a cui fa riferimento fosse già giunta ad un punto morto. Hanno quindi prevalso le ragioni che ci impongono di pubblicare la notizia. E la notizia è che, a certe condizioni, l'Autorità Palestinese sarebbe disposta a chiudere una vertenza che dura da troppi decenni, che ha causato migliaia di vittime da una parte e dall'altra, e che molti di noi sono ormai persuasi debba fare parte per sempre dello scenario geopolitico del Medio Oriente. Il documento, se vero, dimostra invece che è possibile cambiare il corso delle cose, che è possibile negoziare per risolvere, una volta per tutte, la questione Palestinese. E' possibile perché, dietro alcune concessioni, ora sapremmo che l'Autorità Palestinese è disposta a riconoscere il nostro stato se noi faremo altrettanto con loro. Il punto è quindi: Israele è pronta per negoziare la pace? Gli Israeliani sono disposti a fare delle rinunce e a riconoscere la Palestina come entità statuale autonoma e con pari dignità? Forse questo momento, in cui il Medio Oriente arabo ed il Maghreb sono scossi da un vento di rinnovamento, dal desiderio di cambiamento di società giovani e più evolute di come siamo soliti rappresentarle, è quello propizio per concedere ai nostri interlocutori una seria apertura di credito e per correre il rischio di una pacificazione tra il nostro paese e la Cisgiordania. Forse questo passo, di cui finora abbiamo voluto vedere solo i rischi, oggi si prospetta come una potenziale grande opportunità per i nostri popoli, se sapremo coglierla."

Abigail sapeva già da una settimana della risposta Palestinese, non ne possedeva il testo completo, ma ne conosceva contenuti e richieste. Sapeva anche che il furto del documento dall'ambasciata italiana non poteva essere fine a se stesso. Se, come era più che persuasa, la sottrazione era opera di de Gregorio, doveva essere finalizzata a qualcosa. Ora si trovava quel documento riservato pubblicato su uno dei maggiori quotidiani del paese. Il significato non poteva che essere uno solo: de Gregorio voleva fare naufragare definitivamente il negoziato perché, evidentemente, non era più in grado di mandarlo avanti nei modi che avrebbe voluto, dopo quello che era successo. De Gregorio non poteva essere sicuro che gli Israeliani avrebbero fatto un definitivo passo indietro. Per assicurarsene aveva pensato di rendere pubblica la trattativa facendo venire meno le condizioni indispensabili perché potesse proseguire e, per fare questo, aveva inscenato la storia del furto ed addossato la responsabilità su uno dei suoi due sherpa. Un altro tassello sembrava avere trovato la sua giusta posizione.

La notizia del negoziato fu ripresa dai mezzi di informazione di tutto il mondo e giunse, coi notiziari della sera, anche nella base turca di Diyabakir.

Il giorno seguente fu diffusa sui media la notizia della sottrazione del documento, avvenuta alcuni giorni innanzi, dalla sede dell'ambasciata d'Italia a Tel Aviv. Del furto erano accusati la segretaria dell'ambasciatore Rosanna Mandelli, prontamente arrestata a Roma, ed il segretario di legazione Davide Mancini di cui si era persa ogni traccia e su cui pendeva un mandato di cattura internazionale. I notiziari parlarono di prove schiaccianti a carico dei due accusati che rischiavano ora una condanna pesante, anche se la Mandelli, a lungo interrogata, seguitava a negare ogni addebito.

La domenica, mentre ormai nel paese divampava la polemica sulle singole richieste avanzate dai Palestinesi, il Ministro degli esteri israeliano convocò un'affollata conferenza stampa in cui ammise la sostanza dei fatti e dichiarò che, a prescindere da un'analisi delle rivendicazioni Palestinesi, erano venute meno le condizioni per potere proseguire il negoziato. Anche il clima di cambiamento che stava pervadendo molti degli stati confinanti con Israele impediva ora di siglare accordi così rilevanti. Concludeva tuttavia il suo intervento segnalando il fatto che le vicende occorse dimostravano al di là di ogni dubbio che i tempi per un negoziato globale sarebbero stati maturi e che inevitabilmente ogni Israeliano sarebbe stato chiamato a contribuire al processo di pace ma che il dividendo della pace avrebbe ripagato ampiamente ogni sacrificio fatto.

78

De Gregorio che era molto soddisfatto di come era riuscito a fare deragliare le cose, riteneva che la vicenda si fosse conclusa sostanzialmente senza danni per lui. L'unico timore che aveva era quello che Davide Mancini potesse in futuro smascherare la sua tresca, ma la riteneva un'ipotesi ogni giorno più remota. Fu dunque assai sorpreso quando ricevette una convocazione urgente del ministro alla Farnesina.

Quando fu ricevuto, il ministro iniziò il suo discorso lodando il modo in cui l'ambasciatore aveva condotto quel negoziato che poi, per ragioni non ascrivibili a lui, era giunto ad un punto morto, come tanti altri nel passato, d'altronde. Ricordò poi all'ambasciatore che, nonostante lui avesse operato bene nella sostanza, elaborando un piano di pacificazione che non era affatto lontano dal potere essere recepito dalle parti in causa, formalmente usciva piuttosto malconcio da quella vicenda: subire il furto di documenti riservati, subire quindi la divulgazione a mezzo stampa del più importante di essi, essere costretti ad arrestare la sua segretaria particolare e ad emettere un mandato di cattura internazionale a carico di uno stretto collaboratore per via di quel furto, anche in assenza di qualsiasi sua diretta responsabilità, erano fatti molto gravi. L'immagine della diplomazia italiana usciva con le ossa rotte da questa vicenda ed era inevitabile che alla guida dell'ambasciata d'Italia a Tel Aviv dovesse andare qualcun altro al posto suo. D'altro canto non era possibile immaginare la prosecuzione dell'azione diplomatica in Israele, da parte dell'Italia, ad opera della stessa persona che aveva diretto la sede diplomatica attraverso tutta questa serie di eventi negativi.

Il caldo ed amicale suggerimento che il ministro si sentiva di offrire all'ambasciatore era quello di chiedere l'accesso al pensionamento che gli sarebbe stato accordato con effetto immediato. Se poi non avesse voluto chiedere il pensionamento il Ministro, a malincuore, sarebbe stato costretto a dimissionarlo.

Non ritenendo probabile la seconda possibilità, il Ministro aveva già fatto predisporre il modulo per la richiesta di pensionamento e de Gregorio non dovette fare altro che apporvi la sua firma in calce. Era entrato alla Farnesina come ambasciatore d'Italia in Israele, ne usciva, imprecando, come ex.

79

Dovette passare quasi un mese a Diyarbakir, senza che nessuno ricevesse la minima informazione sul loro destino, prima che venisse trasmesso l'ordine di trasferimento in Germania, nella base di Ramstein. Vi giunsero a bordo di un C130 militare americano in volo notturno. La base era dotata di un grande ospedale militare dove Davide fu sottoposto ad accertamenti e visitato accuratamente prima di essere dichiarato "clinicamente guarito" il che stava a significare che da quel momento poteva iniziare a recuperare, per quanto possibile, la forma fisica che aveva prima di essere trapassato da quel proiettile. Il braccio destro si era praticamente bloccato durante la convalescenza e non riusciva più a sollevarlo neppure di quel tanto che serve per infilarsi i vestiti e Sarah dovette vestirlo e svestirlo tutti i giorni, come un bambino piccolo. I medici gli consigliarono di farsi seguire da un buon fisioterapista che avrebbe saputo prescrivergli gli esercizi necessari per riacquistare, almeno in parte, la mobilità dell'arto. Fu a quel punto che seppero di dovere essere trasferiti negli Stati Uniti.

Il lungo volo a bordo di un cargo militare li portò alla base aerea di Fort Lauderdale in Florida. Lì almeno il clima era decisamente più mite di quello di Ramstein e, se non fosse stato per la grande umidità, avrebbe loro ricordato quello di Israele. Nessuno, da quando avevano lasciato Israele, aveva mai chiesto loro un documento di riconoscimento: le persone con cui venivano in contatto sapevano tutte chi loro erano stati e non erano più, ma non chi sarebbero stati in futuro.

Fu loro assegnato un alloggio indipendente all'interno della base e, contrariamente a quello che era avvenuto sia a Diyarbakir che a Ramsteim, il comandante della base volle subito incontrarli.

Spiegò che, nel giro di qualche giorno, il Segretario di Stato li avrebbe ricevuti a Washington.

80

A Tel Aviv intanto l'ambasciata d'Italia, nave senza nocchiero, viveva in condizioni di reggenza affidata al funzionario decano. Dopo avere subito i contraccolpi mediatici della pubblicazione di documenti riservati carpiti nottetempo dalla loro sede, gli impiegati avevano visto la segretaria licenziata e l'ambasciatore partire per un breve viaggio a Roma "per consultazioni". Con sorpresa avevano appreso, due giorni dopo, che de Gregorio era stato pensionato in un batter d'occhio. Nessuno lo avrebbe mai più rivisto né sapeva della trattativa che, fino alla fine, era rimasta segreta solo all'interno dell'ambasciata. Nessuno tranne Pietro Rabaglia.

Al posto di de Gregorio, in attesa della nomina di un nuovo ambasciatore, la reggenza era stata affidata a Girolamo Procopio, un addetto commerciale anziano, a sua volta non lontano dal compimento della carriera. Solo Pietro era in grado di farsi un'idea più precisa di quegli ultimi sviluppi. Aveva capito che Davide era partito e che non lo avrebbe mai più rivisto, che il negoziato, su cui si erano spesi così a fondo, non sarebbe mai ripreso: ormai gli italiani erano manifestamente improponibili come mediatori, non solo per l'arresto della trattativa venuto dagli Israeliani ma anche per la comprensibile posizione di diffidenza dei Palestinesi nei confronti dei quali non si era stati capaci di conservare una busta senza che il contenuto secretato finisse pubblicato su un primario quotidiano israeliano. Per tutto ciò quindi riteneva che non ci fosse più alcun pericolo di subire un attentato a sua volta.

Avevano tutti ragione.

Pietro si sentiva tradito, deluso e amareggiato. Con Daniela la crisi era stata in qualche modo superata, complice il naufragio del negoziato: superato quello, non esistevano più pericoli emergenti. Tuttavia lei ora non era più quella di prima, ingenua, incantata e un po' fuori dal mondo. Aveva dovuto crescere di colpo per trovarsi in alto mare su un veliero su cui, forse, non si sarebbe mai imbarcata se avesse lontanamente immaginato dove potesse essere diretto. Il film che si era fatta più che avere un finale triste, si era interrotto perché di colpo era terminata la pellicola. Anche Pietro, quello vero, che era stato l'ostacolo contro cui alla fine era dovuta inciampare, forse l'aveva amata di più quando lei era ancora la bambina illusa che lui si guadagnasse da vivere appiccicando ogni giorno marche da bollo o timbrando passaporti. L'illusione aveva ceduto il posto al disincanto ed ora ancora procedevano abbracciati, più per non cadere che altro.

Pietro aveva perso qualcuno che era più di uno stretto collega di lavoro e forse un vero amico con cui aveva condiviso tutto negli ultimi mesi correndo insieme sul filo del rasoio cercando di fare attenzione a non farsi troppo male. Faticava ad elaborare questo lutto anche perché non riusciva ad immaginare da quale punto sarebbe potuto ripartire per tornare a fare diplomazia ad alto livello, così come aveva imparato a fare con Davide. Vedeva davanti a sé solo stupidi anni da spendere, come tanti grigi colleghi ministeriali, in sterili logiche impiegatizie. Aveva voglia di mollare tutto e di ricominciare altrove qualcosa di diverso in un altro contesto, con altri colleghi ed altri obiettivi che non fossero aspettare il 27 del mese. Ma la sua specializzazione in ebraico praticamente lo inchiodava lì.

Lui, che era una vittima del tutto incolpevole degli sviluppi fallimentari dell'azione diplomatica, per il fatto di essere rimasto in ambasciata il solo dei quattro che avevano tessuto la trama del negoziato, veniva visto dai colleghi come l'unico che aveva preso parte, comunque, ai fatti e soprattutto ai misfatti. Quando il reggente, forse intuendo le regioni di questi malumori, forse desiderando porvi termine, lo adibì all'ufficio che si occupava di dare assistenza alle aziende italiane che fanno affari con Israele, per Pietro il declassamento segnò il definitivo rientro in una realtà lavorativa normale, povera tanto di forti emozioni quanto di vere soddisfazioni. Non aveva trent'anni e se ne sentiva il doppio.

81

Davide e Sarah avevano preso un aereo militare per volare da Fort Lauderdale a Washington DC. I militari non li lasciavano soli un minuto. Un'auto dell'USAF li aveva prelevati direttamente sulla pista, saltando i consueti canali di sbarco e li aveva scortati fino all'ufficio del Segretario di Stato.

- Accomodatevi, vi prego. - disse l'elegante signora ricevendoli sulla porta del suo ufficio, ampio, ma non quanto ci si sarebbe potuti aspettare. Poi riprese: - E' da un po' che non ci vediamo, signor Mancini: spero che la sua ferita sia guarita e che si sia ripreso bene.

- In effetti è così, anche se sono lontano dalla forma piena. A questo proposito devo ringraziarla per quel suo ultimo regalo.

- Regalo? Ah, già, … immagino si riferisca all'operazione Christopher! Sì, è stato proprio un regalo: non ero affatto tenuta a rispondere alla richiesta sua e del signor Rabaglia.

- Le siamo infinitamente grati per quello che ha fatto. - disse Davide con convinzione.

- Devo confessare che, partendo da Tel Aviv per Haifa, quella sera, mi ero pentita di avervi rivelato le chiavi di accesso a quel servizio … molto esclusivo.

- Se lei non ci avesse dato quella possibilità, ora non staremmo qui a parlarne.

- Ho detto che mi ero pentita allora, non che lo sono adesso. Ora sono felice di avervi dato modo di salvare la pelle, anche se quella concessione mi ha dato non pochi grattacapi perché, in linea di principio, non ne avreste avuto titolo. Questo può capirlo, credo.

- Assolutamente. Abbiamo immaginato che il motivo per cui l'esercito americano non ci ha più mollati dalla sera in cui ci ha recuperati ad Erodion, oltre un mese fa, dipenda dal fatto che prima deve essere definito il nostro status, non è vero?

- Dice bene, signor Mancini. Ma prima vorrei fare il punto della situazione mediorientale che non è più quella che c'era all'epoca della nostra conoscenza all'aeroporto Ben Gurion …

- Naturalmente. Purtroppo non lo è.

- Ma partiamo da Erodion. Sui fatti di quella terribile sera i servizi Israeliani hanno condotto un'indagine approfondita di cui hanno messo al corrente la CIA che, a sua volta, ha informato me.

Sarah si guardava attorno senza intervenire, come se quella conversazione non la riguardasse minimamente, oppure aveva deciso che quello che Davide avrebbe detto o fatto sarebbe andato bene anche per lei.

- L'attacco verosimilmente è stato portato da qualche frangia di Hamas anche se è stato impossibile riconoscere nei quattro cadaveri alcuno dei terroristi schedati dagli Israeliani. E' anche ormai assodato che quella è stata l'ultima azione prima di un periodo di sostanziale tregua.

- Come spiegano la cosa?

- I servizi Israeliani sono portati a credere che Hamas abbia cercato di eliminare uno dei negoziatori per fare fallire il negoziato. Quando questo risultato è stato raggiunto, anche se sull'interruzione delle trattative hanno influito altri fattori, interni ed esterni, si sono fermati.

- Pertanto, se quanto ci dice è corretto, non dovremmo avere ragione di temere altre violenze, non le pare?

- Signor Mancini, la sua affermazione è esatta, ma lo è unicamente in quanto lei non fa più parte del processo di pace e questo è, al momento, interrotto. Se lei dovesse ritornare sulla scena, qui lo affermo e qui lo nego, lei come il suo collega signor Rabaglia, vi trovereste di nuovo esposti quanto e forse più di prima.

- Cosa intende dire con questo? Che non potrò riprendere da dove ho lasciato?

- Lei sa benissimo che questo sarebbe del tutto impossibile. Non voglio che lei nutra false illusioni. Tra l'altro, non so se lei è al corrente che sulla sua testa pende un ... - il Segretario di Stato trasse da una carpetta un appunto manoscritto - ... un mandato di cattura internazionale ex Art. 255 del codice penale italiano. A rigor di logica dovrei consegnarla all'Interpol per l'arresto, a cui seguirebbe l'estradizione in Italia.

- Immagino che, se ne stiamo parlando, questa sia solo un'ipotesi accademica. Ma cosa avrei fatto di così grave?

- E' accusato di avere sottratto documenti riservati dalla sua ambasciata la notte tra sabato 12 e domenica 13 febbraio scorsi e di averli in seguito fatti pubblicare dalla stampa israeliana.

- Ah, questa è proprio bella! Mentre eravamo prigionieri sulla vostra nave! E poi perché avrei dovuto rubare i documenti su cui lavoravo e che avevo a disposizione per motivi di servizio in qualunque momento?

- Non ne sapeva nulla?

- No, non ho sentito nulla in Turchia, ma può darsi che la notizia l'abbiano data. Ero troppo occupato allora a sistemare il buco che mi hanno fatto.

- Naturalmente. I servizi Israeliani ritengono che questo giochetto al massacro sia opera del suo capo, anzi, ex capo.

- In che senso ex?

- De Gregorio è stato pensionato all'istante non appena ha raggiunto Roma, non lo sapeva?

- No, ma la notizia non riempie il mio cuore di strazio per il suo destino.

- Lo posso immaginare. Ora le è chiaro perché non potevamo e non possiamo semplicemente lasciarvi andare?

- E' evidente, ma immagino non vorrete tenerci a balia nell'esercito americano per sempre: finireste per stancarvi!

- Infatti, è così. Oggi dobbiamo parlare di una ... *exit strategy*.

- Mi pare di ricordare questa espressione usata dalla vostra amministrazione a proposito dell'Iraq.

- E' così. Prima di venire al nocciolo della questione, occorre che vi dica che voi non avreste alcun titolo per accedere al programma di protezione che l'amministrazione usa in casi speciali, per i testimoni, in indagini federali, ad esempio. Non siete testimoni, non siete neppure americani, non vi potreste accedere. Tuttavia, rovesciando la prospettiva, non saprei come giustificare quello che è accaduto quella notte ad Erodion. In ultima analisi, non saprei giustificare per quale motivo vi ho dato la possibilità di attivare una procedura di emergenza, il piano Christopher, che non era certo riservata a voi.

- Mi sembra necessario un compromesso, non le pare?

- Credo di sì, ma ho bisogno della vostra piena collaborazione. Lei non può andare a processo né ora ne mai, non può raccontare perché non si trovava più in Israele al momento del furto, non può chiamare nessuno di questa amministrazione a testimoniare in alcuna sede per sostenere il vostro alibi, non può raccontare a nessuno chi l'ha curata né dove, come è uscito dal paese né come è finito qui. In ultima analisi lei non deve più neppure esistere come Davide Mancini. A queste condizioni posso offrirvi l'accesso al programma di protezione: nuova identità, nuova nazionalità, nuovi documenti, nuova vita.

- Sia per me che per la signorina Rothbart?

- Ovviamente, anche per lei valgono gli stessi termini.

- E poi?

- La vita è vostra. Il vincolo è che nulla di quelle vicende debba mai trapelare e che nessuno di voi tenti mai di ristabilire in futuro contatti con persone conosciute in precedenza, come amici, parenti, colleghi e via dicendo. Qualora doveste tentare di fare anche solo una di queste cose, saremmo costretti a scaricarvi e a disconoscere qualunque vostra affermazione. Mi pare abbastanza evidente che, in tale evenienza, voi avreste la peggio.

- Credo non esistano molte alternative.

- Infatti. Tuttavia non sarei così negativa al vostro posto. Si tratta di un nuovo inizio. Senza impegnarmi fin d'ora, la devo tuttavia mettere innanzi al fatto che l'amministrazione potrebbe avere bisogno domani di un valido consulente per riprendere in mano la questione palestinese, quando il clima tornerà favorevole. A questo proposito non posso non riconoscerle, signor Mancini, che lei ed il suo collega Rabaglia siete riusciti ad arrivare assai più in là di dove mai alcuna amministrazione americana sia mai giunta nel tentativo di dirimere la questione Palestinese.

- Purtroppo il mio collega non è qui con noi ad ascoltare le sue parole. La ringrazio: è molto generoso da parte sua.

- No, non lo è. Siete veramente arrivati ad un soffio dall'obiettivo e lo avete fatto con pochi mezzi, senza l'aiuto dei vostri servizi, senza l'appoggio di alcuna diplomazia straniera e con un capo che ha iniziato a fare il doppio gioco dal primo giorno in cui vi siete messi sotto. Abbiamo molto da imparare da voi, *chapeau*!

- Lei mi confonde, signora.

- Non dica così, signor Mancini: lei ed il suo collega siete stati per me la dimostrazione che è possibile sposare idealismo e pragmatismo per centrare velocemente obiettivi molto alti e apparentemente fuori portata. Mi creda, tante volte vorrei che il mio stesso agire fosse diretto da un saggio mix di questi due elementi, che sono entrambi necessari per vedere ed andare oltre. Lei sa benissimo che queste non sono parole di circostanza, ma quello che veramente credo: lei oggi non è più nessuno, non avrei nessun motivo di lusingarla …

- E quanto alla mia compagna?

- La signorina Rothbart ha un'esperienza notevole nel suo campo che può offrire a tante nostre università. Mi rincresce che le circostanze rendano indispensabile anche per lei il percorso del programma di protezione. D'altro canto mi è stato assicurato dai servizi israeliani che la signorina era stata messa sull'avviso dei pericoli a cui andava incontro dallo stesso Mossad ...

In quel momento Sarah, sentitasi chiamata in causa direttamente, si riscosse dallo stato di torpore in cui versava ed intervenne.

- E' così, signora. Una donna del Mossad mi aveva parlato in modo molto chiaro. Ma io non ho voluto, non ho potuto darle ascolto: mi ha messo davanti ad una scelta impossibile.

- Capisco ... A volte siamo chiamati ad accettare una soluzione ingrata perché l'alternativa è ancora peggiore ...

All'uscita dal colloquio Sarah pianse in silenzio mentre l'auto li riconduceva verso l'aeroporto. Davide invece sapeva che quella era l'unica strada percorribile. Cosa avesse voluto dire Sarah di quel suo colloquio con un funzionario del Mossad non gli era affatto chiaro, ma avrebbe avuto modo di chiarirlo in seguito.

82

Nell'autunno successivo, Davide non seppe e non avrebbe mai saputo della nascita di un nipote a Roma. Tanto meno aveva idea di come fosse evoluta la questione relativa a Markus Liebetanz al suo appartamento romano nonché agli esiti della sua sparizione.

Come accade talvolta alle vicende lasciate in balia di se stesse, alcune evolvono spontaneamente in modo positivo, magari per un concorso di fattori esterni che modificano favorevolmente il corso delle cose, altre invece deragliano nel peggiore dei modi e forse non avrebbero conosciuto esito migliore neppure se gli interessati si fossero in ciò prodigati con tutte le loro energie. Fatto sta che Markus Liebetanz si era bevuto in pieno la mail che Davide gli aveva inviato, alla quale aveva risposto ringraziandolo per l'attenzione; aveva rinunciato al suo viaggio a Roma per il quale l'incontro con l'amico Baldini, ormai impossibile, era la motivazione principale; aveva sofferto in silenzio per la perdita dell'amico Giovanni ma alla fine se ne era fatto una ragione perché la vita a volte è così, capace di toglierti tutto da un giorno all'altro senza preavviso e senza motivo.

Quando, alla fine di febbraio, con un certo rilievo, la televisione diede la notizia della strana scomparsa di un diplomatico italiano, romano, addetto dell'ambasciata d'Italia a Tel Aviv, la signora Lina non fece alcun collegamento col suo inquilino. Neppure quando, nei giorni seguenti, venne data la notizia che alla medesima ambasciata erano stati sottratti dei documenti importanti e segreti, pubblicati improvvidamente su un quotidiano israeliano, e che del furto era accusata una segretaria insieme al diplomatico, la signora Lina collegò i fatti.

Si accorse invece di non avere ricevuto l'affitto di marzo. E neppure quello di aprile. In Maggio, non vedendo ancora arrivare nulla, aveva iniziato a preoccuparsi seriamente della sua pigione. Una busta poteva ben essersi persa nei meandri delle poste, ma due o tre, inviate separatamente, a distanza di un mese l'una dall'altra? Non possedeva alcun recapito di Davide. Non capiva cosa potesse essere successo al ragazzo o per quale dannato motivo avesse smesso di pagarle l'affitto. Non aveva mai tardato prima. Non sapeva neppure come si chiamasse esattamente ... Pandolfi, Rodolfi, Ricolfi, qualcosa del genere. L'unica cosa di cui era a conoscenza era che le lettere con le banconote provenivano tutte da Israele. Forse aveva anche conservato qualche busta, quelle coi francobolli più belli. Aveva in mano un contratto regolare ma registrato a nome di un morto: come poteva pensare di ottenere uno sfratto per un morto? Tra l'altro il morto stava al suo posto al cimitero di Cesano e non c'era nessun motivo di sfrattarlo. Era dunque combattuta tra portare le carte all'avvocato del patronato e sentirsi dare dell'asina per non avere intestato il contratto a Davide, oppure aspettare ancora che qualcosa di buono potesse succedere. Era già scesa in precedenza nell'appartamento di Davide per controllare che tutto fosse a posto, che non ci fossero perdite d'acqua o simili inconvenienti, ma la situazione era regolare: tutto era come il giorno della sua partenza per l'estero.

Una bella mattina, verso la fine di maggio, la signora Lina fu svegliata da un insolito frastuono di sirene molto molto vicine alla sua abitazione. Accese l'abat-jour perché era ancora buio: non erano ancora le cinque. Spense la luce maledicendo quelle sirene. Poi però, pensando dovesse trattarsi sicuramente di ambulanze, fece ammenda e pensò a quel poveretto che veniva soccorso e che forse non ce l'avrebbe fatta.

Le sirene tacquero.

Colpi vicini, fortissimi e ripetuti.

Lo schianto finale fece sobbalzare la signora sul letto impaurita.

Ora non picchiavano più. Dovevano essere ladri che avevano sfondato una porta ai piani inferiori: potevano essere nel suo seminterrato! Balzò dal letto e si infilò una vestaglia. Cercò disperatamente un oggetto atto ad offendere. Alla fine uscì guardinga sul suo pianerottolo con l'ombrello in mano.

Quindi scese precipitosamente due rampe di scale, superando, ignorandolo, il vicino del piano di sotto che si era a sua volta affacciato al suo pianerottolo prima di vedere, davanti alla porta dell'appartamento di Davide, un uomo vestito da poliziotto che piantonava la porta del seminterrato e fumava tranquillamente una sigaretta.

- Ehi lei, vestito da poliziotto! - disse all'uomo tenendosi a distanza di sicurezza e sollevando l'ombrello chiuso.

- Ahò signò! Sò vestito da poliziotto perché sò 'n poliziotto! E facci attenzione con st'ombrello: se pò fà der male! Mica piove poi, sa? - rispose lui sollevando la testa di quel tanto che occorreva per realizzare che quella vecchia non costituiva una minaccia reale ma solo una rottura di coglioni.

Fattasi persuasa che a volte quello che sembra un poliziotto potrebbe anche esserlo, chiese cosa diavolo stessero facendo nel suo appartamento. Quando vide, con dolore, che la porta era stata nuovamente sfondata, il suo pensiero andò immediatamente al falegname che sei anni prima gliel'aveva sostituita con una spesa modica: aveva ancora il numero di telefono? Poi però la verità che apprese dal commissario all'interno dell'appartamento cancellò istantaneamente quel pensiero.

- Siamo qui per Davide Mancini su cui pende un mandato di cattura internazionale per una serie di gravi reati! - la informò sbadigliando il commissario Zuccari che se c'era un aspetto della sua professione che detestava, era proprio quello di dovere andare a prendere gli indagati nel cuore della notte, quando loro dormivano, ma lui no.

- Mancini? Criminale? Chi, Davide? Tutto sto casino perché ha due mensilità di affitto arretrate? Ma poi, a voi chi ve l'ha detto che era in ritardo coi pagamenti?

- Perché, non è questa l'abitazione di Davide Mancini?

- Davide sì, Mancini non credo!

- Lei lo conosce?

- Davide sì, bene. Mancini non mi pare!

- Signora, Davide e Mancini, sono la stessa persona! Non può conoscere l'uno senza conoscere l'altro!

- Insomma! Mi ha preso per rimbecillita? Voglio dire che Davide è il mio inquilino, ma non mi pare che si chiami Mancini! Ma sicuramente state cercando la persona sbagliata.

- Come fa ad esserne così sicura?

- L'unico crimine che ha commesso è essere in ritardo di due mesi nel pagare l'affitto, ed io non ho ancora denunciato il fatto.

- Ah, quindi è anche moroso!

- Questo non glielo so dire. Però posso garantirle che qui, certe ragazze, non le ha mai portate! Pensi un po' che in passato ho creduto anche che fosse … dell'altra sponda!

- Ricchione?!

- Qualcosa del genere. Ma era solo una mia idea!

- E come mai le è venuta st'idea, signora?

- Perché non ha mai avuto una morosa, che io sappia.

- Signora, non divaghiamo. Il Davide che abitava qui si chiama Mancini, le piaccia o meno. Poi, se sia ricchione o meno, la cosa non è penalmente rilevante. Torniamo a noi: lei è la proprietaria dell'appartamento? Si chiama Lina Malcotti?

- Sì, sono io. L'appartamento è mio.

- Oh bene. Almeno una cosa è al suo posto!

- Certo che sono al mio posto, io qui ci abito da quando hanno costruito la palazzina!

- Oh Gesummaria! Signora Malcotti!!! - esclamò lo Zuccari, sempre più convinto che le irruzioni alla quattro della mattina sono una vera iattura.

- Si?

- Signora, terminata la perquisizione, lei dovrà seguirmi in commissariato per chiarire una serie di cose che chiare non sono affatto, a cominciare dal suo vero inquilino, il professor Baldini!

- Oh Gesummaria! In vestaglia?

- Come preferisce, basta che abbia addosso qualcosa, altrimenti la mettiamo dentro per atti osceni!

- Come si permette!

- Signora Malcotti, la prego, la supplico, vada a vestirsi con comodo e poi scenda che la porto in commissariato dove potremo fare una tranquilla chiacchierata davanti a un caffè, va bene?

- Va bene. Ora salgo.

- E si ricordi di portare i suoi documenti, il contratto d'affitto e qualunque altro documento che lei abbia sul suo inquilino.

- Quale inquilino?

- Oh Gesummaria! Prenda con sé tutto quello che ha che riguarda questo appartamento!

- Sì. Me la ripagate voi la porta? Se aveste bussato, vi avrei aperto: che bisogno c'era di sfondarla? L'aveva sostituita da poco!!

- Signora Malcotti, se non la pianta la metto dentro per oltraggio a pubblico ufficiale!!!

- Perché, cos'ho detto?

- Sparisca!

- Allora non devo più venire con voi?

- !!??!! Vada di sopra a prepararsi e poi scenda coi documenti dell'appartamento e i suoi. Se dice ancora qualcosa …

- Che caratteraccio! Qui quella che dovrebbe essere arrabbiata sono solo io: l'inquilino non mi paga più l'affitto e arrivate voi e mi distruggete la porta! Lo sa? Lei è proprio un villano, commissario.

Zuccari si morse la lingua, non aggiunse nulla, e prese la signora
Lina sotto braccio, l'accompagnò alla porta e la sospinse fuori
dicendo al piantone: - Aggiusè, peccortesia …

- Comandi, commissario!

- Accompagna a signora ch'ha da vestirse! Ma fa attenzione: nun ce
parlà.

- E che cce vò? Me pareva pure a me ch'era un po' sstrana, a
signora!

83

La signora Lina ebbe i suoi problemi per non avere registrato, a suo tempo, il subentro di Davide nel contratto del professor Baldini e per non avere segnalato la cosa alla Questura, come si usa. A lei non era parsa, lì per lì una cosa tanto grave, perché lei le tasse sull'affitto le aveva sempre pagate, cosa che, a Roma, non fanno in molti. Fu proprio questa sua onestà sul fronte fiscale a far sì che alla fine, il giudice istruttore decidesse di proscioglierla dall'accusa di favoreggiamento in quella parte di reati commessi da Davide a Roma e di non rinviarla a giudizio.

Indubbiamente questa signora aveva commesso una scorrettezza che di per sé non era poi tanto grave. Diveniva grave solo in forza del fatto che la mancata voltura del contratto era stato il piedistallo su cui aveva poggiato il reato di sostituzione di persona, truffa aggravata e continuata ai danni dello stato, ed altri minori, commessi da Davide a Roma. Ma il giudice si era persuaso della buona fede di questa signora che pagava le tasse. Inoltre la donna, non era mai caduta in contraddizione nei diversi interrogatori che aveva subìto ed era stata utile al magistrato per la sua testimonianza sul Mancini sui suoi ultimi sei anni passati a Roma.

Le istruttorie contro Davide Mancini, latitante, vennero divise in due filoni separati: i reati romani da un lato e quelli esteri dall'altro. Il primo filone delle indagini muoveva da un fatto di cui Davide era completamente all'oscuro: sua sorella Carla, quando aveva sentito le notizie da Tel Aviv sulla sparizione di un diplomatico romano si era immediatamente allertata ed aveva chiesto informazioni alla Farnesina circa i timori che aveva per la sorte di suo fratello. Quando il Ministero le confermò che era proprio lui ad essere sparito, e la informò altresì che su di lui pendeva un mandato di cattura internazionale per la sospetta sottrazione di documenti riservati, decise di sentire la procura della Repubblica di Roma, che aveva in carico l'inchiesta, nella speranza di ricevere notizie su di lui.

Tuttavia il magistrato, che in quella fase iniziale brancolava nel buio forse più di lei, pensò bene di convocarla come persona informata sui fatti. Interrogata Carla rivelò quanto sapeva, ossia che il fratello era uscito di casa e che aveva vissuto negli ultimi sei anni a casa di un professore in pensione che lei non aveva mai conosciuto. Pressata dalle domande disse che il fratello, nel partire per Tel Aviv, le aveva lasciato il bancomat del professore dal quale lei, da qualche mese, effettuava prelievi di contante che poi versava sul suo conto personale e bonificava al fratello a Tel Aviv. Fu così che partì anche il secondo filone di indagini, quello relativo ai reati romani, di cui le autorità italiane erano assolutamente all'oscuro.

Dopo qualche mese di indagini il Gip, Valentina de Donno, era orientato a credere che Davide Mancini fosse colpevole dei reati romani, anche perché, la testimonianza della signora Lina e di sua sorella Carla lo inchiodavano. Per questo motivo, chiuse le indagini, il tribunale aveva disposto il rinvio a giudizio di Davide per questi reati.

Invece il filone di indagini per i crimini in Israele, in cui era implicata anche Rosanna Mandelli, venne mantenuto aperto assai più a lungo, perché il Gip non era affatto persuaso che i colpevoli fossero necessariamente loro. Fu chiamato a testimoniare anche de Gregorio, che non si sottrasse, ma non fu sufficientemente persuasivo col giudice. Questi aveva raggiunto la convinzione che la *porcata* l'avesse fatta de Gregorio e non i suoi due collaboratori, ma non riusciva a provarlo.

Verso la fine del 2011 vi fu una fortuita svolta. Una relazione in inglese classificata e molto circostanziata sui fatti di Erodion del 22 Febbraio e su quelli di Tel Aviv del giorno successivo, fu recapitata al giudice de Donno dall'ambasciata israeliana a Roma. Il giudice fu alquanto sorpreso di ricevere un simile incartamento, non richiesto, da un'autorità diplomatica estera e non attraverso i consueti canali diplomatici italiani e, da ultimo, dal nostro ministero degli esteri che avrebbe dovuto fungere da interfaccia. Ma aprendo il corposo plico il giudice de Donno, che era donna assai acuta, comprese perfettamente come dovevano essere andate le cose. Il primo documento recava la firma del ministro degli esteri israeliano e questo ne era il tenore: "Gentile magistrato, la prego innanzi tutto di non rompere i sigilli diplomatici israeliani che racchiudono una relazione che giudico molto preziosa sulle indagini condotte dai nostri servizi qualora non sia in grado o non voglia mantenere la segretezza su tutto il materiale relativo a questo invio, ivi compresa questa lettera personale che la pregherei, nel caso, di distruggere. Il motivo che alla fine mi ha indotto a trasmettere direttamente a lei questo materiale, evitando l'ambasciata d'Italia a Tel Aviv ed il vostro ministero per gli affari esteri è semplice: il medesimo materiale era già stato inoltrato attraverso quei canali nel maggio scorso e, a tutta evidenza, non è mai pervenuto nella sue mani. Non ho idea di quale uso legale lei intenda fare di questo materiale, e, a questo proposito, rimetto a lei l'onere e l'onore di ogni possibile scelta. Dopo avere verificato che la procedura giudiziaria a Roma sui fatti avvenuti nel mio paese nel febbraio 2011 non è ancora giunta ad una conclusione nonostante noi avessimo già fornito sei mesi fa tutto questo materiale al vostro ministero per gli affari esteri, ho ritenuto corretto inoltrare nuovamente a lei, quale responsabile dell'istruttoria, quanto in nostro possesso. E' evidente che vi è stato qualche problema di comunicazione tra il vostro ministero e la Procura di Roma, su cui non voglio esprimere alcun giudizio. Ad ogni modo il mio scrupolo personale era quello di fornire al magistrato competente per territorio ogni elemento utile per potere addivenire ad una decisione quanto più consapevole ed equa. Confidando lei saprà fare l'uso più opportuno del materiale che le affido, la saluto cordialmente, Il ministro degli Esteri di Israele … "

Valentina de Donno non esitò un secondo a rompere i sigilli e a conservare la missiva.

E seppe.

Il plico conteneva le copie di una serie di rapporti interni e di verbali della polizia israeliana, una sfilza di comunicazioni tra polizia, aeronautica militare, ministero degli interni e degli esteri e, soprattutto una relazione assai esaustiva del Mossad a firma di Abigail Efrati. Tutti i documenti erano stati debitamente autenticati dalle autorità israeliane. Nel loro insieme provavano che Rosanna Mandelli e Davide Mancini non avevano nulla che vedere col furto di documenti all'ambasciata d'Italia a Tel Aviv né con la loro successiva pubblicazione sul quotidiano israeliano.

La de Donno si trovò in mano in un colpo solo quanto non avrebbe potuto ottenere con cinquanta rogatorie internazionali.

Fu così che, poco prima di Natale, il giudice de Donno ottenne dal tribunale il rinvio a giudizio di Alberto de Gregorio e dispose il proscioglimento da ogni accusa per Rosanna Mandelli e Davide Mancini. A seguito del proscioglimento, dispose la revoca degli arresti domiciliari per Rosanna Mandelli e quella del mandato d'arresto internazionale per il Mancini, su cui tuttavia permaneva il rinvio a giudizio per i reati romani.

Valentina de Donno aveva discusso animatamente col procuratore capo di Roma sul fatto che il ministero degli affari esteri italiano aveva occultato e forse distrutto materiale probatorio relativo alla stessa denuncia fatta in precedenza dal medesimo ministero attraverso l'ambasciata d'Italia a Tel Aviv.

Questo era un reato grave ascrivibile a qualcuno in alto nel Ministero per gli affari esteri italiano.

Il procuratore tuttavia, in considerazione del fatto che, grazie alla solerzia del ministero degli esteri israeliano, detto materiale era comunque stato acquisito sia ai fini delle indagini che del successivo processo, e valutato che nel paese i motivi di conflitto tra il potere giudiziario e quello esecutivo, su questioni affatto diverse e maggiori, erano già giunti forse ad un punto di non ritorno, decise di non procedere in questa direzione.

Il Gip de Donno, molto amareggiato e deluso per questa decisione, era in seguito tornato alla carica col Procuratore sostenendo che forse il tribunale avrebbe potuto invalidare il materiale probatorio israeliano perché acquisito in via irrituale. Il procuratore quindi, messo davanti all'eventualità che il procedimento potesse finire in un'assoluzione piena per questo vizio di forma, ed essendo nel frattempo il processo a carico di de Gregorio iniziato, decise di sollevare la questione del conflitto tra poteri dello stato davanti alla Corte Costituzionale. Questa, per eccessivo carico di lavoro, deve ancora pronunciarsi sul caso di specie.

Precisazioni e Ringraziamenti

Fatti e personaggi di questo romanzo sono prevalentemente frutto della fantasia dell'autore. Vero è il riferimento a Saheb Erekat, capo negoziatore Palestinese in numerose occasioni. Vero è pure il personaggio del Professor Della Peruta, che compare nel suo ruolo reale, ma sotto lo pseudonimo che lui stesso mi ha suggerito. I luoghi ed i siti archeologici sono invece reali e per lo più direttamente conosciuti dall'autore. Veri sono gli antefatti storici, dalla Guerra Giudaica fino alla costruzione del muro, passando per Napoleone. Eventuali riferimenti a persone o episodi reali sono puramente fortuiti e, nel caso, l'autore se ne scusa preventivamente.

Si ringrazia particolarmente il Prof. Della Peruta per la sua opera scientifica, per i chiarimenti gentilmente offerti sulle dinamiche demografiche in atto nella regione e per la sua disponibilità a comparire, sia pure sotto mentite spoglie.

La gratitudine dell'autore va anche a Giuseppe Flavio per averci reso una testimonianza preziosa e, per quanto si è potuto verificare, attendibile, di un periodo storico cruciale per gli Ebrei.

www.ingramcontent.com/pod-product-compliance
Lightning Source LLC
Chambersburg PA
CBHW060234290526
45789CB00001B/38